名典名选丛书

大家读孟子

梁涛 译注

北京出版集团
文津出版社

图书在版编目（CIP）数据

大家读孟子 / 梁涛译注 . — 北京：文津出版社，
2021.5
（名典名选丛书）
ISBN 978-7-80554-749-7

Ⅰ . ①大… Ⅱ . ①梁… Ⅲ . ①儒家 ②《孟子》—译文
③《孟子》—注释 Ⅳ . ① B222.5

中国版本图书馆 CIP 数据核字（2021）第 038355 号

总 策 划：安　东　高立志
责任编辑：侯天保
责任印制：陈冬梅
封面设计：田　晗

名典名选丛书
大家读孟子
DAJIA DU MENGZI
梁涛　译注

出　　版	北京出版集团	
	文津出版社	
地　　址	北京北三环中路 6 号	
邮　　编	100120	
网　　址	www.bph.com.cn	
总 发 行	北京出版集团	
印　　刷	北京华联印刷有限公司	
开　　本	880 毫米 ×1230 毫米　1/32	
插　　图	10	
印　　张	14	
字　　数	280 千字	
版　　次	2021 年 5 月第 1 版	
印　　次	2021 年 5 月第 1 次印刷	
书　　号	ISBN 978-7-80554-749-7	
定　　价	69.00 元	

如有印装质量问题，由本社负责调换
质量监督电话　010-58572393

南熏殿藏《至圣先贤像册》载孟子像

〔明〕吕维祺《圣贤像赞》载孟子像

〔明〕吕兆祥《宗圣志》载孟子像之一

〔明〕吕兆祥《宗圣志》载孟子像之二

《国粹学报》1905年第1卷第2期载孟子像

1928年修《江苏毘陵孟氏宗谱》载孟子像

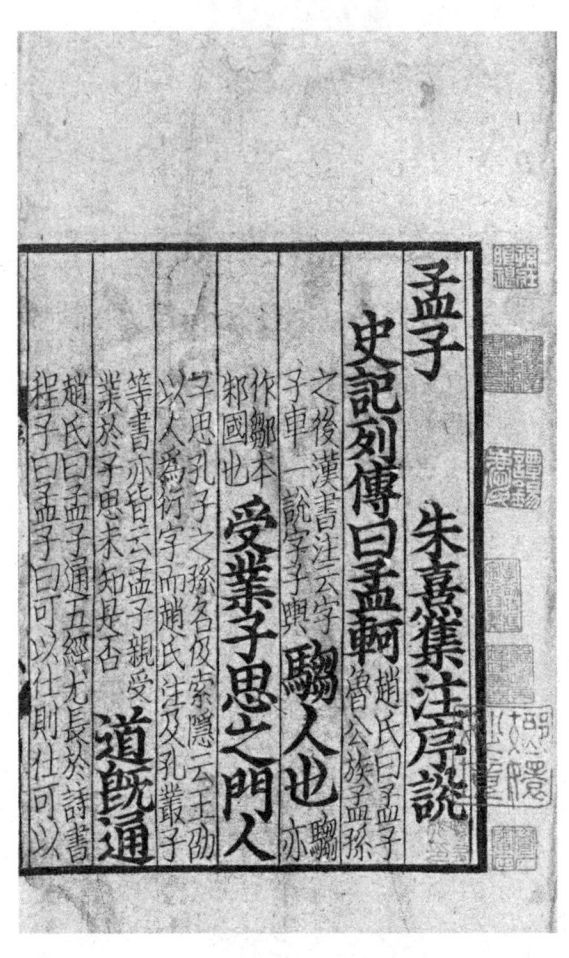

〔宋〕朱熹《孟子集注·序说》
一卷宋刻本

孟子註疏解經卷第三上

公孫丑章句上 凡九章

孫奭疏

趙氏註

公孫丑者公孫姓丑名孟子弟子也丑有政事之才問管晏之功猶論語子路問政

故以題篇

疏

正義曰前篇章首論梁惠王問以利國孟子荅以仁義之事故曰梁惠王爲篇題蓋謂君固當以仁義爲首也旣以仁義爲首然後其政可得行之是以此篇公孫丑有政事之才而問管晏之功如論語子路問政遂以目爲篇題不亦宜乎故夫梁惠王之篇所以揭公孫丑爲篇之題也此篇凡二十有三章自趙氏分之遂爲上下卷據此上卷有九章而已一章言德流速於置郵君子得時大行其道管晏爲曾西之所羞二章言義以行勇則不動

〔漢〕趙岐注、〔宋〕孫奭疏
《孟子注疏·解经》宋刻元修本

孟子石刻像

导 读

《孟子》一书对中国文化史影响至深至著，尤其在独立人格的塑造、士人气节的培养上，恐无其他经典可与之相比。唐宋以来便有学者指出，"求观圣人之道，必自孟子始"，"孟氏醇乎其醇也"，"孟子有功于道，为万世师"。故作为中国人，都应该认真读读《孟子》，这在信仰缺失、物质主义盛行的今天，无疑是十分必要的。孟子说，读古人之书需要"知其人""论其世"（《尽心下》）。阅读《孟子》同样也是如此，故本导读先介绍孟子其人，再深入孟子的思想，最后说明孟子及《孟子》一书在历史上的影响。

一、孟子的生平事迹

孟子，名轲，战国时邹（今山东省邹城市东南）人，著名的思想家、儒家学者。孟子生卒，西汉司马迁《史记·孟子荀卿列传》、东汉赵岐《孟子章句》等均无记载。学者根据《孟子》一书的相关记载做了很多推测，大致而言，孟子生活于战国中晚期，与我国古代另一位著名的思想家庄子处于同一时代。相对通行的说法是，孟子约生于公元前372年，卒于公元前289年，活了八十三岁。①

---

① 持此说者有元代程复心（《孟子年谱》）、清代陈宝泉（《孟子时事考征》）、狄子奇（《孟子编年》）等。

孟子成为著名儒家学者，同其早年的家庭教育密切相关。刘向《列女传》记录的"孟母三迁""杀豚不欺子""断织劝学"故事，反映了孟母对孟子所倾注的心血，这些都对孟子的成长产生了重要的影响。孟母也被称为"母教一人"，成为中华母教的典范。

〔清〕康涛画作《孟母断机教子图》

孟子生活的邹国距离孔子的故国鲁国不远,用孟子的话说,"近圣人之居,若此其甚也"(《尽心下》)。毗邻圣人之居,孟子对孔子充满了敬仰,称"乃所愿,则学孔子也"。在他看来,虽然自古以来出现了很多圣人,但"自有生民以来,未有孔子也"。并借孔子弟子之口说:"以予观于夫子,贤于尧、舜远矣。"(《公孙丑上》)孟子对孔子的称赞,在今天看来或许并不奇怪,但在当时却是石破天惊,振聋发聩。因为尧、舜乃天子、圣王,掌握着巨大的权力,是有德有位者,而孔子在世时只是一介布衣、一个穷困潦倒的教书先生。但是孟子不仅将孔子与尧、舜相提并论,而且认为远超越于后者之上,反映了他对孔子的推崇和敬仰。

孟子推崇、仰慕孔子,但他生活的时代距孔子已经有一百多年,如何向孔子学习呢?孟子了解到孔子有一个孙子,名孔伋,字子思,也是一名非常了不起的儒家学者,于是他"学于子思之门人"(《史记·孟子荀卿列传》),通过向子思弟子学习,了解到孔子的思想。所以孟子说"予未得为孔子徒也,予私淑诸人也"(《离娄下》)。

孟子虽没有直接受业于子思,但他与子思的思想存在着继承关系,属于儒学内部的同一派别,史称"思孟学派"。这一学派的师承授受关系应该是:

> 孔子(仲尼)—子思(孔伋)—子思门人—孟子(孟轲)。

孟子受业的子思门人具体是谁,史无记载,已不得而知。另外,子思与孔子的年龄相差较大,不可能直接受业于孔子,他们之间应该有一个承上启下的中间环节。自唐代以来,一般都认为这个环节是曾子,近代以来的大多数学者亦持这种观点。另有学者则认为,孔子和子思之间的环节不是曾子,而是子游。曾子和子游的思想本来就比较接近,同属于孔门后学中的"主内派",子思的思想正是从这一派发展而来。

孔子圣像

《宗圣志》载子思像

二、怎样读《孟子》

《孟子》一书为孟子晚年与弟子万章等人编订,主要记录孟子游说诸侯及与时人、弟子的问答,体例上则有意模仿《论语》,往往根据某一主题对内容进行编排,但并不严格。故阅读《孟子》,除了逐字逐句地细读外,还有两条线索值得关注,一是时间线索,二是思想线索。《孟子》一书主要记载孟子的思想,但孟子的思想不是书斋中的沉思、玄想,而是在游说诸侯的实践中的宣教、主张,是对一个个具体现实问题的回应。孟子不是冥想的哲学家,而是充满济世情怀的行动者。故读《孟子》,就不能脱离历史,不能抽象地看待其思想,而应结合其生平活动,了解其言论、主张的具体情境,想见其精神气质、音容笑貌,这样才可以"知人论世",真正读懂、理解孟子。

据谭贞默《孟子编年略》:"孟子四十以前,讲学设教;六十以后,归老著书。其传食诸侯当在四十以外。"大致反映了孟子的生平活动。孟子为邹国人,其游说诸侯应当是从邹穆公开始的。故学者认为,《梁惠王下》2.12"邹与鲁鬨(hòng,争斗)"章是孟子早期游说诸侯的记录。据该章,邹国与鲁国发生争斗,邹国的长官被打死三十多人,而邹国的百姓却在一旁见死不救,看热闹。这时孟子在邹国已有了一定的声望和影响,于是穆公便向孟子请教。周广业《孟子四考》说:"孟子之仕,自邹始也。时方隐居乐道……会与鲁鬨,有司多死者,公问如何而可?孟子以仁政勉之。"站在今天的角度看,孟子实际上是遇到了"人民为何不爱国"的问题。孟子认为不能以官吏甚至君主代表国家,国家的主体是民众,而非君主、官吏,后孟子提出"民为贵,社稷次之,君为轻",即是对此问题的进一步思考。百姓的冷漠,责任在官吏,邹国的官吏平时缺乏仁爱之心,对百姓的死活不闻不问,现在算是得到报应。解决民众的"爱国"问题要靠"行仁政",执政者只有执政为民,造福于民,才能得到民众的支持和拥护。民本、仁政是贯穿孟子一生的核心思想,仔细考察则可以发现,这些思想都是孟子在应对现实问题的过程中逐步形成的。

孟子在邹国附近活动一段时间后,前往齐国。齐国是当时东方最强大的国家,由于稷下学宫的设立,更是成为战国时期文化的中心。稷下学宫兴办于桓公田午之时,在威王时得到进一步发展,至宣王、湣王时最为兴盛,到襄王、王建时逐渐衰落下来,及秦并六国、齐国灭亡而结束,前后大约经历了一百五十年的历史。由于稷下学宫采取多元并立,平等共存,争鸣驳难,融合发展的文化政策,当时的儒、墨、道、法、名、阴阳、小说、纵横、农家等各派著名人物,都曾登上稷下的学术舞台,奏出了一曲百家争鸣的交响乐,中国古代的百家争鸣主要是在齐国稷下学宫进行的。孟子一生曾两次来到齐国,荀子也曾在学宫"三为祭酒",稷下学宫对古代文化贡献可谓大矣!孟子第一次到齐国正值齐威王执政,可能由于当时孟子的影响还不够大,《孟子》书中未见其与齐威王的对话。不过,《告子》篇中所记载孟子与告子的论辩则发生在这一时期,孟子的言论多有不合逻辑之处,是其思想还未成熟的表现。孟子在齐国未得到重视,无法施展抱负,这时听说宋偃王欲行仁政(《滕文公下》6.5:"万章问曰:'宋,小国也,今将行王政'"),于是前往宋国。孟子到宋国后,发现宋偃王身边多为奸佞小人,只有一位薛居州可称为善士,对宋偃王的仁政产生深深的忧虑。按照孟子的想法,"有不忍人之心,斯有不忍人之政矣",仁政的动力在于君王的不忍人之心,而保证君主能够行仁政,就要在其身边安排大量的善士,对其劝诫、进谏,乃至影响、感化。故孟子一定程度上涉及规范权力的问题,孟子说:"唯大人为能格君心之非。"孟子所说的"大人"是指有德、有位,与君主关系密切且得到君主信任的人,只有这些人能够影响国君,纠正国君的过错。但孟子一方面想规范、引导权力,另一方面可以凭借的力量又十分有限,在他那里,"仁政如何可能?"是一个没有真正解决的问题。

孟子在宋国活动未果,不过却遇到了当时还是太子的滕文公。(《滕文公上》5.1:"滕文公为世子,将之楚,过宋而见孟子。")孟子言必称尧舜,给后来的滕文公留下深刻印象。不久滕定公去世,滕文公即位,于是派人将已回到邹国的孟子接到滕国,协助其推行仁政,一时在社会上产生很大反响,不少人闻风而至。农家学派的许行从楚国来到滕国,"其徒数十人,皆衣褐,捆屦,织席以为食"。本来属于儒家的陈相被其学说所吸引,成为许行的门徒,《滕文公上》记载的孟子与陈相的辩论,即发生在这一时期。不过,孟子虽然有机会得君行道,但滕国只是一个小国,不久齐人在滕国附近的薛筑城,直接威胁到滕国。滕文公问该怎么办?面对这样的问题,孟子也无法回答，只能说勉强为善罢了。在这种情况下，孟子意识到要推行仁政于天下，仅靠滕国的力量是不够的。这时孟子通过滕国的仁政实践已产生较大影响，于是率领弟子，"后车数十乘，从者数百人"，浩浩荡荡来到战国七雄之一的魏国，时年孟子五十余岁。

孟子一到魏国，便受到梁惠王的接见，《孟子》开篇第一章即记录了二人相见的情景："王曰：'叟！不远千里而来，亦将有以利吾国乎？'孟子对曰：'王何必曰利？亦有仁义而已矣。'"由于涉及义利之辨，一开始便话不投机。除上面一章外，《梁惠王》还有四章记录孟子与梁惠王的对话，都是劝导其推行仁政。几年后，梁惠王去世，梁襄王即位，孟子"望之不似人君，就之而不见所畏焉"，于是离开魏国前往齐国。孟子第二次到齐国，时值齐宣王执政。《孟子》一书明确记载孟子与齐宣王的对话达十四处之多，另有一次虽只言"齐王"，但从内容看也应指宣王。另外像著名的"知言养气"章，记录的也是这一时期的事。孟子初到齐国时，与宣王的关系尚可，二人的对话态度和缓、气氛融洽，著名的有以宣王对牛的不忍之心，启发其推行仁政等。但这种局面没有维持很久，公元前315年（齐宣王五年），燕国因燕王哙让国而发生内乱，齐国乘机出兵，很快攻下燕国，宣王向孟子请教：是否应吞并燕国？孟子从其民本立场出发，主张"取之而燕民悦，则取之……取之而燕民不悦，则勿取"，孟子这一看法实际是将人权置于主权之上，是中国古代版的人权高于主权论。不过孟子并不认为任何国家都有讨伐别国的权力，只有"天吏"也就是合法授权者才有资格征伐不道，救民于水火。但是齐国攻占燕国后,不仅不行仁政,反而"杀其父兄,系累其子弟,毁其宗庙,迁其重器",完全违背了孟子的意愿,站在了燕国民众的对立面。于是孟子向宣王建议,尊重燕国人的意见,择立一位燕王,自己从燕国撤兵。但宣王没有听从孟子的建议及时撤兵,结果"燕人畔(叛)",其他各国也出兵救燕,齐军因此大败。经历罚燕之事后,孟子对宣王大为失望,认识到他不是一个仁义之君,言谈中多有批驳、讥讽,常使"王顾左右而言他"。在这种情况下,孟子决心离开齐国,当弟子充虞问其是否不愉快时,孟子回答:上天大概还不想平治天下,如果想平治天下,当今之世,除了我还会有谁呢?我为什么不愉快呢?孟子就是怀着这样一种坚定的自信退出政治舞台,孟子的自信并非某种精神自慰,而是来自这样一种信念:得民心者得天下,历史的发展必将是以民心、民意的实现为目的的,故政治必须符合人性,只有符合人性、维护人的尊严的政治,才是最有前途的政治。这就决定了王道必定战胜霸道,仁义必定战胜强权。人类政治最终必定回到仁政、王道上来,我的时代尚未到来,若到来,必定是仁政、王道的时代。

《史记·孟子荀卿列传》关于孟子的记载较为简略,后世学者往往根据《孟子》一书对其生平活动进行考订,清代学者在这方面做了较多工作,如周广业《孟子四考》、狄子奇《孟子编年》等,但作为古籍一般不好寻找。钱穆《先秦诸子系年》有关于孟子生平的考证,值得重视。笔者与刘宝才教授合著的《中国学术思想史编年·先秦卷》对先秦诸子的生平活动做了系统的考证,其中关于孟子部分已整理为《孟子行年考》(见本书附录),可参考。

概括一下,孟子游历诸侯的经历大致为:

> 在邹国游历(四十岁左右)—第一次到齐国(齐威王执政)—到宋国(宋偃王欲行仁政)—在滕国行仁政(滕文公行仁政)—到魏国(梁惠王执政)—第二次到齐国(齐宣王执政)—告老还家,著《孟子》。

三、孟子的思想学说

孟子的思想较为丰富,有所谓三辨之学,即人禽之辨、义利之辨、王霸之辨。也有学者将其概括为仁义论、性善论、养气论、义利论、王霸论等。从思想史上看,孟子的贡献是继承了孔子的仁学,对其做进一步的发展。不过,由于《孟子》一书为记言体,其对某一主题的论述并不是完全集中在一起,而是分散在各章,形成"有实质体系,而无形式体系"的特点。这就要求我们阅读《孟子》时,要特别注意思想线索,在细读、通读《孟子》的基础上,根据某一思想主题将分散在各处的论述融会贯通、提炼概括。这方面学者的研究可供参考,故研读《孟子》的同时,阅读一些有代表性的学术论文,对理解孟子是十分有益的。限于篇幅,这里主要对孟子的性善论、"民贵君轻"及"仁政"与"王道"思想做一概括阐述。

1.性善论

孟子"道性善"是思想界的一件大事,也是对当时人性论的突破。据孟子弟子公都子介绍,当时战国时流行的人性论主要有三种,分别是告子的"性无善无不善"说,以及"性可以为善,可以为不善"说与"有性善,有性不善"说。其中,告子认为"食色,性也",而"食色"本身无所谓善与不善;第二、三种人性论则分别着眼于环境与人性的关系,以及人与人之间的差异。以上观点虽有不同,但有一共同特点,都是将"性"看作一客观对象、事实,根据性的种种具体表现,对其做经验性的描述、概括,类似一种科学实证的研究方法。对于以上的言性方式,孟子虽然并不一概反对,但认为其只是对性的一种外在概括和描述,不足以突出人的道德主体性,无法确立人生的信念和目标,不能给人以精神的方向和指导,更不能安顿生命,满足人的终极关怀。故孟子言性,不采取以上的进路,而是另辟蹊径,提出他对人性的独特理解。孟子说:"口之于味也,目之于色也,耳之于声也,鼻之于臭也,四肢之于安佚也,性也,有命焉,君子不谓性也。"表明孟子亦承认"口之于味""目之于色"等事实上也是一种性,但又认为君子并不将其看作是性。前一个"性也",是一个事实判断;后面的"不谓性也",则是一个价值判断。孟子又认为,仁义礼智的实现,虽然一定程度上也要受到命的限制,但"有性焉,君子不谓命也"。这里的"不谓命也",同样是一种价值判断。因此,孟子性善论实际是以善为性论,因为"把善看作是性"与"性是善的",二者是同义反复,实际是一致的,孟子性善论的核心并不在于性为什么是善的,而在于为什么要把善看作是性，以及人是否有善性存在。孟子正是顺着这样的思路，对其性善论做了论证和说明。

关于人有善性，孟子主要从两个方面予以说明。首先是承继了"天命之谓性"的传统，将善性溯源于形上、超越的层面，认为是天的赋予。其次又强调人有善性亦有着事实的根据，可以在经验世界中得到显现与证明，如"今人乍见孺子将入于井，皆有怵惕恻隐之心……"对于这段文字，以往学者往往看作是孟子对性善的证明，实乃大误。人性善是对人性的全称判断，是说人性的全部内容及表现都是善，这显然是不能靠有限的举例来证明的，若举雷锋助人为乐之例来证明性善，同样也可以举小偷行窃之例来证明性恶，这样的举例可以是无限的。其实，孟子以上所论只是要证明"人皆有不忍人之心"，也就是人皆有善性，而人皆有善性与人性是善的虽有联系，但所指显然有所不同。人皆有善性当然也不可以通过有限的举例来证明，但由于它近乎一种事实，实际上是任何人都难以否认的。孟子举出此示例，意在使每个人都可以设身处地，置身其中，反省到自己也必生"怵惕恻隐之心"，并援之以手，更进一步反省到自己以往的生活中亦有过众多类似的经历，从而洞见到内在善性的存在。这样就证明，人确有善性存在。

既然人有善性，孟子需要进一步说明，人为什么要把善性看作是真正的性。对此，孟子又从"人禽之辨""性命之分""大体小体之别"三个方面做了论证。关于人禽之辨，如张岱年先生所言，"孟子所谓性者，正指人之所以异于禽兽之特殊性征。人之所同于禽兽者，不可谓人之性；所谓人之性，乃专指人之所以为人者，实即人之'特性'。"既然生活中谁都不愿被骂为畜性，这清楚不过地说明，人还有不同于、高于禽兽的特性，这些特性才能真正显现出人之为人的价值与尊严。故谈论人性只能以人高于、不同于禽兽的特性为人性，而不能以同于禽兽的特性（可称为"兽性"）为人性。那么，以善为性对我们的实际生活又有什么意义呢？孟子又从"天爵"与"人爵"、人格平等、人生之乐等方面做了进一步说明。人生在世，其价值、意义何在？除了财富、权势、地位这些世俗的价值外，还有没有一种更为根本、更能体现人之为人的价值存在？孟子通过"天爵""人爵"对此做了回答。"孟子曰：'有天爵者，有人爵者。仁义忠信，乐善不倦，此天爵也。公卿大夫，此人爵也。'"（《告子上》）人爵指"公卿大夫"，即现实中的权势、地位；天爵指"仁义忠信，乐善不倦"，即内在的善性和对此善性的自觉、喜好。天爵的"天"有二义，一是指尊贵；二是指"此天之所与我也"。故天爵具有超越的来源，高于现实的人爵。古代的人将天爵置于人爵之上，"修其天爵，而人爵从之"，体现了天爵、人爵的价值秩序；而今天的人修其天爵，是为了获取人爵，获取了人爵，便抛弃天爵，完全违背了天爵、人爵的价值秩序。所以在孟子看来，人的价值、意义不在于权势、地位，而在于善性、德性。人爵只有少数人可以获得，而天爵则是人人都具有的，是天对我们每一个人的赋予，这就保证了每个人都有与生俱来的价值与尊严，都有实现其价值与尊严的可能，确立起人生的信念与方向。

在现实中，人与人是不平等的，这便是人爵得以产生的原因所在；但在不平等的现实面前，人们一直没有放弃对平等的向往与追求，所以古往今来许多思想家对平等做出深入思考与理论探讨。在儒家内部，首先对平等问题做出思考的是孟子，而孟子肯定人格平等，又是建立在"性善"论的基础之上。

> 成覵谓齐景公曰："彼，丈夫也；我，丈夫也，吾何畏彼哉？"颜渊曰："舜，何人也，予，何人也？有为者亦若是。"（《滕文公上》）

> 曹交问曰："人皆可以为尧舜，有诸？"
> 孟子曰："然。"（《告子下》）

> 孟子曰："说大人，则藐之，勿视其巍巍然。堂高数仞，榱题数尺，我得志，弗为也。食前方丈，侍妾数百人，我得志，弗为也。般乐饮酒，驱骋田猎，后车千乘，我得志，弗为也。在彼者，皆我所不为也；在我者，皆古之制也，吾何畏彼哉？"（《尽心下》）

孟子将善性看作是人的价值与意义之所在，而善性又是天平等地赋予我们每一个人的，只要扩充、培养我们的善性，"人皆可以为尧舜"，这样便从根本上保障了人与人之间平等的可能。虽然"夫物之不齐，物之情也"（《滕文公上》），人与人之间存在能力、才智的差别，存在着财富、地位甚至是阶级的不平等，但在人格上又是绝对平等的。现实中的达官贵人往往以堂屋之高、饮食之美、饮酒纵欲、驰骋田猎之乐炫耀于世，以显示他们的特殊与尊贵，然而这些"皆我所不为也"，不是我所追求的；我所追求的是充分实现自己的善性，是成为尧舜那样的圣人。我的所作所为符合古代的理想之制，符合天爵高于人爵的价值秩序，所以即使面对在财富、地位上优于我的达官显贵，我也无所畏惧，依然可以获得一种平等感。孟子的人格平等，是一种内在平等，一种精神上的平等，不同于法律、制度上的外在平等，不同于近代以来的法律面前人人平等，但它可以转化为追求外在平等的精神动力，可以为法律、制度上的平等提供精神、信仰上的支持。

孟子"道性善"实际包括了孟子对人性的内容与作用、人的价值与意义、人的终极关怀等一系列问题的思考。人们之所以对性善论感到不好理解，并产生种种误解，其中一个原因便是没有从孟子自身的理路出发，没有用孟子的思维方式思考问题，而是将后人的思维代入其中。例如，很多学者将"孟子道性善"理解为"孟子认为人性是善的"，实际上《孟子》一书中只说"孟子道性善""言性善"，而"道性善""言性善"是宣传、言说关于性善的一种学说、理论，是不能直接等同于"人性是善的"。"人性是善的"是一个命题，是对人性的直言判断，而"性善"则是孟子对人性的独特理解，是基于孟子特殊生活经历的一种体验与智慧，是一种意味深长、富有启发意义的道理。理解孟子性善论，固然要重视孟子提出的种种理由与根据，更为重要的则是要对孟子"道性善"的深刻意蕴有一种"觉悟"，而这种深刻意蕴绝不是"人性是善的"这样一个命题所能表达得了的。如果一定要用命题表述的话，"道性善"也应表述为：人皆有善性；人应当以此善性为人性；人的价值、意义在于充分扩充、实现自己的人性。

2."民贵君轻"

我国古代有源远流长的民本思想，早在盘庚时期就有了"重我民""施实德于民"的认识，《古文尚书·五子之歌》有"民惟邦本，本固邦宁"的说法，说明我国古代先哲很早就懂得了民在国家政治中的特殊地位和作用。西周之初，周公提出"敬德保民"的思想，劝诫国君要体谅小民"稼穑之艰难"（《尚书·无逸》），标志着古代民本思想的萌芽和产生。到战国时，孟子将民本思想发展到一个高潮，提出了"民贵君轻"之说。

> 孟子曰："民为贵，社稷次之，君为轻。是故得乎丘民而为天子，得乎天子为诸侯，得乎诸侯为大夫。诸侯危社稷，则变置。牺牲既成，粢盛既絜，祭祀以时，然而旱干水溢，则变置社稷。"（《尽心下》）

孟子突出了民的地位，将其放在社稷（国家）、君主之上，认为"民为贵"。"贵"是贵重、尊贵之意，相当于今天所说"最为重要""最有价值"。故以上是说，人民与社稷和君主相比是最为重要、最有价值的，或者说，人民是国家的根基、基础，是国家的价值主体。这既是从国家治理的重要程度来讲的，也是对人民国家主体资格的肯定；既是一个事实判断（"水能载舟，亦能覆舟"），也是一个价值判断。孟子从长期的历史经验中认识到"得乎丘民而为天子"，民心的向背往往决定着政权的兴衰得失，故认为得民心者得天下，民心对于国家政权是最为重要的。

> 孟子曰："桀、纣之失天下也，失其民也；失其民者，失其心也。得天下有道：得其民，斯得天下矣。得其民有道：得其心，斯得民矣。得其心有道：所欲与之聚之，所恶勿施尔也。民之归仁也，犹水之就下，兽之走圹也。"（《离娄上》）

不过孟子的"民贵"说，不仅是对政权来源的认识、理解，同时也是对政权合法性的思考，认为人民的利益构成君主权力的基础，人民的生命、财产是最为珍贵的，是设立国家、君主的唯一理由与根据，君主应尽职保障人民的生命与财产，否则便不具有合法性。国家、君主的设立既然是为了民，是为了人民的需要，那么，"民贵君轻"便是自然合理的了。"民贵"说的前一个方面，是对历史经验的总结，可称为"民心"说，主要是针对君主、统治者而讲的；后一个方面，则是在长期历史发展中形成的人道主义思想，是一种价值理念和信仰，是孟子抨击暴政，"处士横议"的精神根源和动力，也是孟子民本思想中最核心、最有价值的部分。

由于"民为贵"，人民是国家的价值主体，人民的好恶决定政治的具体内容，"所欲与之聚之，所恶勿施尔也"，君主在治理国家的过程中，应注意考察民意。以官吏的任免而言，其进其退，

都不能仅仅听取少数人的一面之词,而应以人民的意志、意愿为根据。他说:

> 国君进贤,如不得已,将使卑逾尊,疏逾戚,可不慎与?左右皆曰贤,未可也;诸大夫皆曰贤,未可也;国人皆曰贤,然后察之,见贤焉,然后用之。左右皆曰不可,勿听;诸大夫皆曰不可,勿听;国人皆曰不可,然后察之,见不可焉,然后去之。左右皆曰可杀,勿听;诸大夫皆曰可杀,勿听;国人皆曰可杀,然后察之,见可杀焉,然后杀之。故曰:"国人杀之也。"如此,然后可以为民父母。(《梁惠王下》)

甚至对别国的讨伐,也要征得别国民众的同意。在谈到齐国应否征伐燕国时,孟子提出,"取之而燕民悦,则取之","取之而燕民不悦,则勿取"(《梁惠王下》)。将燕国民众的同意不同意作为出兵征伐的唯一根据。更进一步,君主自身的统治,也应当得到"民"的认可。虽然孟子并不认为君主的权力是直接来自于"民",而是保留了"君权天授"的形式,但其思想中显然也包含了对君主统治合法性的思考,认为唯有为"民"所接受和支持,君主的统治才具有合法的形式。换言之,民众的认可和接受,构成了判断、衡量君主统治合法性的尺度。孟子对"君""民"关系的这种理解,显然已超出了"君"应重视、关心"民"这一类简单的规定,而包含了对人民国家主体资格的肯定。孟子以舜继尧位为例,说明天子之位既是来自天,又是来自民,是"天与之""人与之",这是其统治合法性的基础。孟子认为"天子不能以天下与人",表明天下并非天子个人的私有物,"这种区分的内在含义,在于肯定天下非天子个人的天下,而是天下之人或天下之民的天下"[①]。故在孟子看来,天子不过是受"天"与"民"委托的管理者,只具有管理、行政权,而不具有对天下的所有权。正因为如此,孟子肯定了汤武革命的合理性,不把君位看作是绝对的,如果君主不能保民,不能推行仁政,便可易位,甚至诛之、杀之。

> 齐宣王问曰:"汤放桀,武王伐纣,有诸?"
> 孟子对曰:"于传有之。"
> 曰:"臣弑其君,可乎?"
> 曰:"贼仁者谓之贼,贼义者谓之残,残贼之人,谓之一夫。闻诛一夫纣矣,未闻弑君也。"(《梁惠王下》)

同样,孟子也反对臣对于君的一味顺从,认为"以顺为正者,妾妇之道也"(《滕文公下》)。他向齐宣王进言道:"君之视臣如手足,则臣视君如腹心;君之视臣如犬马,则臣视君如国人;君之视臣如土芥,则臣视君如寇仇。"(《离娄下》)臣并不是完全依附于君,对于"贵戚之卿"来说,"君有大过则谏,反复之而不听,则易位"(这体现了社稷"贵"于君主);对于"异姓之卿"来说,"君有过则谏,反复之而不听,则去"

[①] 杨国荣:《儒家政治哲学的多重面向——以孟子为中心的思考》,载《浙江学刊》,2002年第5期。

(《万章下》)。与君位相比,臣更应关注的是人民的利益与福祉,应该"守先王之道""乐道忘势",应该直言进谏,为民请命,而孟子之所以有如此主张,显然就在于"民贵君轻"的价值理想与信念。

孟子的"民贵君轻"说将古代的民本思想发展到一个高峰,代表了当时的最高成就,不过仍具有一些时代的局限。这是因为,孟子虽主张"民为贵""君为轻",但并不否认君主的特权地位,他认为君主的权力是"天与之",是上天的赋予——尽管此天以人民的意志为根据,而一般的人想要成为天子,"德必若舜、禹,而又有天子荐之者",才可以实现。天子即位之后,除非残暴"若桀、纣者",否则天也不会废弃。(《万章上》)这是一种"君权天授"的思想,是一种神权政治,与近代主权在民的民主思想有所不同。同样,孟子虽肯定国家行政措施当以人民意愿为根据,认为人民的利益构成君主权力的基础,但并不主张人民可以直接参与国家政治管理,并未赋予人民监督、节制和罢免君主的权利,孟子所关注的主要是人民的生存权(生命、财产)以及受教育权,而非人民的政治参与权。诚如梁启超所言:"孟子仅言'保民',言'救民',言'民之父母',而未尝言民自为治,近世所谓of the people(民享)、for the people(民有)、by the people(民治)之三原则,孟子仅发明of与for之二义,而未能发明by义。"[1]孟子虽然突出民在国家中的地位,但其"劳心""劳力"

---

[1] 梁启超:《老孔墨以后学派概观》,见《饮冰室专集》2册,台北中华书局1972年版,第36—37页。

说又否定了民("劳力者")的政治权利,肯定了人在政治上的不平等。孟子说:"劳心者治人,劳力者治于人;治于人者食人,治人者食于人。天下之通义也。"(《滕文公上》)如果说"劳心""劳力"只是经济学意义上的劳动分工以及彼此间的"通功易食"——"治于人者食人,治人者食于人",这种划分尚有合理之处的话,那么,孟子将其与政治学意义上的社会等级混同在一起,并用前者论证后者的合理性,则走向了偏差。按照这样的规定,"治人"或政治管理就成了少数"劳心者"的特权,而广大的"劳力者"则只能"治于人",而不能积极地去"治人",不能参与到社会的管理决策中去。而现代民主政治的基本原则之一,便是肯定每一个合乎法定要求的社会成员都具有参与社会决策的权利,它的前提,是承认每一个社会成员在社会政治结构中具有平等的地位。在这些方面,孟子的"民贵君轻"说与现代民主思想显然是有所不同的。

3. "仁政"与"王道"

孟子生活的战国中后期,正是古代社会大变动的前夜,春秋时期的诸侯争霸演变为战国时期的诸侯兼并,诸侯间战争愈演愈烈,"争地以战,杀人盈野;争城以战,杀人盈城"(《离娄上》)。这些战争不仅对社会生产造成极大破坏,也给人民生命财产带来沉重灾难。《孟子》记梁惠王曰:"东败于齐,长子死焉;西丧地于秦七百里;南辱于楚"(《梁惠王上》),就是魏国对外发动的几次著名战争。面对战争的惨败,梁惠王不是汲取教训,偃旗息鼓,反而急于报仇雪恨,发动更大规模的战争。在兼并战争的刺激下,诸侯国君为了取胜不择手段，完全撕破了三代以来礼乐征伐的温情面纱。顾炎武说："春秋时犹尊礼重信，而七国则绝不言礼与信矣；春秋时犹宗周王，而七国则绝不言王矣；春秋时犹严祭祀重聘享，而七国则无其事矣；春秋时犹论宗姓氏族，而七国则无一言及之矣。"（《日知录·论周末风俗》）孟子反对诸侯间的战争，他站在民本的立场提出了"仁政"说，对孔子"仁者爱人""为政以德"的思想做了进一步发展。孟子"仁政"说的思想基础是民本论，其根据则是性善论。孟子说：

> 人皆有不忍人之心。先王有不忍人之心，斯有不忍人之政矣。以不忍人之心，行不忍人之政，治天下可运之掌上。（《公孙丑上》）

"不忍人之心"即"恻隐之心"，也就是人皆生而即有的仁爱、同情心。"先王"指尧舜和三代之王，孟子认为"先王"将生而即有的"不忍人之心"施之于社会政治中，于是就有了"不忍人之政"，即"仁政"。只要实行仁政，治理天下便可"运之掌上"。在孟子看来，推行仁政不仅富有成效，而且是完全可能的，原因就在于"人皆有不忍人之心"，今之君王与古之"先王"一样，也都有仁爱、同情之心。孟子在游说齐宣王时，以宣王不忍杀牛衅钟而"以羊易之"，"见其生，不忍见其死"，启发齐宣王扩充此仁心，即可"保民而王"（《梁惠王上》）。孟子将仁政寄托在君主的"不忍人之心"上，似天真、不切实际，如后人所批评的，是"迂远而阔于事情"。但孟子以仁心启发宣王，不过是一种进言的策略，是在当时历史条件下的无奈之举。孟子提倡仁政，其根本原因并不在于相信君王的"不忍人之心"，而在于坚信"民为贵"，认为民众的生命、财产是最为珍贵的，故以民众代言人的身份登上当时的政治舞台，要求统治者放下屠刀，实行仁政，解民于倒悬，救民于水火。对于孟子而言，性善论只是实行仁政的可能条件，民本论才是其根本原因。故在《孟子》中，我们还可以看到孟子与齐宣王之间的另外一幕：

> 孟子谓齐宣王曰："王之臣有托其妻子于其友而之楚游者，比其反也，则冻馁其妻子，则如之何？"
> 王曰："弃之。"
> 曰："士师不能治士，则如之何？"
> 王曰："已之。"
> 曰："四境之内不治，则如之何？"
> 王顾左右而言他。(《梁惠王下》)

孟子从某人受人之托，照顾朋友的妻室儿女，却使其受冻挨饿；被任命为士师的高官，却不能管理好其下属，"则如之何"的一步步追问，意在提醒宣王注意，君主亦不过是受天之托来管理民众，如果"四境之内不治"，同样面临着"如之何"的问题。故在孟子看来，仁政绝不仅仅是君主的一种施舍、怜悯，而是其应尽的责任与义务，是其获得统治地位的理由和根据。而从"王顾左右而言他"的表现来看，孟子的主张显然是宣王自己也无法完全否认的。

孟子通过总结三代"废兴存亡"的历史教训指出："三代之得天下也以仁，其失天下也以不仁。国之所以废兴存亡者亦然。"（《离娄上》）认为天子不施行仁政，便不能保全四海；诸侯不施行仁政，便不能保住社稷；大夫不施行仁政，便不能保住宗庙；士和庶人不施行仁政，便不能保全生命。他像孔子一样，一生中周游列国，游说魏、齐等国的君主，希望他们能效法尧、舜以及三代之王，"治民之产"，施行仁政，结束战乱，使人民过上安定、富裕的生活。

孟子曰："规矩，方员之至也；圣人，人伦之至也。欲为君，尽君道；欲为臣，尽臣道。二者皆法尧舜而已矣。不以舜之所以事尧事君，不敬其君者也；不以尧之所以治民治民，贼其民者也。孔子曰：'道二，仁与不仁而已矣。'"（《离娄上》）

尧、舜等圣人是人伦的极致，是君道、臣道的最高榜样。后世当效法尧、舜，"以舜之所以事尧事君""以尧之所以治民治民"，而尧、舜所体现的君道、臣道不过就是仁而已。孟子又说："尧舜之道，不以仁政，不能平治天下。今有仁心仁闻而民不被其泽、不可法于后世者，不行先王之道也。故曰，徒善不足以为政，徒法不能以自行。"（《离娄上》）认为施行仁政不仅要有善良之心和好的名声（"仁心仁闻"），同时还应有一套具体、可供操作的制度。只有其中的一项，"徒善"或"徒法"，都是不能真正实现仁政的。只有"既竭心思焉，继之以不忍人之政"，也就是扩充"不忍人之心",急民所急,想民所想,同时又"遵先王之法",这样才能达到"仁覆天下"的效果。故在仁政的问题上,孟子不仅重人治,亦重法治,其所谓"法"主要是指"先王之法"或"先王之道"。孟子说:"无恒产而有恒心者,惟士为能。若民,则无恒产,因无恒心。"(《梁惠王上》)民众与士的不同之处,就在于他们具有了固定的"恒产",才能有为善的"恒心"。如果没有"恒产",人民生活陷入困顿,也就没有了"恒心","放辟邪侈,无不为已"。所以先王、明君施行仁政,首先要"制民之产",设计相应的经济制度,使民众"仰足以事父母,俯足以畜妻子,乐岁终身饱,凶年免于死亡,然后驱而之善,故民之从之也轻"(同上)。具体讲,就是要"正经界",均井田;"薄税敛""省刑罚";"去关市之征",废除市场税等。孟子说:

> 夫仁政,必自经界始。经界不正,井地不钧,谷禄不平,是故暴君污吏必慢其经界。经界既正,分田制禄可坐而定也。(《滕文公上》)

"正经界"就是要明确土地的所有权,避免暴君污吏对人民土地、财产的侵夺,故孟子视其为"仁政之始",认为是施行仁政首先要做的事情。就孟子承认人民的土地所有权而言,他是肯定土地私有的。但春秋战国以来出现的土地私有,虽然调动了人民的生产积极性,有利于富国强兵,也暴露出相应的弊端,国家聚敛无度,社会贫富分化,致使"富者田连阡陌,贫者无立锥之地"。有鉴于此，孟子以恢复古代井田为名，提出了一个公有、私有相混合的土地所有模式，其具体内容是："方里而井，井九百亩，其中为公田。八家皆私百亩，同养公田。公事毕，然后敢治私事。"（《腾文公上》）在这个方案中，孟子既肯定了私田，也保留了公田。肯定私田，是为了鼓励生产，满足人民的基本生活需要；保留公田，则是为了使百姓"出入相友，守望相助，疾病相扶持"。孟子讲，"公事毕，然后敢治私事"。强调首先要治好公田，然后才能治理私田。但就施行仁政而言，他更重视的是私田，要求每家都有"百亩之田"可从事生产，统治者"勿夺其时"，这样才能真正实现仁政、王道。人民有了"五亩之宅""百亩之田"后，国家还应"薄其税敛"，避免对人民的横征暴敛。

战国时期，商品经济已较为繁荣，出现了集市贸易，孟子主张"关市讥而不征"，反对统治者与人民争利，将其作为仁政的一个重要内容。对于市场，提供空地储藏货物却不征税，如果滞销，就依法收购不让其长期积压。对于关卡，只稽查而不征税。对于耕田的人，实行助法而不征税。对于人民的住宅，不征收额外的税钱。这样，天下之民便会欣然归附，"如此，则无敌于天下"（《公孙丑上》）。

孟子说："人之有道也，饱食煖衣、逸居而无教，则近于禽兽。"（《滕文公上》）人的伦理生活高于物质生活，在"制民之产"，人民的生活得到基本保障后，便需要"谨庠序之教，申之以孝悌之义"，培养人民的向善之心。仁政、王道的最终目的就是要"富而教之"，实现"父子有亲，君臣有义，夫妇有别，长幼有序，朋友有信"，"人伦明于上，小民亲于下"（《滕文公上》）

的和谐伦理社会。

孟子生活的战国时代，统一已成为大的趋势，对此孟子亦持肯定的态度。孟子在回答梁襄王问"天下恶乎定"时，明确肯定"定于一"（《梁惠王上》），表明在孟子看来，只有统一才能实现天下的安定。但当时各国都将统一的方式寄托在暴力上，希望通过富国强兵、合纵连横统一天下，正如《史记·孟子荀卿列传》所言："天下方务于合纵连横，以攻伐为贤。"而孟子则大义凛然，倡仁政，反霸道，"述唐虞、三代之德"，提出了"以德服人"的王道思想。

> 孟子曰："以力假仁者霸，霸必有大国；以德行仁者王，王不待大——汤以七十里，文王以百里。以力服人者，非心服也，力不赡也；以德服人者，中心悦而诚服也，如七十子之服孔子也。《诗》云：'自西自东，自南自北，无思不服。'此之谓也。"（《公孙丑上》）

孟子主张用"以德服人"的"王道"统一天下，反对"以力服人"的"霸道"，也就是反对法家以严刑峻法驱民耕战，凭借富国强兵的实力和暴力来统一天下。因为前者符合人民的普遍利益，体现了对人民生命、财产和意志的尊重；后者则是从统治者的个人私利出发，是为了满足统治者个人的私欲，相反给人民的生命、财产带来巨大的灾难，是违背人民的意愿的，它虽可以称霸一时，但不可长久。孟子说：

> 君不行仁政而富之，皆弃于孔子者也，况于为之强战？争地以战，杀人盈野；争城以战，杀人盈城。此所谓率土地而食人肉，罪不容于死。故善战者服上刑，连诸侯者次之，辟草莱、任土地者次之。（《离娄上》）

"弃于孔子者"即违背了孔子的价值原则，具体讲，就是违背了"民为贵"的价值原则。在孟子看来，孔子的精神就是"行一不义，杀一无辜而得天下，皆不为也"（《公孙丑上》），认为人民的生命高于君主、天下之位，天下虽大，亦不能以牺牲民之生命为代价。这当然是一种很高的人道主义和价值理想，商汤、周文王实行仁政、王道，正体现了这种价值理想，而齐桓、晋文及当时之诸侯攻伐征战，违背了这一价值理想，"率土地而食人肉，罪不容于死"。

孟子曾向齐宣王进言，称其试图用"兴甲兵，危士臣，构怨于诸侯"的方式，以实现"辟土地，朝秦楚，莅中国而抚四夷"的"大欲"，无异于是"缘木求鱼"（《梁惠王上》），是根本无法实现的。只有实行仁政、王道，"使天下仕者皆欲立于王之朝，耕者皆欲耕于王之野，商贾皆欲藏于王之市，行旅皆欲出于王之涂，天下之欲疾其君者皆欲赴愬于王"（同上），才能真正统一天下。可见，仁政、王道不仅体现了"民为贵"的价值原则，同时还可以"得民心"，是富有成效、切实可行的。孟子说：

> 天时不如地利，地利不如人和。……故曰：域民不以封疆之界，固国不以山谿之险，威天下不以兵革之利。得道者

多助,失道者寡助。寡助之至,亲戚畔之;多助之至,天下顺之。以天下之所顺,攻亲戚之所畔,故君子有不战,战必胜矣。(《公孙丑下》)

孟子以商汤伐桀,"民望之,若大旱之望云霓也。归市者不止,耕者不变,诛其君而吊其民,若时雨降。民大悦"(《梁惠王下》),说明"仁人无敌于天下"(《尽心下》)。他分析当时的形势,认为"王者之不作,未有疏于此时者也;民之憔悴于虐政,未有甚于此时者也"。"当今之时,万乘之国行仁政,民之悦之,犹解倒悬也。故事半古之人,功必倍之,惟此时为然。"(《公孙丑上》)基于这种认识,孟子甚至对《尚书·武成》篇关于武王伐纣的记载持怀疑态度:"以至仁伐至不仁,而何其血之流杵也?"(《尽心下》)显然,孟子将正义战争理想化了,他的"以德服人""仁人无敌"的思想在当时也不免受到"迂远"之讥。但孟子重视人民的力量,关心民众的疾苦,特别是将民众的生命、财产看作是最为珍贵的,认为任何统治者只有行仁政、王道,维护民众的生命、财产,才最有资格也最有可能统一天下,这种人道主义思想无疑是具有超越时代的价值,一定程度上也反映了历史的实际。

总之,孟子的学说实际包含了对人性问题的系统思考,但由于相关论述分散在不同章节,很多人感到不好把握、理解。这就要求我们以思想为线索,对孟子的相关论述融会贯通,进入到孟子思想的深处,真正读懂、理解孟子。

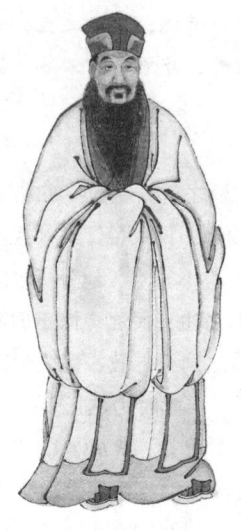

程颐遗像　　　　　　《岳麓志》载朱熹像

阅读《孟子》，与其他经典一样，都需要借助前人的注疏。关于《孟子》的注疏，可分为两种：一是古人所作，代表性的有东汉赵岐的《孟子章句》、南宋朱熹的《孟子集注》、清代焦循的《孟子正义》等；二是今人所作，如杨伯峻的《孟子译注》、梁涛的《孟子解读》等。对于初学者而言，最好从今人的注疏入手，这主要是因为一代人有一代人之学术，经典本来就是常读常新的。

目 录

001 / **梁惠王上**
○义利之辨○与民偕乐○五十步笑百步○为民父母○仁者无敌○天下定于一○保民而王

030 / **梁惠王下**
○与民同乐○推己及人○交邻国之道○乐以天下，忧以天下○与百姓同之○君之职责○识才选贤○汤武革命○尊贤纳言○尊民意，行王道○弃王道，燕民叛○仁政为民○与民同心，共卫家国○强为善○保国之策○尽人事，待天命

069 / **公孙丑上**
○王霸之辨○知言养气○以德服人○仁政五策○四端之心○反求诸己○与人为善○立身处世

101 / **公孙丑下**
○得道多助，失道寡助○达尊有三○为政之责○燕可伐与○怒批陈贾○辞官去齐○去齐宿昼○三宿出昼○舍我其谁

125 / **滕文公上**
○人皆可以为尧舜○三年之丧○恒产恒心○劳心劳力○一本二本

154 / 滕文公下

○不见诸侯○大丈夫○出仕之道○食功非食志○使君为善○攘邻之鸡○距杨墨,放淫辞

173 / 离娄上

○善法并重○仁与不仁○得失天下○反求诸己○天下国家○为政不难○仁者无敌○得民心者得天下○居仁由义○仁道在迩○大老归之,天下归之○率地食人,罪不容死○眸子不掩其恶○男女授受不亲○易子而教○格君心之非○论毁誉○好为人师○不重师道○不告而娶○仁义礼智乐

201 / 离娄下

○先圣后圣,其揆一也○为政之本○君臣之道○上行下效○非礼之礼○不为而有为○言人之不善○无过不及○惟义所在○赤子之心○深造自得○以善养人○人禽之辨○《诗》亡然后《春秋》作○私淑孔子○西子蒙不洁○交友匡章○尧舜与人同耳○齐人有一妻一妾

224 / 万章上

○封弟有庳○以意逆志○天不言,以行与事示之○先知觉后知,先觉觉后觉

235 / 万章下

○孔子集大成○论交友○交往之道○出仕之道○不见诸侯○知人论世○卿之职责

255 / 告子上

○人性善恶○人无有不善○生之谓性○仁内义外○义内与义外○仁义礼智,我固有之○理义悦心○苟得其养,无物不长○一曝十寒○舍生

取义○求放心○首重本心○不知养身○无以小害大，无以贱害贵○大体与小体○天爵与人爵○人有良贵○仁胜不仁○仁在乎熟○为学之道

297 / 告子下

○礼与食孰重○人皆可以为尧舜○义利之辨○王霸之辨○引君志仁○今之良臣，古之民贼○国家税制○以邻为壑○好善优于天下○生于忧患，死于安乐○教诲之术

319 / 尽心上

○知天·事天·立命○知命·尽道·正命○求在我与求在外○万物皆备于我○众人之行○论耻○善与势○尊德乐义○豪杰之士○佚道与生道○所过者化，所存者神○善政与善教○良能、良知○若决江河，莫之能御○德慧术知○品评人物○人生三乐○君子所性○圣人治天下○借物喻志○利与善○执中行权○无为心害○善始善终○性之·身之·假之○士不素餐○士之职责○窃负而逃○居移气，养移体○圣人践形○施教五法○行道之法○在礼不答○亲亲·仁民·爱物

356 / 尽心下

○不仁者梁惠王○春秋无义战○尽信《书》，不如无《书》○规矩与巧○杀人之亲，祸莫大焉○御暴与为暴○以身作则○利者与德者○仁贤·礼义·政事○仁得天下○民贵君轻○仁·人·道○昭昭与昏昏○性命之分○人之六品○距杨墨○诸侯之宝○扩充仁义○善言与善道○遵德俟命○说大人，则藐之○养心莫善于寡欲○崇中道，恶乡愿○道统之传

385 / 附录：孟子行年考

399 / 延伸阅读

梁惠王上

1.1 义利之辨

孟子见梁惠王①。王曰:"叟②!不远千里而来,亦③将有以利吾国乎?"

孟子对曰:"王何必曰利?亦④有仁义而已矣。王曰'何以利吾国?'大夫曰'何以利吾家⑤?'士、庶人曰'何以利吾身?'上下交征⑥利而国危矣。万乘之国⑦,弑其君者,必千乘之家;千乘之国,弑其君者,必百乘之家。万取千焉,千取百焉,不为不多矣。苟为后义而先利,不夺不餍⑧。未有仁而遗其亲者也,未有义而后其君者也。王亦曰仁义而已矣,何必曰利?"

【注释】

①梁惠王:即魏惠王(前369—前319年在位),战国时魏国国君。名䓨,"惠"是其死后的谥号。魏惠王在位时,因迫于秦国的压力,将都城从安邑(今山西省运城市夏县西北)迁到大梁(今河南省开封市),故亦称梁惠王。 ②叟:赵岐注:"叟,长老之称也,犹父也。"时孟子已五十余岁,故惠王称其为叟。③亦:犹"以",连词,表承接,相当于"则"。 ④亦:副词,只,仅仅。 ⑤家:大夫的封邑,又称采地。 ⑥交征:互相争夺。征:夺取。 ⑦乘(shèng):量词,古代

用四匹马拉的一辆兵车叫一乘,一乘有甲士三人,普通兵卒七十二人,共七十五人。诸侯国的大小以兵车的多少来衡量。万乘之国为当时的大国。 ⑧餍(yàn):满足。

【译文】

孟子拜见梁惠王。梁惠王说:"老先生,不远千里而来,那么将给我的国家带来什么利呢?"

孟子回答说:"大王何必说利?只有仁义罢了。大王说'怎样才对我的国家有利?'大夫说'怎样才对我的家族有利?'士、平民说'怎样才对我自身有利?'上下互相争夺利,国家就危险了。拥有万辆兵车的国家,杀害其国君的,一定是拥有千辆兵车的家族;拥有千辆兵车的封地,杀害其国君的,一定是拥有百辆兵车的家族。万份中占有千份,千份中占有百份,不算是不多。如果人们把义放在利之后,不全部夺取就不会满足。没有重视仁而遗弃父母的,没有喜好义而不顾及君主的。大王只要讲仁义就可以了,何必谈利呢?"

【解读】

本章为《孟子》一书首章,从梁惠王称孟子为"叟",知是孟子游历晚期事,列为首章,关乎全书主旨也。据学者考证,孟子在滕国推行仁政失败后(参见2.13、2.14、2.15),听说魏惠王招贤纳士,于是率领门徒,"后车数十乘,从者数百人"(6.4),浩浩荡荡来到魏国。孟子到魏国时,梁惠王正经历了一连串的军事失败,故急迫地问:能给我的国家带来什么利益？于是二人有了这场关于义利的著名对话。

朱熹说："义利之说，乃儒者第一义。"故这段文字被列为《孟子》的开篇，可能不是偶然的，它既是对当时社会状况的反映，也是理解《孟子》一书的关键。孟子生活的战国中后期，周代以来的礼乐制度彻底崩坏，如何重建政治秩序成为急迫的现实问题，在这一问题上存在着不同的认识和看法。法家主张对内富国强兵，对外武力扩张，希望通过暴力重建政治秩序，其所行乃霸道；而以孟子为代表的儒家则主张行仁政、王道，"得其民，斯得天下矣"（7.9），希望以仁义重建政治秩序。故孟子的义利之辨不只是一个利益分配的问题，而首先是政治秩序重建，是行霸道还是王道的问题——以仁义重建政治秩序是为王道，以暴力实现政治统治则为霸道。需要说明的是，梁惠王"何以利吾国"的"利"并非一般意义上的利，不是民众的物质利益，而是指攻占别国的土地，杀戮别国的民众，是"欲以富国强兵为利"（赵岐注），实际是梁惠王扩张疆土，臣服秦、楚的"大欲"。故针对梁惠王的发问，孟子明确回答："大王何必说利？只有仁义罢了。"孟子所说的义或仁义是指公正、正义，以及人与人之间的良善关系。孟子的义利之辨具有不同的内涵和层面。义利之辨的第一个层面是说，我们不能在一个没有道德原则，没有正义、秩序的环境中去追求利，在这样的环境中如果人们还一味地追求利，那只能是诸侯想着去取代天子，大夫想着去杀害诸侯，士想着篡夺大夫，只能使社会陷入更大的混乱之中。孟子告诫人们，在一个无序、混乱的社会中，首先不应该想着如何去追求利，而是建立起公正、正义,以及人与人之间的良善关系。

司马迁说:"余读孟子书,至梁惠王问'何以利吾国',未尝不废书而叹也。曰:嗟乎!利诚乱之始也!"(《史记·孟子荀卿列传》)司马迁这里所说的利,就是孟子所否定的利,也就是只讲个人需要不讲道义原则的利。所以我们不应只看到利,还应看到利背后的义,只有建立起义,建立起合理、公正的秩序,才能更好地追求利。这是两千年前孟子给我们的启示。

需要说明的是,孟子并不一概反对物质利益。《孔丛子》中子思与孟子的一段"对话",将义利的关系讲得更为清楚。

> 孟轲问牧民何先,子思曰:"先利之。"
> 曰:"君子之所以教民,亦仁义,固所以利之乎?"
> 子思曰:"上不仁则下不得其所,上不义则下乐为乱也,此为不利大矣。故《易》曰:'利者,义之和也。'又曰:'利用安身,以崇德也。'此皆利之大者也。"(《杂训》)

这段文字与前面孟子与梁惠王的对话显然具有某种联系。前文孟子主张"何必曰利",这里"子思"却主张"先利之";前面是孟子教导梁惠王,这里却是子思教导孟子。说明这段文字是针对孟子与梁惠王的对话而发,是对前者的一个补充和回应。不过据学者考证,子思与孟子年代相距较远,二人不及相见。故《孔丛子》中的这段文字并没有事实的根据,而可能是出于子思或孟子后学之手，意在说明经过子思的"教诲"，孟子也重视起民众的利益了。这虽然是虚构，但衡之以孟子"制民之产"的主张，也是符合孟子思想的。《孟子》上文中的"利"是指君王的"大欲"，故孟子主张"何必曰利"，而此段文字中的"利"是指民众的物质利益，故"子思"主张"先利之"。在孟子等儒家学者看来，执政者本来就是要为天下百姓谋取、创造利益的，执政者若奉行仁，遵守义，百姓安居乐业，各得其所，"此皆利之大者也"；若执政者抛弃了仁，违背了义，百姓的生活得不到保障，流离失所，甚至铤而走险，"此为不利大矣"。所以，义和利实际是统一的，或者说应该是统一的，这里"义"是指道义和公正、正义，"利"则是指社会的整体利益，指民众的物质利益。强调义利的统一，是孟子义利之辨的第二个层面。

故本章虽然是谈义利，但与孟子所主张的仁政、王道也是密切相关的。以民众的物质利益为重，对内实行仁义的是仁政，通过"得民心"使天下归附的是王道；而"以富国强兵为利"，片面追求物质利益的是暴政，通过武力扩张使天下臣服的是霸道。重视义还是重视利以及如何看待义利的关系，乃区分仁政与力政、王道与霸道的重要根据。故以下几章主要围绕仁政、王道展开论述。本章可与12.4合看。

1.2 与民偕乐

孟子见梁惠王。王立于沼上，顾①鸿雁麋鹿，曰："贤者亦乐此乎？"

孟子对曰："贤者而后乐此，不贤者虽有此，不乐也。《诗》云②：'经始灵台③，经之营之，庶民攻④之，不日成之。经始勿亟⑤，庶民子来⑥。王在灵囿，麀鹿攸伏⑦，麀鹿濯濯⑧，白鸟鹤鹤⑨。王在灵沼，於牣⑩鱼跃。'文王以民力为台为沼，而民欢乐之，谓其台曰灵台，谓其沼曰灵沼，乐其有麋鹿鱼鳖。古之人与民偕乐，故能乐也。《汤誓》曰⑪：'时日害丧⑫，予及女⑬偕亡。'民欲与之偕亡，虽有台池鸟兽，岂能独乐哉？"

【注释】

①顾：视，看。 ②《诗》云：此章所引为《诗经·大雅·灵台》，记述文王营造灵台之事。 ③经始：即"始经"。经：测度，指测量灵台的位置，以便建造地基。灵台：祭祀神灵之台。毛传："神之精明者称灵，四方而高曰台。"故址在今陕西省西安市西北。孟子在这里做了引申，认为文王与民同乐，故民称其台为灵台，灵是美好的意思。 ④攻：建造。 ⑤亟：急。 ⑥子来：像儿子一样前来。 ⑦麀（yōu）鹿：牝鹿。攸伏：赵岐注："安其所而伏，不惊动也。"攸：安然貌。伏：俯伏。 ⑧濯（zhuó）濯：肥胖而光滑的样子。 ⑨鹤（hè）鹤：羽毛洁白的样子。 ⑩於（wū）：赞叹词。牣（rèn）：满。 ⑪《汤誓》：《尚书》

中的一篇。记载商汤讨伐暴君夏桀的誓词。 ⑫时日害丧:这太阳何时陨落? 时:这。害:同"曷",何时。夏桀曾自比太阳,此句是百姓诅咒夏桀的话。 ⑬女:同"汝",你。

【译文】

孟子拜见梁惠王。惠王站在池沼边上,观赏着鸿雁和麋鹿,问:"贤人也会以此为乐吗?"

孟子答道:"只有贤者才会以此为乐,不贤的人纵然拥有这些,也不会感到快乐。《诗经》中说:'开始建灵台,测量又经营。百姓来建造,很快就造好。王说莫要急,百姓更卖力。文王到灵囿,母鹿卧不惊。母鹿肥又美,白鸟羽毛洁。文王到灵沼,满池鱼儿跳。'文王虽然利用民力建造高台深池,可百姓却很高兴,把他的台叫作灵台,把他的沼叫作灵沼,为他养有麋鹿鱼鳖而高兴。古代的人与民同乐,所以才能享受到快乐。《尚书·汤誓》中说:'这太阳何时陨落?我们和你一起灭亡!'百姓要和你一起灭亡,纵使拥有台池鸟兽,难道能独自享受吗?"

【解读】

本章与《梁惠王下》2.1、2.2、2.4、2.5章内容相近,放在《梁惠王下》似乎更合理。孟子不反对君主拥有一定的特权和享乐,这既是对现实的承认,也是对劳心、劳力社会分工的认可,但前提是君主要有贤的品德,能够推己及人,与民同乐,得到百姓的支持。相反,若是一味贪图个人享乐,甚至与民为敌,则只能是自取灭亡。

1.3 五十步笑百步

梁惠王曰:"寡人①之于国也,尽心焉耳矣。河内凶②,则移其民于河东③,移其粟于河内。河东凶亦然。察邻国之政,无如寡人之用心者。邻国之民不加少,寡人之民不加多,何也?"

孟子对曰:"王好战,请以战喻。填然④鼓之,兵⑤刃既接,弃甲曳兵而走。或百步而后止,或五十步而后止。以五十步笑百步,则何如?"

曰:"不可,直⑥不百步耳,是亦走也。"

曰:"王如知此,则无望民之多于邻国也。不违农时,谷不可胜食也;数罟⑦不入洿池⑧,鱼鳖不可胜食也;斧斤以时入山林,材木不可胜用也。谷与鱼鳖不可胜食,材木不可胜用,是使民养生丧死无憾也。养生丧死无憾,王道⑨之始也。五亩之宅,树之以桑,五十者可以衣帛矣。鸡豚狗彘之畜,无失其时,七十者可以食肉矣。百亩之田,勿夺其时,数口之家可以无饥矣。谨庠序⑩之教,申之以孝悌之义,颁白⑪者不负戴⑫于道路矣。七十者衣帛食肉,黎民不饥不寒,然而不王者,未之有也。狗彘食人食而不知检⑬,途有饿莩⑭而不知发⑮;人死,则曰'非我也,岁也',是何异于刺人而杀之,曰'非我也,兵也'。王无罪岁,斯⑯天下之民至焉。"

【注释】

①寡人：古代王侯的自称。 ②河内：指河南省黄河以北的地区，包括今河南省沁阳市、济源市、博爱县一带，当时属魏国的领土。凶：发生饥荒。 ③河东：黄河以东的地区，指今山西省西南部，当时属于魏国的领土。 ④填然：鼓声咚咚状。赵岐注："填，鼓音也。" ⑤兵：兵器。 ⑥直：副词，只不过。 ⑦数（shuò）罟（gǔ）：密网。 ⑧洿（wū）池：大池。 ⑨王道：孟子的政治主张，与霸道相对，指实行仁义以赢得民心和天下的归附。 ⑩庠（xiáng）序：古代地方所设的学校。 ⑪颁白：须发斑白。颁，通"斑"。 ⑫负戴：以背负物，以头顶物。 ⑬检：禁止。 ⑭莩（piǎo）：通"殍"，饿死的人。 ⑮发：开仓发粮，赈济。 ⑯斯：连词，犹"则"。

【译文】

梁惠王说："我对于国家，真是尽心了。河内发生灾荒，就把那里的一些百姓迁移到河东，把粮食运到河内。河东发生灾荒也是这样。考察邻国的政事，没有哪一个国君能像我这样用心的。可是邻国的人口没有减少，而魏国的人口没有增多，这是为什么呢？"

孟子答道："大王喜欢打仗，那我就用打仗来做比喻。战鼓咚咚擂响，刚一交战，就丢盔弃甲，拖着兵器逃跑。有的跑了一百步停住脚，有的跑了五十步就停住脚。跑了五十步的因此就嘲笑那些跑了一百步的，您觉得怎样呢？"

惠王说："不行，他只不过没有跑到一百步罢了，但同样也逃跑了。"

孟子说:"大王如果明白这个道理,就不要指望您的百姓会比邻国多了。不妨碍农时,粮食就吃不完;密孔的鱼网不入池沼,鱼鳖就吃不完;斧头按时令进入山林,木材就用不完。粮食和鱼鳖吃不完,木材用不完,百姓养生送终就没有什么缺憾了。百姓养生送终没有缺憾,这就是王道的开始。五亩的田宅,种些桑树,年满五十岁的人就可以穿上丝绸了。鸡、猪、狗一类家畜,不要错过它们的繁殖时节,年满七十岁的人就可以吃上肉了。一百亩的田地,不要侵占农时,数口之家就可以不挨饿了。注重学校的教育,宣讲孝悌的道理,头发花白的老人就不必在路上头顶肩扛了。年满七十岁的人穿上丝绸、吃上肉,百姓不挨饿受冻,做到这些却不能称王天下的,是绝对没有的。猪狗吃着人吃的粮食却不知道制止,路上有饿死的尸体却不知道开仓赈济;人饿死了,却说'不是我的缘故,是收成不好'。这和把人刺死了,却说'不是我杀的人,是兵器杀的',有什么不同呢?大王不要怪罪年成不好,那么天下的百姓就会投奔到你这儿来了。"

【解读】

本章论仁政、王道。惠王认为自己治国爱民,尽心尽责。孟子认为他只是行一些小惠,并未真正尽责,特别是惠王连续对外发动战争,给魏国民众生命、财产造成巨大伤害,与那些完全不行仁政的国君没有根本区别。就好像打仗时逃跑,有的逃了一百步,有的只逃了五十步,但本质上没有不同。故孟子以"五十步笑百步"为喻,劝其弃霸道而行王道,并对仁政、王道做了阐发：首先要尊重自然规律，"不违农时""数罟不入洿池""斧斤以时入山林"。还有，给百姓足够的产业，"制民之产"。每家有五亩之宅，百亩之田，使百姓有基本的生活保障。然后，兴办学校，推行教化，营造和谐的社会环境。孟子的主张包含维持生态平衡，合理开发、利用自然资源，发展生产，注重教化等思想，有着积极的意义。

需要说明的是，在孟子这里，仁政、王道的含义既密切相关又有所区别，仁政侧重于对民众的治理，王道强调对天下的平治；王道以仁政为内容，仁政以王道为归依。王道就是以仁政而非暴政赢得天下的归附，平治天下。

1.4　为民父母

梁惠王曰："寡人愿安承①教。"

孟子对曰："杀人以梃②与刃，有以异乎？"

曰："无以异也。"

"以刃与政，有以异乎？"

曰："无以异也。"

曰："庖③有肥肉，厩④有肥马，民有饥色，野有饿莩，此率兽而食人⑤也。兽相食，且人恶之⑥，为民父母，行政不免于率兽而食人，恶在⑦其为民父母也？仲尼曰：'始作俑⑧者，其无后乎！'为其象⑨人而用之也。如之何其使斯民饥而死也？"

【注释】

①安:乐意。承:接受。 ②梃(tǐng):木棒。 ③庖(páo):厨房。 ④厩:马棚。 ⑤率兽而食人:朱熹《集注》:"驱兽以食人。" ⑥且人恶之:按现在的词序,应是"人且恶之"。且:尚且。 ⑦恶(wū)在:何在。恶:疑问代词,何,怎么。 ⑧俑:古代用以殉葬的木偶或陶偶。 ⑨象:同"像"。

【译文】

梁惠王说:"我愿意诚心接受指教。"

孟子问道:"用木棍打死人和用刀杀死人,有什么不同?"

惠王说:"没有什么不同。"

"用刀杀死人和用苛政害死人,有什么不同?"

惠王说:"没有什么不同。"

孟子说:"厨房里有肥肉,马厩里有肥马,百姓却面带饥色,野外有饿死的人,这如同率领着野兽来吃人。野兽自相残食,人们尚且憎恶,而作为百姓的父母,施政却不能避免率领野兽来吃人,那么作为百姓父母的意义又何在呢?孔子说:'率先用人偶殉葬的,大概不会有后代吧!'因为他模仿人的样子来做殉葬品。(这样尚且不可,)又怎么能让这些百姓饥饿而死呢?"

【解读】

本章紧承上章,批评梁惠王以苛政杀人。孟子特别强调作为国君,应像"民之父母"一样去保民、爱民、养民,惠王不仅没有做到这一点,反而有"率兽食人"之弊。本章"庖有肥肉,厩有肥马,民有饥色,野有饿莩"四句,被诗圣杜甫提炼为"朱门酒肉臭,路有冻死骨",成为批判暴政的千古名句!

1.5 仁者无敌

梁惠王曰:"晋国①,天下莫强焉,叟之所知也。及寡人之身,东败于齐,长子死焉②;西丧地于秦七百里③;南辱于楚④。寡人耻之,愿比死者一洒之⑤,如之何则可?"

孟子对曰:"地方百里⑥而可以王。王如施仁政⑦于民,省刑罚,薄税敛,深耕易耨⑧,壮者以暇日修其孝悌忠信,入以事其父兄,出以事其长上,可使制梃以挞秦楚之坚甲利兵矣。

"彼夺其民时,使不得耕耨以养其父母。父母冻饿,兄弟妻子离散。彼陷溺其民,王往而征之,夫谁与王敌?故曰:'仁者无敌。'王请勿疑!"

【注释】

①晋国:韩、赵、魏三家分晋,称为"三晋",故梁(魏)惠王亦自称魏国为晋国。 ②东败于齐,长子死焉:指魏惠王二十九年(前341)魏、齐马陵之战,齐威王派田忌、孙膑率军队大败魏军于马陵。魏将庞涓自杀,太子申被俘。 ③西丧地于秦七百里:指秦将公孙鞅打败魏国,迫使魏国割让河西郡全部和上郡十五县,几次著名的战役分别发生在魏惠

王三十年（前340）、后元五年（前330）、后元六年（前329）和后元七年（前328）。　④南辱于楚：指魏惠王后元十二年（前323）楚、魏襄陵之战，魏军被楚将昭阳击败，被迫割让大片土地。　⑤愿比死者一洒之：想要为所有死者报仇雪恨。比：介词，为，替。一：全，都。洒：同"洗"。　⑥地方百里：方圆百里的土地。　⑦仁政：孟子的思想主张，是对孔子"为政以德"思想的继承和发展，主张通过一系列的惠民政策，如"制民之产"，给予充足的土地和田宅，让百姓生活有基本保障，同时轻徭薄赋、十一而税，征发徭役"无夺农时"，"关市讥而不征"，"泽梁无禁"等，以赢得民心，实现政治统治。　⑧易耨（nòu）：即"疾耨"，及时除草。易：疾，快速。耨：古代一种除草的工具。《管子·度地篇》："大暑至，万物荣华，利以疾耨，杀草薉。"

【译文】

梁惠王说："晋国，天下曾经没有比它更强大的了，这是老先生您知道的。到了我这里，东边败给了齐国，长子阵亡；西边丧失七百里疆土给秦国；南边被楚国欺侮。寡人对此感到羞耻，想要为所有死者报仇雪恨，我要怎么做才可以呢？"

孟子回答："只要有方圆百里的土地就可以称王天下。大王如果对百姓施行仁政，少用刑罚，减轻赋税，让百姓深耕细作，及时除草，让身强力壮者在闲暇之时学习孝悌忠信，在家侍奉父兄，出外侍奉尊长。这样，可以让他们制作木棒对抗秦、楚坚实的铠甲、锋利的兵刃了。

"别国的统治者经常侵占百姓的生产时间，使其不能耕作奉养父母。父母受冻挨饿，兄弟妻儿东离西散。他们使百姓陷入了痛苦之中，大王前去讨伐他们，谁能与大王对抗呢？所以说：'仁者是无敌的。'请大王不要怀疑。"

【解读】

本章中孟子到魏国时，惠王正经历了执政以来的巨大挫折，他所说的"东败于齐""西丧地于秦七百里""南辱于楚"即是魏国对外战争中几次惨痛的失败。此时的惠王复仇心切，故见到孟子就问"何以利吾国"（见1.1）。针对惠王的心理，孟子告诫其只有实行仁政，才能称王天下，因为"仁者无敌"。

需要说明的是，战国时一般只有周天子可以称王（吴、越、楚在春秋时期已称王，另当别论），诸侯一般只能称公、侯、伯等。公元前334年，梁惠王率领韩国和一些小国到徐州（今山东省滕州市东南）朝见齐威王，尊齐威王为王，齐威王不敢独自称王，于是也承认魏的王号，史称"徐州相王"。自此以后，诸侯纷纷称王。面对这一形势，孟子不是站在"礼乐征伐自天子出"的传统观念对其表示反对，而是因势利导，劝当时的诸侯效法当年的文王，行仁政而称王。

1.6 天下定于一

孟子见梁襄王①，出，语人曰："望之不似人君，就之而不见所畏②焉。卒然③问曰：'天下恶乎定？'

"吾对曰：'定于一。'

"'孰能一之?'

"对曰:'不嗜杀人者能一之。'

"'孰能与之④?'

"对曰:'天下莫不与也。王知夫苗乎?七八月之间旱,则苗槁矣。天油然作云,沛然⑤下雨,则苗浡然兴之矣。其如是,孰能御之?今夫天下之人牧⑥,未有不嗜杀人者也。如有不嗜杀人者,则天下之民皆引领而望之矣。诚如是也,民归之,由⑦水之就下,沛然谁能御之?'"

【注释】

①梁襄王:梁惠王之子,名嗣,公元前318年至前296年在位。 ②畏:敬畏。 ③卒:同"猝"(cù),突然。 ④与之:即"使之与",使天下人归顺。与:跟随,跟从。 ⑤沛然:盛大貌。 ⑥人牧:治理人民的人,指国君。 ⑦由:同"犹",如同。

【译文】

孟子拜见梁襄王,出来后,对人说:"远看不像个国君,到了他面前也不能令人敬畏。突然问道:'天下怎样才能安定?'

"我回答:'天下统一了就会安定。'

"他又问:'谁能统一天下?'

"我回答:'不喜欢杀人的人能统一天下。'

"他又问:'谁愿归顺他呢?'

"我回答:'天下的人没有不愿归顺的。大王了解禾苗吗？七八月间遇上干旱，禾苗就会枯萎。这时天上涌起乌云，降下大雨，禾苗便蓬蓬勃勃地生长起来。这样的情况，谁能够阻挡呢？当今天下的国君没有不好杀人的。如果有一个不好杀人的人，那么天下的老百姓就会伸长了脖子盼望他。真能如此，百姓归顺他，就像水往低处奔流，浩浩荡荡谁能阻挡呢？'"

【解读】

本章中"定于一"，是孟子王道思想的反映。公元前319年梁惠王去世，第二年梁襄王正式即位，孟子与他会面，此章即为二人的对话。孟子认为天下必将统一，是大势所趋。同时又认为只有"不嗜杀人者"，也就是行仁政、王道者才可以统一天下。不过，王道虽然能够赢得民心，赢得天下，但行王道还是霸道则取决于统治者自己。在与襄王接触后，感到他不像个有为的君主，孟子十分失望，不久只好离开了魏国。

1.7 保民而王

齐宣王①问曰："齐桓、晋文之事②可得闻乎？"

孟子对曰："仲尼之徒无道桓、文之事者，是以后世无传焉，臣未之闻也。无以③，则王④乎？"

曰："德何如则可以王矣？"

曰："保民而王，莫之能御也。"

曰："若寡人者，可以保民乎哉？"

曰："可。"

曰:"何由知吾可也?"

曰:"臣闻之胡龁⑤曰:王坐于堂上,有牵牛而过堂下者,王见之,曰:'牛何之?'对曰:'将以衅钟⑥。'王曰:'舍之!吾不忍其觳觫⑦,若无罪而就死地。'对曰:'然则废衅钟与?'曰:'何可废也?以羊易之!'不识有诸?"

曰:"有之。"

曰:"是心足以王矣。百姓皆以王为爱⑧也,臣固知王之不忍也。"

王曰:"然,诚有百姓者。齐国虽褊⑨小,吾何爱一牛?即⑩不忍其觳觫,若无罪而就死地,故以羊易之也。"

曰:"王无异⑪于百姓之以王为爱也。以小易大,彼恶知之?王若隐⑫其无罪而就死地,则牛羊何择焉?"

王笑曰:"是诚何心哉?我非爱其财而易之以羊也。宜乎百姓之谓我爱也。"

曰:"无伤也,是乃仁术也,见牛未见羊也。君子之于禽兽也,见其生,不忍见其死;闻其声,不忍食其肉。是以君子远庖厨也。"

王说⑬曰:"《诗》云⑭:'他人有心,予忖度⑮之。'夫子之谓也。夫我乃行之,反而求之,不得吾心。夫子言之,于我心有戚戚⑯焉。此心之所以合于王者,何也?"

曰:"有复⑰于王者曰:'吾力足以举百钧⑱,而不足以举一羽；明足以察秋毫之末，而不见舆薪。'则王许之乎？"

曰："否。"

"今恩足以及禽兽，而功不至于百姓者，独何与？然则一羽之不举，为不用力焉；舆薪之不见，为不用明焉；百姓之不见保，为不用恩焉。故王之不王，不为也，非不能也。"

曰："不为者与不能者之形，何以异？"

曰："挟太山以超北海[19]，语人曰：'我不能。'是诚不能也。为长者折枝[20]，语人曰：'我不能。'是不为也，非不能也。故王之不王，非挟太山以超北海之类也；王之不王，是折枝之类也。

"老吾老[21]以及人之老，幼吾幼以及人之幼，天下可运于掌。《诗》云[22]：'刑于寡妻[23]，至于兄弟，以御于家邦。'言举斯心加诸彼而已。故推恩足以保四海，不推恩无以保妻子。古之人所以大过人者，无他焉，善推其所为而已矣。今恩足以及禽兽，而功不至于百姓者，独何与？权[24]，然后知轻重；度，然后知长短。物皆然，心为甚。王请度之！抑[25]王兴甲兵，危士臣，构怨于诸侯，然后快于心与？"

王曰："否，吾何快于是？将以求吾所大欲也。"

曰："王之所大欲，可得闻与？"

王笑而不言。

曰："为肥甘不足于口与？轻暖不足于体与？抑为

采色不足视于目与？声音不足听于耳与？便嬖㉖不足使令于前与？王之诸臣皆足以供之，而王岂为是哉？"

曰："否，吾不为是也。"

曰："然则王之所大欲可知已，欲辟土地，朝秦楚，莅㉗中国而抚四夷也。以若㉘所为求若所欲，犹缘木而求鱼也。"

王曰："若是其甚与？"

曰："殆有甚焉。缘木求鱼，虽不得鱼，无后灾。以若所为求若所欲，尽心力而为之，后必有灾。"

曰："可得闻与？"

曰："邹人与楚人战，则王以为孰胜？"

曰："楚人胜。"

曰："然则小固不可以敌大，寡固不可以敌众，弱固不可以敌强。海内之地方千里者九，齐集有其一。以一服八，何以异于邹敌楚哉？盖㉙亦反其本矣。今㉚王发政施仁，使天下仕者皆欲立于王之朝，耕者皆欲耕于王之野，商贾皆欲藏于王之市，行旅皆欲出于王之涂㉛，天下之欲疾其君者皆欲赴愬㉜于王。其若是，孰能御㉝之？"

王曰："吾惛㉞，不能进于是矣。愿夫子辅吾志，明以教我。我虽不敏，请尝试之。"

曰："无恒产而有恒心者㉟，惟士为能。若㊱民，则㊲无恒产，因无恒心。苟无恒心，放辟邪侈，无不为已。及陷于罪，然后从而刑之，是罔㊳民也。焉有仁人在位，罔民而可为也？是故明君制民之产㊴，必使仰足以事父母，俯足以畜妻子，乐岁终身饱，凶年免于死亡，然后驱而之善，故民之从之也轻⑩。今也制民之产，仰不足以事父母，俯不足以畜妻子，乐岁终身苦，凶年不免于死亡。此惟救死而恐不赡㊶，奚暇㊷治礼义哉？王欲行之，则盍反其本矣。五亩之宅，树之以桑，五十者可以衣帛矣。鸡豚狗彘之畜，无失其时，七十者可以食肉矣。百亩之田，勿夺其时，八口之家可以无饥矣。谨庠序之教，申之以孝悌之义，颁白者不负戴于道路矣。老者衣帛食肉，黎民不饥不寒，然而不王者，未之有也。"

【注释】

①齐宣王：战国时齐国国王田辟疆，为齐威王之子、齐湣王之父，约公元前319年至前301年在位。 ②齐桓、晋文之事：指齐桓公、晋文公称霸之事。齐桓：齐桓公，春秋时齐国国君，姓姜，名小白。晋文：晋文公，春秋时晋国国君，姓姬，名重耳。二人均列于春秋五霸之中。孟子说："五霸者，三王之罪人也。"（12.7）故对其事迹不屑于谈起。 ③无以：不得已。以：同"已"。 ④王（wàng）：动词，指推行王道。朱熹《集注》："王，谓王天下之道。" ⑤胡龁（hé）：人名，齐宣王身边的近臣。 ⑥衅钟：古代一种祭祀仪式。新钟铸成后，杀牲取血，涂在钟的缝隙处。 ⑦觳觫（hú sù）：因恐惧而发抖的样子。 ⑧爱：吝啬。 ⑨褊（biǎn）：狭小。 ⑩即：只，只是。 ⑪异：动词，奇怪，责怪。 ⑫隐：哀痛，可怜。 ⑬说：同"悦"。 ⑭《诗》云：以下两句出自《诗经·小雅·巧言》。 ⑮忖度：推测。 ⑯戚戚：心动貌。赵岐注："戚戚然，心有动也。" ⑰复：回复。 ⑱钧：古代

重量单位，三十斤为一钧。 ⑲太山：即泰山。北海：渤海。焦循《正义》引阎若璩《四书释地》："齐南有太山，北有渤海……皆取齐境内之地设譬耳。" ⑳折枝：折腰。枝：通"肢"。见《文献通考·经籍考》引宋陆筠《翼孟音解》。一说为折取草茎树枝，喻轻而易举。朱熹《集注》："为长者折枝，以长者之命，折草木之枝，言不难也。"一说为按摩。赵岐注："折枝，案摩。" ㉑老吾老：尊敬我的父兄。前一个"老"为动词，指敬老、养老，下一个"老"为名词，指父兄。朱熹《集注》："吾老，谓我之父兄。"下"幼吾幼"句式与此相同。 ㉒《诗》云：以下三句出自《诗经·大雅·思齐》。 ㉓刑：同"型"，示范。寡妻：嫡妻，正妻。 ㉔权：称量。 ㉕抑：副词，表示语气，或许，或者。 ㉖便嬖：君主左右受宠幸的小臣。 ㉗莅（lì）：统治。 ㉘若：人称代词，你。 ㉙盖：通"盍"（hé），何不。 ㉚今：假设连词，犹"若"。《礼记·曾子问》："下殇土周葬于园，遂舆机而往，涂迩故也。今墓远，则其葬也如之何？"王引之《经传释词》卷五："今墓远，若墓远也。" ㉛涂：同"途"。 ㉜愬（sù）：诉说，告发。 ㉝御：通"禦"，抵御，抵抗。 ㉞惛：同"昏"，昏乱，糊涂。 ㉟恒产：恒常具有可以维持生计的产业。恒心：持久不变的志向，尤指向善的志向。朱熹《集注》："人所常有之善心也。"恒：常。 ㊱若：转折连词，至于。 ㊲则：假设连词，假若。 ㊳罔：同"网"，用作动词，犹言"陷害"。 ㊴制民之产：规定百姓的财产。 ㊵轻：轻松，容易。 ㊶赡（shàn）：足够。 ㊷奚暇：哪里顾得上。奚：何。暇：余暇，空闲。

【译文】

齐宣王问道:"齐桓公、晋文公的事迹,可以讲给我听听吗?"

孟子回答:"孔子的门徒没有谈论齐桓公、晋文公事迹的,因此没有流传到后世,我也不曾听说过。一定要我讲的话,那就说说称王天下吧?"

宣王问:"具有怎样的道德才可以称王天下呢?"

孟子答道:"安抚百姓而称王天下,没有人能够阻挡。"

宣王问:"像寡人这样,能够安抚百姓吗?"

孟子说:"可以。"

宣王问:"凭什么知道我可以呢?"

孟子说:"我听大臣胡龁说:一天大王您坐在堂上,有个人牵着牛从堂下经过,大王见了,问:'把牛牵到哪里去?'对方回答:'准备杀了祭钟。'大王说:'放了它吧!我不忍心看它战栗发抖,就像没有罪过却要被处死的样子。'对方问:'那么就不祭钟了吗?'大王说:'怎么能不祭钟呢?用羊替代它!'不知道有没有这件事?"

宣王说:"是有这件事。"

孟子说:"大王您这样的心就足以称王天下。百姓听说这件事后都以为您是吝啬,我却知道大王是不忍心。"

宣王说:"对呀,确实有百姓这样认为。齐国虽然狭小,我何至于吝啬一头牛呢?我是不忍心看到它战栗发抖,就像没有罪过却要被处死,所以要用羊来替换它。"

孟子说:"大王不要责怪百姓以为您吝啬。用小的羊替换大的牛,他们怎么能了解你的用心呢?大王如果可怜牛没有罪过而要被处死,那么牛和羊又有什么区别呢?"

宣王笑着说:"这到底是什么心理呢?我并非吝啬钱财而用羊去替换牛,也难怪百姓要说我吝啬了。"

孟子说:"没有关系,这正是仁心的流露,因为您只看到了牛而没有看到羊。君子对于禽兽,看见它们生,就不忍心看见它们死;听见它们的哀叫,就不忍心吃它们的肉。因此,君子总是远离厨房。"

宣王高兴地说:"《诗经》中说:'别人有心思,我能揣摩到。'说的正是老先生啊。我这样做了,反过来找原因,自己心里却不明白。老先生这么一说,说到我心坎上了。这样的心适合于称王天下,又是为什么呢?"

孟子说:"假如有一个人向大王禀告:'我的力气足以举起三千斤,却举不起一片羽毛;我的视力足以看清秋天鸟兽身上新长的细毛,却看不见一车子柴火。'大王会相信他的话吗?"

宣王说:"不会。"

孟子接着说:"如今大王的恩惠能够施予禽兽,而功德却不能施及百姓,这到底是为什么呢?显然,一片羽毛举不起,是因为不肯用力气;一车子柴火看不见,是因为不肯用目力;百姓不被安抚,是因为不肯施恩德。所以大王没能做到称王天下,是不愿意做,而不是做不到。"

宣王问:"不愿意做和做不到有什么区别?"

孟子说:"挟着泰山跳越北海,对人说:'我做不到。'这是真的做不到。给长者弯腰行礼,对人说:'我做不到。'

这是不愿意做，而不是做不到。所以大王没能做到称王天下，不属于挟着泰山跳越北海一类；大王没能做到称王天下，属于为长者弯腰行礼一类。

"敬重自己的长辈进而敬重他人的长辈，爱护自己的孩子进而爱护他人的孩子，这样天下就可以运转在掌心之上。《诗经》中说：'给妻子树立榜样，推广到兄弟身上，以此治理家邦。'说的就是将自己的不忍人之心推广到别人身上。所以推广恩德便足以安定天下，不推广恩德连妻子儿女都保护不了。古人之所以远远超过今人，没有别的原因，不过是善于推广他们的所作所为罢了。如今大王的恩德能够施予禽兽，而功德却不能施及百姓，这到底是为什么呢？称一称，然后才能知道轻重；量一量，然后才能知道长短。万物都是这样，心更是如此。大王请认真地考虑考虑吧！难道大王要兴师动众，让将士、大臣冒着生命危险，去和别的国家结下仇怨，这样您心里才痛快吗？"

宣王说："不，我对此有什么痛快的？不过想借此实现我最大的愿望。"

孟子问："大王最大的愿望，可以说来听听吗？"

宣王笑而不答。

孟子问："是因为肥美的食物不够吃吗？轻暖的衣服不够穿吗？还是因为艳丽的色彩不够看呢？美妙的音乐不够听呢？身边伺候的人不够使唤呢？这些大王的臣下都能够提供，大王难道是为了这些吗？"

宣王说："不，我不是为了这些。"

孟子说:"那么,大王最大的愿望就可以知道了,您是想扩张疆土,使秦、楚臣服,君临中原而安抚四夷。然而以您的做法去实现您的愿望,就好比爬上树去捉鱼一样。"

宣王说:"有这么严重吗?"

孟子说:"恐怕比这还要严重呢!爬上树去捉鱼,即使捉不到鱼,也不会有什么后患。以您的做法去实现您的愿望,费尽心力去做,最后必有灾祸。"

宣王问:"可以说来听听吗?"

孟子说:"邹国跟楚国打仗,大王认为谁会获胜?"

宣王说:"楚国胜。"

孟子说:"可见小国肯定敌不过大国,人数少的肯定敌不过人数多的,弱国肯定敌不过强国。四海之内方圆一百万里的土地有九,齐国的土地集中起来只占其一。用一去征服八,这同邹国对抗楚国有什么不同呢?为何不回到根本上呢?如果大王能发布政令,施行仁政,使天下出仕的都想到大王的朝廷里任职,耕田的都想到大王的土地上耕作,做生意的都想到大王的市场上交易,旅行的都想到大王的道路上行走,天下痛恨他们国君的都想跑来向大王申诉。果真这样,谁还能抵挡得住呢?"

宣王说:"我头脑昏聩,不能领会这些道理。希望先生开导我的心志,明确地教导我。我虽然不聪明,请让我试着做吧。"

孟子说:"没有固定产业而有不变的志向,只有士能做到。至于百姓,如果没有固定的产业,也就没有了不变的志向。如果没有了不变的志向,就会放纵胡来,无所不为。等他们犯了罪,然后再施以刑罚,这等于是设下罗网陷害百姓。哪有仁人当政而可以做陷害百姓的事呢？因此，贤明的君主规划百姓的产业，一定要使他们上足以奉养父母，下足以养活妻儿，丰年一年到头温饱，荒年可免于死亡，然后驱使他们向善，这样百姓就很乐于听从了。如今规划百姓的产业，上不足以奉养父母，下不足以养活妻儿，丰年一年到头辛苦，凶年不能免于死亡。这样，他们连保命恐怕都顾不上，哪还有闲暇去讲求礼义呢？大王想要实行仁政，为何不返回根本呢？五亩的田宅，种上桑树，年满五十的人就能穿上丝绸了。鸡、猪、狗等一类家畜，不要错过它们的繁殖时节，年满七十的人就能吃上肉了。一百亩的田地，不要侵占农时，八口之家就可以不挨饿了。注重学校教育，宣讲孝悌的道理，头发花白的老人就不必在路上头顶肩扛了。老年人穿上丝棉、吃上肉，老百姓不挨饿受冻，这样还不能称王天下，是从来没有的。"

【解读】

本章系统阐述仁政、王道，不仅文字较长，在思想内容上也有所深化。孟子离开魏国后，来到齐国，时齐宣王当政。齐宣王姓田，名辟疆，为齐威王之子，公元前319年至前301年在位。孟子这次来到齐国，停留时间较长，约有六年之久，是孟子一生中较为重要的阶段。

孟子在齐国时，与宣王有多次对话，《孟子》一书就记录了十四处，本章是《孟子》中篇幅最长，也较有影响的一段文字。在该章中，孟子循循善诱，层层递进，向宣王宣讲仁政的道理，显示了高超的进谏艺术。本章内容丰富，涉及孟子政治思想的许多方面。具体包括：

一、王霸之辨。齐宣王询问齐桓公、晋文公的霸业，孟子直接予以回绝，认为孔门"无道桓、文之事"，表示自己更愿意宣讲王道。其实，孔门并非不谈齐桓、晋文之事，孔子本人所谈就不少，如"晋文公谲而不正，齐桓公正而不谲"（《论语·宪问》）；"桓公九合诸侯，不以兵车，管仲之力也。如其仁！如其仁！"（同上）；"管仲相桓公，霸诸侯，一匡天下，民到于今受其赐"（同上）等等，对齐桓公的霸业也是有所肯定的。孟子有意回避这一点，表明他在王霸问题上采取了更为激进的态度。而孟子之所以尊王贱霸，是因为当时的诸侯争霸给民众的生产、生活带来沉重的灾难，而在孟子心目中，只有王道才能救民众于水火。

二、推恩保民。在否定了霸道后，孟子接着向宣王宣讲王道。为了消除宣王的疑虑，他举出宣王对将被宰杀的牛有"不忍"之心的事例，说明宣王完全可以推行王道。因为所谓仁政、王道不过是将"不忍"之心推及他人，由他人推及天下，用孟子的话讲叫"推恩"，认为"推恩足以保四海，不推恩无以保妻子"。既然宣王对禽兽都能够施以恩惠，为何却没有施及百姓呢？可见，宣王没有行仁政、称王天下，"不为也，非不能也"，是不去做，而不是做不到。因为推恩是极容易做到，而不是难以做到的事情。

三、仁者无敌。当宣王提出自己另有"大欲"时，孟子明确指出，宣王的"大欲"不过是想扩张疆土，使秦、楚臣服，君临中原而安抚四夷。这实际是以己之力与天下为敌，是根本行不通的；只有实行仁政，使天下之人心悦诚服，才能称王天下。本章孟子很好地揣摩了宣王的心理，并做了细致入微的分析，因而能够因势利导，积极劝谏。至于所用的许多精妙比喻，如"力举百钧""明察秋毫""挟太山以超北海""缘木求鱼"等等，早已成为中国人耳熟能详的著名成语。

四、士民之别。孟子认为民与士不同，士是社会的特殊阶层，是"社会的良心"，是人类基本价值的维护者，他们以道自任，"无恒产而有恒心"，能够超越个人的私利去关注国家、民众的普遍利益。而民是一般的生产者，是社会大众，他们"无恒产，因无恒心"，若基本生活需要得不到满足，便会为非作歹，无所不为。故作为士，应有精神、道义的更高要求；而对于民，首先应"制民之产"，解决百姓的物质生活，然后推行教化，"谨庠序之教"，先富而后教。

五、仁政蓝图。最后孟子描绘出一幅仁政的蓝图，这一蓝图在其他各章中也多次谈论过，其核心是保证每户有五亩宅园、百亩耕地，同时发展农副经济，保证农时，注重教育等等，这样就可以使老年人穿上丝织衣服、吃上肉，老百姓不挨饿受冻。这一蓝图虽然反映的只是一种温饱经济，但对于身处战乱的社会底层民众来说，则无疑是其最迫切的希望，同时也成为后来无数仁人志士不断努力追求的目标。

梁惠王下

2.1 与民同乐

庄暴①见孟子,曰:"暴见于王②,王语暴以好乐,暴未有以对也。"曰:"好乐何如?"

孟子曰:"王之好乐甚,则齐国其③庶几④乎!"

他日,见于王曰:"王尝语庄子以好乐,有诸?"

王变乎色,曰:"寡人非能好先王之乐也,直好世俗之乐耳。"

曰:"王之好乐甚,则齐其庶几乎!今之乐由⑤古之乐也。"

曰:"可得闻与?"

曰:"独乐乐⑥,与人乐乐,孰乐?"

曰:"不若与人。"

曰:"与少乐乐,与众乐乐,孰乐?"

曰:"不若与众。"

"臣请为王言乐。今⑦王鼓乐于此,百姓闻王钟鼓之声,管籥⑧之音,举⑨疾首蹙頞⑩而相告曰:'吾王之好鼓乐,夫何使我至于此极⑪也?父子不相见,兄弟妻子离散。'今王田猎于此,百姓闻王车马之音,见羽旄⑫之美,举疾首蹙頞而相告曰:'吾王之好田猎,夫何使我至于此极也？父子不相见，兄弟妻子离散。'此无他，不与民同乐也。今王鼓乐于此，百姓闻王钟鼓之声，管籥之音，举欣欣然有喜色而相告曰：'吾王庶几无疾病与，何以能鼓乐也？'今王田猎于此，百姓闻王车马之音，见羽旄之美，举欣欣然有喜色而相告曰：'吾王庶几无疾病与，何以能田猎也？'此无他，与民同乐也。今王与百姓同乐，则王矣。"

【注释】

①庄暴（bào）：齐国大臣。赵岐注："齐臣也。" ②见于王：被王召见。于：介词，表示被动，相当于"被"。 ③其：副词，表推测、估计，大概，或许。 ④庶几：古代习语，犹今语所谓"差不多"。 ⑤由：通"犹"，好像。 ⑥乐（yào）乐（lè）：前一乐为动词，指喜好；后一乐为名词，指快乐。一说后一乐指音乐（yuè），亦可通。 ⑦今：假设连词，犹"若"。 ⑧管籥（yuè）：古管乐器名。籥：似笛而短小。 ⑨举：焦循《正义》："犹皆也。" ⑩蹙（cù）頞（è）：形容愁眉苦脸的样子。蹙，紧缩。頞，鼻梁。 ⑪极：疲困，穷困。 ⑫羽旄：鸟羽和牦牛尾，古人用作旗帜上的装饰，故可代指旗帜。

【译文】

庄暴拜见孟子，说："我被齐王召见，齐王对我说他喜好音乐，我不知道怎么回答才好。"又问："喜好音乐怎么样啊？"

孟子说："齐王非常喜好音乐，那么齐国差不多就可以治理好了！"

一天,孟子被齐王接见,问:"大王曾对庄暴说喜好音乐,有这回事吗?"

齐王脸色一变,说:"我并不是喜好古代先王的音乐,只不过喜爱世俗的音乐罢了。"

孟子说:"大王非常喜爱音乐,那么齐国差不多就可以治理好了!现在的音乐如同古代的音乐。"

齐王说:"可以给我讲讲这道理吗?"

孟子问:"独自享受快乐,与别人一起享受快乐,哪一种更快乐?"

齐王说:"不如与别人一起快乐。"

孟子问:"与少数人享受快乐,与很多人一起享受快乐,哪一种更快乐?"

齐王说:"不如与很多人一起快乐。"

孟子说:"那就让我为大王谈谈音乐吧。假如大王在这里奏乐,百姓听了大王鸣钟击鼓之声、吹箫奏笛之音,全都愁眉苦脸地相互议论说:'我们大王喜爱音乐,为何却使我们沦落到了这个地步?父子不能相见,兄弟妻儿离散。'假如大王在这里打猎,百姓听到大王车马之声,看到旗帜之美,全都愁眉苦脸地相互议论说:'我们大王喜欢打猎,为何却使我们穷困到了这个地步?父子不能相见,兄弟妻儿离散。'这没有别的原因,只是因为不能和百姓一同快乐。假如大王在这里奏乐,百姓听到大王鸣钟击鼓之声、吹箫奏笛之音,全都眉开眼笑地相互议论说:'我们大王大概没有疾病吧,不然怎么能奏乐呢?'假如大王在这里打猎,百姓听到大王车马之声,看到旗帜之美,全都眉开眼笑地相互议论说:'我们大王大概没什么病吧,不然怎么能打猎呢?'这没有别的原因,只是因为和百姓一同快乐。假如大王能和百姓一同快乐,就可以称王天下了。"

【解读】

本章的王虽然没有明说,但应"是指齐宣王。这是由上一章和下一章所言都是齐宣王的事情而推知的"(杨伯峻:《孟子译注》,中华书局 2008年版,第28页)。故本章仍为孟子在齐国时与宣王的对话。

儒家重忠恕之道,主张推己及人,孟子对其做了进一步发展,并运用到君民关系上,作为游说诸侯行仁政、王道的方法。宣王好音乐,孟子便通过两个设问向其表明,"独乐"不如"与人乐""与众乐"更快乐,一个统治者不应满足于个人的快乐,而应该与民同乐,做到与民同乐,才能得到民众的拥护,并最终称王天下。

本章孟子提到"今之乐由(犹)古之乐也",需要做点说明。孔子推崇古代雅乐,反对郑国的流行音乐,主张"放郑声",原因是"郑声淫"(见《论语·卫灵公》);而孟子却认为流行音乐与古代雅乐差不多,与孔子的观点显然不同。出现这种情况,主要是因为战国时代礼乐进一步崩坏,孟子所遇的君主又都好货、好色、好乐,所以孟子不好再固守孔子的乐教理想,而着眼于从启发君主"与民同乐"入手。"今之乐"与"古之乐"虽有差别,但在应"与民同乐"上则是一致的。朱熹《集注》中曾引范氏语,对此有精辟说明:"孟子切于救民,故因齐王之好乐开导其善心,深劝其与民同乐。而谓今乐犹古乐,其实今乐、古乐何可同也?但与民同乐之意,则无古今之异耳……盖孔子之言,为邦之正道;孟子之言,救时之急务,所以不同。"

2.2 推己及人

齐宣王问曰:"文王之囿①方七十里,有诸?"

孟子对曰:"于传②有之。"

曰:"若是其大乎?"

曰:"民犹以为小也。"

曰:"寡人之囿方四十里,民犹以为大,何也?"

曰:"文王之囿方七十里,刍荛③者往焉,雉兔者往焉,与民同之,民以为小,不亦宜乎?臣始至于境,问国之大禁,然后敢入。臣闻郊关④之内有囿方四十里,杀其麋鹿者如杀人之罪;则是方四十里为阱于国中,民以为大,不亦宜乎?"

【注释】

①囿:古代畜养禽兽的园林。 ②传:指古代文献。朱熹《集注》:"传,谓古书。" ③刍荛(ráo):割草采薪。刍:割草。荛:柴草,亦用作动词。 ④郊关:四郊之门,起拱卫防御作用。赵岐注:"齐四境之郊皆有关。"孙奭疏:"盖四郊之门也。"

【译文】

齐宣王问道:"听说文王的园林方圆七十里,有这回事吗?"

孟子回答:"文献上有这样的记载。"

宣王问:"竟有这么大吗?"

孟子说:"百姓还觉得小了呢。"

宣王说:"我的园林只有方圆四十里,百姓还觉得大,这是为什么呢?"

孟子说:"文王的园林方圆七十里,割草砍柴的可以去采薪,捕鸟猎兽的可以去狩猎,文王与百姓共同享用,百姓认为太小,不是很自然的吗?我初到齐国边境时,问明了齐国重要的禁令,然后才敢入境。我听说国都郊外有个园林方圆四十里,杀了其中的麋鹿,其罪相当于杀人;这就好像是在国内设下了一个方圆四十里的陷阱,百姓认为太大了,不也是应该的吗?"

【解读】

本章论推己及人,"与民同之"。孟子不反对君主可以有私人财产、物质享受(参见5.4章解读),但主张君主应"与民同之"。"与民同之"是孟子民本思想的一个重要原则,对于君主的一切物质财富、精神享受,孟子都用这一原则来处理。而要做到这一点,就需"推己及人",靠国君的道德自觉,而国君的道德自觉则需要孟子这样士人的诱导。本章以园囿为例,说明文王与民同之,故民以为小;宣王不与民同之,则民以为大。前者是与民同之的榜样,后者则是反面代表。

2.3 交邻国之道

齐宣王问曰:"交邻国有道乎?"

孟子对曰:"有。惟仁者为能以大事小,是故汤事葛①,文王事昆夷②。惟智者为能以小事大,故大王事獯鬻③,勾践事吴④。以大事小者,乐天者也⑤;以小事大者,畏天者也⑥。乐天者保天下,畏天者保其国。《诗》云⑦:'畏天之威,于时⑧保之。'"

王曰:"大⑨哉言矣!寡人有疾,寡人好勇。"

对曰:"王请无好小勇。夫抚剑疾视曰:'彼恶敢当我哉!'此匹夫之勇,敌一人者也。王请大之!《诗》云⑩:'王赫斯⑪怒,爰⑫整其旅,以遏徂莒⑬,以笃周祜⑭,以对⑮于天下。'此文王之勇也。文王一怒而安天下之民。《书》曰⑯:'天降下民,作之君,作之师,惟曰其助上帝宠之。四方有罪无罪,惟我在⑰,天下曷敢有越厥⑱志?'一人衡行⑲于天下,武王耻之。此武王之勇也。而武王亦一怒而安天下之民。今王亦一怒而安天下之民,民惟恐王之不好勇也。"

【注释】

①汤:商汤,商朝的创建人。葛:葛伯,葛国的国君。葛国是商紧邻的小国,故城在今河南省商丘市宁陵县北十五里处。汤曾派人给葛伯送去牛羊粮食,却被葛伯杀害。 ②文王:周文王。昆夷:也写作"混

夷"，周朝初年的西戎国名。　③大（tài）王：也作"太王"，周文王的祖父古公亶父，周族首领。獯（xūn）鬻（yù）：又称"猃（xiǎn）狁（yǔn）"，当时北方的少数民族。　④勾践：春秋时越国国君。吴：指春秋时吴国国君夫差。　⑤以大事小者，乐天者也：赵岐注："圣人乐行天道，如天无不盖也，故保天下，汤、文是也。"　⑥以小事大者，畏天者也：赵岐注："智者量时度天，故保其国，大王、勾践是也。"　⑦《诗》云：此指《诗经·周颂·我将》。　⑧时：通"是"。　⑨大：善，好。　⑩《诗》云：此指《诗经·大雅·皇矣》。　⑪赫斯：郑玄笺："赫，怒意。"斯：语气词，后以"赫斯"指帝王盛怒貌。　⑫爰：语首助词，无义。　⑬遏：止。徂（cú）：往，到。莒：殷末国名。　⑭笃：厚。祜：福。　⑮对：酬答，答谢。郑玄笺："对，答也……以答天下乡周之望。"　⑯《书》：此乃《尚书》逸文，伪古文《尚书》放入《泰誓上》篇。　⑰惟我在：即"惟在我"。赵岐注："四方善恶皆在己，所谓在予一人。"朱熹断以上几句为："惟曰其助上帝，宠之四方，有罪无罪，惟我在。"注："宠之四方，宠异之于四方也。有罪者我得而诛之，无罪者我得而安之。"不从。　⑱厥：代词，其，起指示作用。　⑲一人：指殷纣王。周武王起兵伐纣灭殷。衡行：即"横行"。

【译文】

齐宣王问道："与邻国交往有什么原则吗？"

孟子回答："有。只有仁者能以大国的身份感化小国，所以商汤曾爱护葛国，文王曾爱护昆夷。只有智者能以小国的身份侍奉大国，所以周太王曾侍奉獯鬻，勾践曾侍奉吴国。大国关心小国，这是因为喜爱天命；小国侍奉大国，这是因为畏惧天命。喜爱天命的人能保有天下,畏惧天命的人能保住国家。《诗经》中说:'敬畏天的威严,因此得到保佑。'"

宣王说:"讲得太好了!不过,我有个毛病,我喜欢逞强好勇。"

孟子答道:"大王请不要喜欢小勇。按着剑、瞪着眼说:'他怎敢抵挡我!'这是匹夫之勇,只能对付一个人罢了。请大王扩大它!《诗经》中说:'文王勃然发怒,整顿派遣军队,狙击侵莒之敌,增加周国威福,报答天下期望。'这是文王的勇。文王一怒而使天下的百姓安定。《尚书》中说:'上天降生百姓,为他们设立君主,设立师长,要他们协助上天爱护百姓,天下有罪和无罪的,都由我来负责,天下谁敢有非分之想?'有一个人横行霸道于天下,武王就感到耻辱。这是武王的勇。武王也是一怒而使天下的百姓安定。假如大王也一怒而使天下百姓安定,那么百姓唯恐大王不喜好勇呢!"

【解读】

本章论交往邻国之道,是王道政治的一个重要内容。孟子从儒家立场出发,提出仁、智的外交原则,认为仁者能够以大国感化小国;智者能够以小国服从大国。其中"以大事小者,乐天者也;以小事大者,畏天者也"几句中的"天"含义较为抽象,大致而言,可以理解为主宰之天或者义理之天,即天是世间的最高主宰或者价值原则。天生育万物,无所不覆,无所不养,体现着仁爱的价值原则,所以真正的仁者不会恃强凌弱,以大欺小,而是"修文德以来之",这是因为他自觉地尊奉天的意志或原则，侍奉葛国的商汤、侍奉昆夷的文王即是其代表。同时，天高高在上，代表一种尊严与秩序，智者认识到这一点，便会以小侍大，敬畏天的意志或原则，侍奉獯鬻的周太王、侍奉吴国的勾践是其代表。喜好天命的仁者可以行王道，保有天下，而敬畏天命的智者只能保住国家。

宣王虽然认为孟子讲得好，但又提出勇，实际是想把逞强好勇作为对外邦交的原则。面对宣王的发问，孟子回答得好：大王不要喜欢匹夫之勇，而应喜好文王、武王之勇，也就是仁者之勇。用在对外邦交上，就是不要因个人的私欲恃强凌弱，而应为民众的利益诛伐不道。

2.4 乐以天下，忧以天下

齐宣王见孟子于雪宫①。王曰："贤者亦有此乐乎？"

孟子对曰："有。人不得，则非②其上矣。不得而非其上者，非③也；为民上而不与民同乐者，亦非也。乐民之乐者，民亦乐其乐；忧民之忧者，民亦忧其忧。乐以天下，忧以天下，然而不王者，未之有也。"（下略）

【注释】
①雪宫：齐宣王的离宫，即正宫之外临时居住的宫室。 ②非：动词，非难，埋怨。 ③非：不对，错误。

【译文】

齐宣王在雪宫里接见孟子。宣王问:"贤人也有这样的快乐吗?"

孟子答道:"有。人们得不到这种快乐,就会抱怨他们的国君。得不到就抱怨他们的国君,固然不对;作为百姓的国君而不与百姓同乐,同样不对。以百姓的快乐为快乐,百姓也以他们的快乐为快乐;以百姓的忧愁为忧愁,百姓也以他们的忧愁为忧愁。乐与天下人一同乐,忧与天下人一同忧,这样还不能称王天下,是不会有的事情。"

【解读】

本章论推己及人、"与民同乐"。宣王问"贤者亦有此乐乎?"其所说的"乐"指个人的享乐,实际是君主的特权。而孟子则从"与民同乐"来理解"乐",强调君主的责任和义务是与民同乐,认为"乐民之乐者,民亦乐其乐;忧民之忧者,民亦忧其忧。乐以天下,忧以天下"。故真正的快乐是与民同乐,是君主、百姓皆得到、实现其快乐。后北宋政治家、儒家学者范仲淹在《岳阳楼记》中写下"先天下之忧而忧,后天下之乐而乐"的名句,无疑受到孟子的启迪,是对孟子思想的继承和发展,是真正的"贤者之乐"。

2.5 与百姓同之

齐宣王问曰:"人皆谓我毁明堂①,毁诸?已乎?"

孟子对曰:"夫明堂者,王者之堂也。王欲行王政,则勿毁之矣。"

王曰:"王政可得闻与?"

对曰:"昔者文王之治岐②也,耕者九一,仕者世禄,关市讥③而不征,泽梁④无禁,罪人不孥⑤。老而无妻曰鳏,老而无夫曰寡,老而无子曰独,幼而无父曰孤。此四者,天下之穷民而无告⑥者。文王发政施仁,必先斯四者。《诗》云⑦:'哿⑧矣富人,哀此茕独⑨!'"

王曰:"善哉言乎!"

曰:"王如善之,则何为不行?"

王曰:"寡人有疾,寡人好货。"

对曰:"昔者公刘⑩好货,《诗》云⑪:'乃积乃仓,乃裹糇粮⑫,于橐于囊⑬,思戢用光⑭。弓矢斯张,干戈戚扬⑮,爰方启行⑯。'故居者有积仓,行者有裹囊也,然后可以爰方启行。王如好货,与百姓同之,于王何有?"

王曰:"寡人有疾,寡人好色。"

对曰:"昔者太王好色,爱厥妃。《诗》云⑰:'古公亶父⑱,来朝⑲走马,率西水浒⑳,至于岐下,爰及姜女㉑，聿来胥宇㉒。'当是时也，内无怨女，外无旷夫。王如好色，与百姓同之，于王何有？"

【注释】

①明堂：古代帝王宣明政教的地方。凡朝会、祭祀、庆赏、选士、养老、教学等大典，都在此举行。赵岐注："谓泰山下明堂，本周天子东巡狩朝诸侯之处也，齐侵地而得有之。人劝齐宣王，诸侯不用明堂，可毁坏，故疑而问于孟子当毁之乎。"按赵说，这里是指泰山明堂，是周天子东巡时所设。　②岐：地名，在今陕西省宝鸡市岐山县东北。相传周太王古公亶父自豳（bīn，陕西旬邑）迁此建邑，成为周族居住之处。③讥：稽查。　④泽梁：在水流中用石筑成的拦水捕鱼的堰。《荀子·王制》："山林泽梁，以时禁发而不税。"杨倞注："石绝水为梁，所以取鱼也。"　⑤孥（nú）：妻子儿女，这里用作动词，不孥，即不牵连妻子儿女。　⑥告：诉说。　⑦《诗》云：以下两句出自《诗经·小雅·正月》。　⑧哿（gě）：同"可"。　⑨茕（qióng）独：指孤独无依靠之人。　⑩公刘：周族早期首领，曾率部落从邰迁至豳，周族从此兴旺起来。　⑪《诗》云：以下七句引自《诗经·大雅·公刘》。　⑫裹：包扎，缠绕。糇（hóu）粮：干粮。　⑬橐、囊：盛东西的口袋。　⑭思：语气词，无义。戢：同"辑"，和睦。用：因而。光：发扬光大。　⑮干戈戚扬：四种兵器。干：盾牌。一说刺人之兵器。戈：古代主要兵器，有突出的援，援上下皆刃，用以横击和钩杀。戚：斧一类兵器。扬：钺，大斧。　⑯爰：连词，于是，就。方：开始。启行：出发。　⑰《诗》云：以下六句引自《诗经·大雅·绵》。　⑱古公亶（dǎn）父：即周文王的祖父周太王。　⑲来朝：第二天早上。　⑳率：循。浒：水边。㉑爰：

语首词，无义。姜女：太王的妃子，也称太姜。 ㉒聿：语首词，无义。胥：动词，省视，视察。宇：屋宇。

【译文】

齐宣王问道："别人都建议我拆毁明堂，究竟是拆毁呢？还是不拆毁呢？"

孟子回答："明堂是施行王道政治的殿堂。大王如果想要施行王道政治，就不要拆毁它。"

宣王说："可以把王道政治的道理讲给我听听吗？"

答道："从前文王治理岐，耕田者缴纳九分之一的税，出仕者给予世代承袭的俸禄，关卡和市场只稽查不征税，不禁止在湖泊中捕捞，惩办罪人不牵连妻儿。年老无妻叫鳏，年老无夫叫寡，年老无子叫独，年幼无父叫孤。这四者，是天下贫穷没有依靠的人。文王施行仁政，一定要先考虑他们。《诗经》说：'富人的生活过得去，最可怜是孤独的人！'"

宣王说："说得好啊！"

孟子说："大王如果觉得好，那么为什么不去实行呢？"

宣王说："我有个毛病，我喜欢钱财。"

孟子说："从前公刘也喜欢钱财，《诗经》说：'粮食积满仓，准备好干粮，装进小袋和大橐，和睦团结争荣光。箭上弦、弓开张，干戈斧钺拿手上，于是启程奔前方。'因此留守的人储满谷仓，出征的备好干粮，然后才启程奔前方。大王如果喜欢钱财，使百姓也能有钱财，那么称王天下有什么困难呢？"

宣王说:"我还有个毛病,我喜好女色。"

孟子说:"从前太王也喜好女色,宠爱他的妃子。《诗经》说:'太王古公亶父,清晨骑马奔驰,沿着西边水滨,来到岐山脚下,带着宠妃姜氏女,视察居处好安家。'那时候,宫内没有无夫的怨女,宫外没有无妻的旷夫。大王如果喜好女色,使百姓也能有妻室,那么称王天下有什么困难呢?"

【解读】

本章详论仁政的内容及推己及人行仁政的方法。孟子以文王治岐为例,说明仁政的具体内容,包括"耕者九一""仕者世禄""关市讥而不征""泽梁无禁""罪人不孥"等等。当宣王以自己"好货""好色"推脱时,孟子则用公刘好货、古公亶父好色的事例,说明关键要"与民同之"。若能像先王那样,扩充好货之心,让百姓居有余粮,过上富足的日子;扩充好色之心,让男女成家立业,过上美满的生活,一样可以称王天下。在《梁惠王上》1.7中,孟子曾以宣王对牛"不忍其觳觫","见其生,不忍见其死"为例,劝说宣王"推恩""保民而王"。其所推主要是"不忍"之心,也就是恻隐之心,本章所推则是"好货""好色"之心。故在孟子这里,实际存在两种"推",一种是推己之恻隐之心、不忍人之心,是道德情感的扩充、推广,用孟子的话说是"推恩";一种是推己之好货、好色之心,实际是将心比心,承认他人生理欲望的合理性,强调"与民同之"。两种"推"有所不同,但又存在着联系。其中前一种"推"是后一种"推"的前提或根据,只有

"推恩"才有可能做到"与民同之";后一种"推"则是前一种"推"的落实和实现,"推恩"需体现为对民众物质及婚姻生活的关注。两种"推"都发生在国君与民众之间,是自上而下的关爱和施予,也就是孟子所讲的"所欲与之聚之,所恶勿施尔也"(7.9),是儒家忠恕之道的重要内容。

本章开头提到的"明堂",即"明政教之堂",是古代帝王宣明政治教化的地方。举凡朝会、祭祀、庆赏、选士、养老、教学等大典,都在此举行。在中国古代政治及文化运作中,明堂占有重要的地位。中国古代文化典籍中多有关于明堂的记载,如《周礼·冬官考工记》中有关于明堂形制的描述,《小戴礼记》中有《明堂位》一篇,《大戴礼记》中也有《明堂》篇,专门记述明堂的建筑规格,以及政教活动的内容。宣王提到的明堂,据说是周初武王东征时所建,位于当时属于齐国境内的泰山脚下。战国中期,各大诸侯国虽然不再打出尊周的口号,但还没有谁明目张胆地提出灭周的主张。当时的齐宣王一心称霸中国,征服天下,存有取代周天子的野心,便借口别人建议他拆毁明堂,来试探孟子。对于宣王的发问,孟子避开尊周与否的问题,只强调明堂是推行王道之堂,象征着王道理想,如要实行仁政,就不应拆毁明堂,把话题引到了仁政、王道上。说明孟子并不固守原有的政治制度和尊卑秩序,而是更重视统治者行仁政、王道,认为行仁政、王道,比遵守原有的政治制度和尊卑秩序更重要。

2.6 君之职责

孟子谓齐宣王曰:"王之臣有托其妻子于其友而之楚游者,比其反也①,则冻馁其妻子,则如之何?"

王曰:"弃之。"

曰:"士师②不能治士,则如之何?"

王曰:"已之。"

曰:"四境之内不治,则如之何?"

王顾左右而言他。

【注释】

①比:及,至。反:同"返"。 ②士师:司法官。

【译文】

孟子对齐宣王说:"如果大王有一个臣子把妻儿托付给朋友照顾,自己到楚国去游玩,等他回来时,发现自己的妻儿却在受冻挨饿,那该怎么办呢?"

宣王说:"与他绝交!"

孟子问:"士师管不好他的下属,那该怎么办呢?"

宣王说:"撤他的职!"

孟子问:"一个国家治理不好,那该怎么办呢?"

宣王左右张望而谈论别的事情。

【解读】

本章中孟子通过三个设问，环环紧扣，层层递进，最后一问，迫使"王顾左右而言他"。寥寥数字，微妙传神，生动地勾画出宣王尴尬难堪、理屈词穷的窘态。其背后的潜台词是，君主不过是受上天之托的管理者，他只具有对天下的管理权，而不具有所有权，如不称职，同样可以易位。

2.7 识才选贤

孟子见齐宣王，曰："所谓故国①者，非谓有乔木②之谓也，有世臣③之谓也。王无亲臣矣，昔者所进④，今日不知其亡也。"

王曰："吾何以识其不才而舍之？"

曰："国君进贤，如不得已，将使卑逾尊，疏逾戚，可不慎与？左右皆曰贤，未可也；诸大夫皆曰贤，未可也；国人皆曰贤，然后察之，见贤焉，然后用之。左右皆曰不可，勿听；诸大夫皆曰不可，勿听；国人皆曰不可，然后察之，见不可焉，然后去之。左右皆曰可杀，勿听；诸大夫皆曰可杀，勿听；国人皆曰可杀，然后察之，见可杀焉，然后杀之。故曰：'国人杀之也。'如此，然后可以为民父母。"

【注释】

①故国：指历史悠久的国家。 ②乔木：高大的树木。 ③世臣：世

代建立功勋的大臣。　④进：进用。

【译文】

孟子拜见齐宣王，说："所谓历史悠久的国家，不是说国中要有高大的树木，而是说要有世代建立功勋的大臣。可大王现在没有亲信的臣子，过去任用的人，都不知哪里去了。"

宣王问："我怎样才能识别无能之人而不任用他们呢？"

孟子说："国君进用贤才，如果不得已，将会使卑者超越尊者，疏者超越亲者，能不慎重吗？左右亲信都说某人贤能，还不可以；各位大夫都说某人贤能，还不可以；国人都说某人贤能，然后去考察他，发现他确实贤能，然后任用他。左右侍臣都说某人不行，不要听信；各位大夫都说某人不行，不要听信；国人都说某人不行，然后去考察他，发现确实不行，然后罢免他。左右侍臣都说某人可杀，不要听信；各位大夫都说某人可杀，不要听信；国人都说某人可杀，然后去考察他，发现确实可杀，然后杀掉他。所以说，是国人杀掉他的。这样，才能够做百姓的父母。"

【解读】

本章论述选用贤才和罢免不才，强调了民众意见的重要性。本章的观点，应是受到孔子"众恶之，必察焉；众好之，必察焉"（《论语·卫灵公》）的影响，但孟子突出了民的地位，强调民意在决策中的重要性，将其作为官吏任免的重要依据，是对民本思想的一个重要发展。

本章提到"使卑逾尊，疏逾戚，可不慎与"，并不意味着孟子反对尚贤。相反，《孟子》一书中多次谈到尚贤，主张"尊贤使能，俊杰在位"（3.5），要求"立贤无方"（8.20）。孟子这样讲，可能是因为"卑逾尊，疏逾戚"在当时还是一件大事，故要求执政者谨慎处理，避免引起不必要的矛盾。

2.8 汤武革命

齐宣王问曰："汤放桀①，武王伐纣②，有诸？"

孟子对曰："于传有之。"

曰："臣弑其君，可乎？"

曰："贼仁者谓之贼，贼义者谓之残，残贼之人谓之一夫。闻诛一夫纣矣，未闻弑君也。"

【注释】

①汤放桀：汤，商朝的开国之君。桀，夏朝最后一个君主。放，流放。传说商汤灭夏后，把桀流放到南巢（据传在今安徽省巢湖市一带）。 ②武王伐纣：纣，商朝最后一个君主，昏乱残暴。周武王起兵讨伐，灭掉商朝，纣自焚而死。

【译文】

齐宣王问道："商汤流放夏桀，武王讨伐商纣，有这回事吗？"

孟子回答说:"文献上有这样的记载。"

宣王问:"臣子杀害他的君主,可以吗?"

孟子说:"残害仁的人叫作贼,残害义的人叫作残,残贼之人叫作独夫。我只听说诛杀了独夫纣,没听说杀害国君。"

【解读】

本章论汤武革命。孟子虽承认君的统治地位,但并不把君看作是最高的,君之上还有天,而天又是民意的代表,所谓"天视自我民视,天听自我民听"。故君主不过是上天推选的管理者(参见9.5解读),只有行仁政,保民、爱民,其统治才具有合法性;若残仁害义,便成为人可诛之的独夫民贼。正是基于这一点,孟子肯定了汤武革命的正当性和合理性。诚如学者所言:"人君上面的神,人君所凭藉的国,以及人君的本身,在中国思想正统的儒家看来,都是为民的存在……可以说神、国、君,都是政治中的虚位,而民才是实体。""即使从统治者的角度来看,不仅那些残民以逞的暴君污吏没有政治上的主体地位,而那些不能'以一人养天下',而要'以天下养一人'的为统治而统治的统治者,中国正统的思想亦皆不承认其政治上的地位。"(徐复观:《儒家对中国历史命运挣扎之一例——西汉政治与董仲舒》,见所著《学术与政治之间》,台湾学生书局1985年版,第51—52页)"孟子之政治思想,遂成为针对虐政之永久抗议。""专制时代忠君不二之论,诚非孟子所能许可。"(萧公权:《中国政治思想史》第1册,辽宁教育出版社1998年版,第87—88页)

2.9 尊贤纳言

孟子谓齐宣王曰:"为巨室,则必使工师①求大木。工师得大木,则王喜,以为能胜其任也。匠人斫而小之,则王怒,以为不胜其任矣。夫人幼而学之,壮而欲行之,王曰:'姑舍女所学而从我。'则何如?今有璞玉②于此,虽万镒③,必使玉人雕琢之。至于治国家,则曰:'姑舍女所学而从我',则何以异于教玉人雕琢玉哉?"

【注释】

①工师:管理各种工匠的官员。 ②璞玉:未雕琢加工过的玉。 ③镒(yì):古代重量单位,二十两(一说二十四两)为一镒。

【译文】

孟子拜见齐宣王,说:"建造大房子,就一定要让工师寻找大木料。工师找到了大木料,大王就会高兴,认为他很称职。木匠把木料砍小了,大王就会发怒,认为他不称职。人从小学会一种本领,长大了就要运用,大王却说:'姑且丢掉你所学的来听我的。'这样行吗?假如有块璞玉在这里,虽然价值万金,也一定要叫玉人来雕琢加工。对于治理国家,却说:'姑且丢掉你所学的来听我的',这和您要教导玉匠去雕琢玉石有什么不同呢?"

【解读】

本章为孟子向齐宣王的进谏之言,强调治国当尊重贤者之言。孟子到齐国后,对宣王循循善诱,不断宣讲"王道""仁政",但宣王不仅充耳不闻,不为所动,反而要求孟子放弃主张,听命于自己。故孟子用两个比喻说明:治国与造房、治玉一样,都需要专业的知识与技能。宣王要求别人听命于自己,正如教导玉匠如何雕琢玉石一样可笑。

苏格拉底曾提出,如果我们想使一个人成为鞋匠,就要送他去见鞋匠;要成为医生,就要送他去医生那里,其他行业也是一样。(参见《美诺篇》,王晓朝译:《柏拉图全集》第1卷,人民出版社2002年版,第523页)因此在他看来,如果做鞋或评判鞋的好坏要请教具有专门知识的鞋匠,为什么治理国家和评判政治的好坏却不去请教具有专门政治知识的人,而去请教只具有制鞋、做马具等手艺的人,甚至并无任何专门知识可言的人呢?苏格拉底与孟子都强调治国需要专业的知识与技能,但具体语境又有所不同。孟子针对的是世袭制下的国君,苏氏针对的则是直接民主制下的大众。

2.10 尊民意,行王道

齐人伐燕①,胜之。宣王问曰:"或谓寡人勿取,或谓寡人取之。以万乘之国伐万乘之国,五旬而举之,人力不至于此。不取,必有天殃。取之,何如?"

孟子对曰:"取之而燕民悦,则取之。古之人有行之者，武王是也。取之而燕民不悦，则勿取。古之人有行之者，文王是也②。以万乘之国伐万乘之国，箪食壶浆③以迎王师，岂有他哉？避水火也。如水益深，如火益热，亦运而已矣④。"

【注释】

①齐人伐燕：公元前315年（齐宣王五年），燕王哙将燕国让给相子之，将军市被和太子平不服而作乱，子之反攻，杀死了市被和太子平，国内一片混乱。齐宣王趁机进攻燕国，很快就取得了胜利。　②文王是也：指周文王在三分天下有其二时，仍然服侍商纣王的事。　③箪食壶浆：用箪装着食物，用壶装着酒浆。箪：古代用来装饭食的盛器，以竹或苇编成，圆形，有盖。　④亦运而已矣：赵岐注："如其所患益甚，则亦运行奔走而去矣。"朱熹《集注》："运，转也。言齐若更为暴虐，则民将转而望救于他人矣。"

【译文】

齐国攻打燕国，取得胜利。齐宣王问道："有人劝我不要吞并燕国，有人劝我吞并它。以一个拥有万辆兵车的国家去攻打另一个拥有万辆兵车的国家，五十天就攻了下来，光凭人力是做不到的。不吞并，上天一定会降下灾祸。吞并它，怎么样？"

孟子回答说："如果吞并百姓高兴，那就吞并。古人有这么做的，那就是周武王。如果吞并百姓不高兴，那就不吞并。古人有这么做的，那就是周文王。以拥有万辆兵车的国家去攻打另一个拥有万辆兵车的国家,百姓用竹筐盛了饭、瓦壶装了酒来迎接大王的军队,难道有别的原因吗?不过是想摆脱水深火热的生活啊。如果使水更深、火更热,燕国的百姓就要转而盼望别人来拯救了。"

【解读】

本章及下一章为孟子与齐宣王围绕伐燕的对话,反映了孟子的民本与王道思想。齐宣王五年(前315),齐国的近邻燕国发生了一件大事。燕王哙受当时广泛流行的禅让思想的影响,接受谋臣鹿毛寿等人的建议,让国于相子之,结果引起燕国的一场内乱。齐国趁机出兵,几乎没有遇到抵抗便大获全胜。于是宣王请教孟子,是否要趁机吞并燕国。孟子从民本的立场出发,认为如果燕国百姓欢迎,便吞并;如果燕国百姓不欢迎,便不吞并。可见,即使在对外战争中,孟子也是将民意作为重要根据,充分体现了他的民本思想。

2.11 弃王道,燕民叛

齐人伐燕,取之。诸侯将谋救燕。宣王曰:"诸侯多谋伐寡人者,何以待之?"

孟子对曰:"臣闻七十里为政于天下者,汤是也。未闻以千里畏人者也。《书》曰:'汤一①征,自葛始。'天下信之,东面而征,西夷怨;南面而征,北狄怨,曰:'奚为后我②?'民望之,若大旱之望云霓

也。归市③者不止,耕者不变,诛其君而吊④其民,若时雨降。民大悦。《书》曰:'徯我后⑤,后来其苏⑥。'

"今燕虐其民,王往而征之,民以为将拯己于水火之中也,箪食壶浆以迎王师。若杀其父兄,系累⑦其子弟,毁其宗庙,迁其重器⑧,如之何其可也?天下固畏齐之强也,今又倍地⑨而不行仁政,是动天下之兵也。王速出令,反其旄倪⑩,止其重器,谋于燕众,置君而后去之,则犹可及止也。"

【注释】

①一:开始。《滕文公下》6.5作"汤始征,自葛载"。 ②奚:为何,为什么。后我:把我放在后。 ③归市:趋向集市,指赶集。 ④吊:慰问。 ⑤徯我后:等待我们君王。徯:等待。后:王,君主。 ⑥苏:恢复,复活。 ⑦系累:束缚,捆绑。 ⑧重器:古代君王所铸造的作为传国宝器的鼎之类。迁其重器,意味着灭亡其国家。 ⑨倍地:朱熹《集注》:"并燕而增一倍之地也。"倍:加倍。 ⑩旄(máo)倪(ní):老人与儿童。旄:同"耄",古时八十至九十岁称耄,这里泛指老人。倪:儿童。

【译文】

齐国攻打燕国,吞并了它。诸侯谋划着要救助燕国。宣王说:"不少诸侯在谋划要来讨伐我,该如何对付他们呢?"

孟子回答说:"我听说凭借方圆七十里的土地而统一天下的,那是商汤。没有听说凭着方圆千里的土地还怕别人的。

《尚书》中说:'商汤初次征伐,是从葛国开始。'天下的人都信任他,他向东征伐,西边的夷人就抱怨;向南征伐,北边的狄人就埋怨,说:'为什么把我们放在后面呢?'百姓盼望他,如同大旱时节盼望乌云和虹霓一样。(所到之处,)赶集的照常赶集,种地的照常种地。杀了那里的暴君,慰问那里的百姓,像及时雨从天而降,百姓欣喜若狂。《尚书》上又说:'等待我们的君王,君王来了获新生。'

"假设燕国的国君虐待百姓,大王前去讨伐,燕国百姓就会以为您是要把他们从水深火热中拯救出来,所以用竹筐盛了饭、瓦壶装了酒来迎接大王的军队。如果您杀戮他们的父兄,囚禁他们的子弟,毁坏他们的宗庙,搬走他们的宝器,那怎么行呢?天下本来就害怕齐国的强大,如今土地扩大一倍却不施行仁政,这是挑动各国出兵啊。大王赶快发布命令,放回他们的老人孩子,停止搬运他们的宝器,同燕国人商量,选立一位国君然后撤兵,这样还来得及阻止各国出兵。"

【解读】

宣王出兵占领燕国后,不是安民、抚民、保民,相反是烧杀掳掠,甚至毁坏其宗庙,结果不但没有赢得燕人的拥护,相反引起激烈反抗。加之诸侯联合出兵讨伐齐国,于是宣王再次向孟子询问对策。孟子以商汤为例,说明只有行仁义之师,才能救民于水火,得到百姓的拥护。建议宣王下令停止掠夺,释放无辜,与燕国百姓一起选立一位君主然后撤兵,以阻止各国出兵。可惜宣王没有听进孟子的进言,最终导致"燕人畔

（叛）"（见4.9）。本篇关于孟子在齐国的活动至此章暂时结束，相关的内容将在《公孙丑下》出现。

2.12 仁政为民

邹与鲁哄①。穆公②问曰："吾有司③死者三十三人，而民莫之死也。诛之，则不可胜诛；不诛，则疾④视其长上之死而不救，如之何则可也？"

孟子对曰："凶年饥岁，君之民老弱转⑤乎沟壑，壮者散而之四方者，几⑥千人矣，而君之仓廪实，府库充，有司莫以告，是上慢⑦而残下也。曾子⑧曰：'戒之戒之！出乎尔者，反乎尔者也。'夫民今而后得反之也。君无尤⑨焉。君行仁政，斯⑩民亲其上，死其长矣。"

【注释】

①邹：古国名，其地在今山东省邹城市附近，为孟子的母国。哄（hòng）：争斗。赵岐注："哄，斗声也，犹构兵而斗也。" ②穆公：指邹穆公。 ③有司：官吏。 ④疾：憎恨。 ⑤转：弃尸。 ⑥几：将近，几乎。 ⑦上：指在上位者。慢：怠慢。 ⑧曾子：孔子弟子曾参，字子舆。 ⑨尤：动词，责备，归罪。 ⑩斯：连词，犹"则"。

【译文】

邹国与鲁国发生争斗。邹穆公问孟子："我的官员死了三十三人，而百姓却没有拼死相救的。杀了他们吧，杀不了那么多；不杀吧，又恨他们眼睁睁地看着长官被打死而不去相救，该怎么办才好呢？"

孟子回答说："饥荒年头，您的百姓，年老体弱的弃尸荒野山沟，年轻力壮的四处逃散，差不多有近千人，然而您的粮仓里堆满粮食，库房里装满财宝，官员们却没有一个向您报告的，这是他们怠慢渎职、残害老百姓的表现。曾子说：'警惕啊，警惕啊！从你身上出去的，还会回到你身上。'现在是老百姓报复他们的时候了。您不要责怪百姓。只要您施行仁政，百姓自然会亲近长官，愿为他们卖命了。"

【解读】

本章论仁政，是孟子早期活动的记载。孟子是邹人，其游说诸侯当是从邹穆公开始的。周广业《孟子四考》说："孟子之仕，自邹始也。时方隐居乐道……会与鲁哄，有司多死者，公问如何而可？孟子以仁政勉之。"据本章，邹国与鲁国发生争斗，邹国的长官被打死三十多人，而邹国的百姓却在一旁见死不救。邹穆公便向孟子请教，该如何处置这些人。站在今天的角度，孟子实际是遇到了"人民为何不爱国"的问题。孟子认为不能以官吏甚至君主代表国家，国家的主体是民众，而非君主、官吏，后孟子提出"民为贵，社稷次之，君为轻"（见14.14），即是对此问题的进一步思考。百姓的冷漠，责任在官吏。邹国的官吏平时缺乏仁爱之心，对百姓的死活不闻不问，现在算是得到了报应。解决民众的"爱国"问题要靠"行仁政"，执政者只有执政为民，造福于民，才能得到民众的支持和拥护。孟子这里虽提到仁政，但对如何实行仁政却没有说明，其思想还在形成之中。

关于本章的时间，一般认为是孟子四十岁左右。如谭贞默《孟子编年略》说："孟子四十以前，讲学设教；六十以后，归老著书。其传食诸侯当在四十以外。"

2.13 与民同心，共卫家国

滕文公①问曰："滕，小国也，间②于齐、楚。事齐乎？事楚乎？"

孟子对曰："是谋非吾所能及也。无已，则有一焉：凿斯③池也，筑斯城也，与民守之，效死④而民弗去，则是可为也。"

【注释】

①滕文公：战国时滕国国君。滕国为西周分封的诸侯国，姬姓，其地在今山东省滕州市西南。 ②间：处于……之间。 ③斯：代词，这。 ④效死：献出生命至于死，指卖力而不顾生命。

【译文】

滕文公问："滕是个小国，夹在齐、楚之间。是侍奉齐国呢？还是侍奉楚国呢？"

孟子回答说："这样的谋略不是我能想出来的。一定要我说，就只有一个办法：深挖护城河，筑牢城墙，与百姓一起来守卫，献出生命百姓也不离去，这样就可以有所作为了。"

【解读】

本章及下面两章记载孟子在滕国的活动。孟子一生游说诸侯，所遇只有滕文公一位知音。早在孟子在宋国时，尚未即位的滕文公便两次拜访孟子，被孟子的学说深深打动（见5.1）；正式即位后，便派人将孟子接到滕国（见5.2、5.3、5.4）。孟子到滕国后，积极推行仁政，在社会上产生了一定影响，但也遇到一定挑战，本章及以下两章记录的就是这方面的内容。孟子虽得到滕文公的信任，无奈滕国是一个小国，夹在齐、楚两个大国之间，面临着到底侍奉齐，还是侍奉楚的问题。孟子反对在外交上左右逢源，主张加强战备，争取民心，宁为玉碎，不为瓦全，誓与国家共存亡。

2.14 强为善

滕文公问曰："齐人将筑薛①，吾甚恐，如之何则可？"

孟子对曰："昔者大王居邠②，狄人侵之。去，之岐山③之下居焉。非择而取之，不得已也。苟为善，后世子孙必有王者矣。君子创业垂统，为可继也。若夫成功，则天也。君如彼何哉？强为善而已矣。"

【注释】

①薛：古国名，其地在今山东省滕州市东南，战国初期为齐所灭，成为齐权臣田婴、田文的封邑。　②邠（bīn）：古地名，在今陕西省彬州市。　③岐山：在今陕西省宝鸡市岐山县东北。

【译文】

滕文公问："齐国要在薛地筑城，我很害怕，怎么办才好呢？"

孟子回答说："从前太王居住在邠，狄人侵犯他们，于是离开那里到岐山下居住。这不是主动的选择，而是迫不得已。如果能推行善政，后代子孙中必定会有称王天下的。君子创立基业传之后世，是为了可以世代相继。至于能否成功，那只能由天来决定了。您如何对待齐国呢？只有努力推行善政罢了。"

【解读】

本章承上章，继续论"强为善"。薛本是周初一个任姓的小国，后被齐国灭掉了，成为齐靖郭君田婴的封地。薛离滕国很近，齐人在薛地修筑城池，自然威胁到滕国，所以滕文公很担心，向孟子求教。但在"当今争于力气"的时代，除了主张"强为善"，努力实行仁政，自立自强外，孟子也提不出其他办法，至于能否成功，也只能看天意了。

据记载，田婴于公元前322年（梁惠王后元十三年，齐威王三十五年）四月封于薛，十月在薛地筑城，故孟子答滕文公问，应在该年四月之后、十月之前。

2.15 保国之策

滕文公问曰:"滕,小国也,竭力以事大国,则不得免焉,如之何则可?"

孟子对曰:"昔者大王居邠,狄人侵之。事之以皮币①,不得免焉;事之以犬马,不得免焉;事之以珠玉,不得免焉。乃属②其耆老③而告之曰:'狄人之所欲者,吾土地也。吾闻之也,君子不以其所以养人者害人。二三子何患乎无君?我将去之。'去邠,逾梁山④,邑⑤于岐山之下居焉。邠人曰:'仁人也,不可失也。'从之者如归市。或曰:'世守也,非身之所能为也,效死勿去。'君请择于斯二者。"

【注释】

①皮币:毛皮和缯帛。古代用作聘享的贵重礼物。 ②属(zhǔ):聚集,会合。《周礼·秋官·大行人》:"属象胥,谕言语,协辞命。"郑玄注:"属犹聚也。" ③耆(qí)老:老年人。《礼记·曲礼上》:"六十曰耆。" ④梁山:山名,在今陕西省咸阳市乾县西北五里。 ⑤邑:动词,建筑城邑。

【译文】

滕文公问:"滕是个小国,竭力去侍奉大国,却不能免除威胁,怎么办才好呢?"

孟子回答说："从前太王居住在邠，狄人侵犯他们。拿皮裘丝绸献给狄人，却不能免遭侵犯；拿好狗良马献给狄人，仍不能免遭侵犯；拿珠宝玉器献给狄人，还是不能免遭侵犯。于是召集邠地的父老对他们说：'狄人想要的，是我们的土地。我听说，君子不用养人的东西害人。你们何必担心没有君主？我要离开这里了。'于是离开邠，越过梁山，在岐山下筑城定居。邠地的人说：'他是个仁人啊，不能失去他。'跟随他的人如同赶集一样。也有人说：'世代相守的地方，自己不可以擅自处理，就是死也不能离开。'请您在这两种做法中选择吧。"

【解读】

本章与前面两章问题相同，均是讨论滕国在大国威胁下如何自保的问题。孟子提出两条措施：或者迁国图存，或者坚守国土。在这种情况下，孟子感到难以借滕国实现仁政理想，于是不久离开了滕国。

以上三章均为孟子在滕国后期事，似归入《滕文公》篇更为合理，放在本篇或是为说明孟子推行仁政的困境和艰难，或是表达孟子坚守仁义的坚定信念。

2.16 尽人事，待天命

鲁平公①将出，嬖人②臧仓者请曰："他日君出，则必命有司所之。今乘舆已驾矣，有司未知所之，敢请。"

公曰:"将见孟子。"

曰:"何哉,君所为轻身以先③于匹夫者?以为贤乎?礼义由贤者出,而孟子之后丧逾前丧④。君无见焉!"

公曰:"诺。"

乐正子⑤入见,曰:"君奚为不见孟轲也?"

曰:"或告寡人曰:'孟子之后丧逾前丧',是以不往见也。"

曰:"何哉,君所谓逾者?前以士,后以大夫?前以三鼎,而后以五鼎与?"

曰:"否,谓棺椁衣衾⑥之美也。"

曰:"非所谓逾也,贫富不同也。"

乐正子见孟子,曰:"克告于君,君为来见。嬖人有臧仓者沮⑦君,君是以不果来也。"

曰:"行,或使之;止,或尼⑧之。行止,非人所能也。吾之不遇鲁侯,天也。臧氏之子焉能使予不遇哉?"

【注释】

①鲁平公:战国时鲁国国君姬叔,公元前322年至前303年在位。②嬖(bì)人:受宠幸而地位卑下的人。赵岐注:"爱幸小人也。"③先:通"诜"(shēn),问候。 ④后丧逾前丧:母亲的丧事超过了父亲的丧事。孟子父亲先卒,故后丧指母丧,前丧指父丧。 ⑤乐正子:孟子弟子乐正克,当时在鲁国做官。 ⑥棺椁:棺和椁。古代士以上的人常

用两重以上的棺木,内曰棺,外曰椁。衣衾(qīn):死者入殓时所用的衣服被褥。 ⑦沮(jǔ):阻止。《诗经·小雅·巧言》毛传:"沮,止也。" ⑧尼(nì):阻止。

【译文】

鲁平公准备外出,宠臣臧仓请示说:"以前您外出,一定会告诉管事的人要去的地方。现在车马已经准备好了,管事的人还不知道您要去哪里,所以冒昧来请示。"

鲁平公说:"要去见孟子。"

臧仓说:"您不顾及自己的身份而去问候一个普通人,这是为什么呢?是认为他是贤者吗?贤者应该是礼义的表率,然而孟子操办母亲的丧事,超过了先前父亲的丧事。您不要去见他!"

鲁平公说:"好吧。"

乐正子入朝见鲁平公,问道:"您为什么不去见孟轲了呢?"

鲁平公说:"有人告诉我说,'孟子操办母亲的丧事,超过了先前父亲的丧事',所以不去见他了。"

乐正子说:"您所说的超过,是什么意思呢?是指先前用士礼,后来用大夫之礼吗?先前用三个鼎,后来用五个鼎吗?"

鲁平公说:"不是的,是指棺椁衣物的华美。"

乐正子说:"这不叫超过,只是前后贫富不同罢了。"

乐正子去见孟子,说:"我同国君讲了,他要来见您,有个叫臧仓的宠臣阻止了他,所以国君最终没有来。"

孟子说:"平公来,是某种非人力所能决定的命在促使;不来,也是这种命在阻止。来与不来,不是人力所能决定的。我不能与鲁君相见,这是天意啊。姓臧的小子怎能阻止我与鲁君相见呢?"

【解读】

儒家重视命,孔子自称"四十而知命",认为"不知命,无以为君子也"(《论语·尧曰》)。郭店竹简《穷达以时》说:"有天有人,天人有分。察天人之分,而知所行矣。有其人,无其世,虽贤弗行矣。苟有其世,何难之有哉?"其所说的天指命运天,所谓"遇不遇,天也",故也是对命运问题的讨论。根据竹简,关系世间人们命运的,不仅有个人的努力,也有天的影响,天人各有其分。分是职分的意思。天人之分是说天人各有其职分、作用、范围,二者互不相同。而明白了哪些属于人,哪些属于天,便知道哪些该为,哪些不该为,知道应该如何作为了。郭店竹简《语丛一》:"知天所为,知人所为,然后知道,知道然后知命。"这里的"天所为""人所为"就是其职分和作用,也就是天人之分。在竹简看来,个人的富贵穷达主要取决于时运,这些属于天,是天的职分;而一个人的德行如何则主要靠自己,属于人的职分。明白了这种"天人之分",就不应汲汲于现实的际遇,而应"敦于反己",只关心属于自己职分的德行,"尽人事以待天命",这样就做到了"知命"。后孟子在孔子的知命、《穷达以时》的天人之分的基础上提出了"性命之分",认为仁义礼智根于心、内在于性,由于人具有意志自由,"求则得之,舍则失之",能否得到取决于自己,与命运无关,所以是"在我者也";而感官需要以及希望富贵显达等虽然也出于性,但"求之有道,得之有命",能否实现取决于命,所以只能看作是"在外者也"。确立了这种天人或性命之分,就不应为外在的际遇所左右,而孜孜于我性分内的仁义礼智,"虽大行不加焉,虽穷居不损焉"。孟子本章及其他各章有关命运的讨论(见13.1、13.2、13.3、13.21、14.24),都可以从"天人之分"或"性命之分"的思想去理解(参见梁涛:《郭店竹简与思孟学派》,第八章第二节《竹简〈穷达以时〉与早期儒家天人观》,中国人民大学出版社2008年版,第447—467页)。

本章记鲁平公欲见孟子受阻事,反映其天命观及不怨天尤人的处事原则。孟子在齐国时,母亲去世,孟子从齐国回到鲁国办理丧事。这时孟子在诸侯间有了一定声望,弟子乐正克也在鲁国为官,故鲁平公想前来拜访。不料平公身边的宠臣臧仓从中作梗,致使平公最终未能成行。对于这一变故,孟子持一种达观的态度,认为自己不得与平公相见,乃是冥冥之中天在起作用,并非小人臧仓可以阻止的。孟子所说的天,既非上古有意志、有目的的神学天,也不同于后来"不为尧存,不为桀亡"的自然天,而是一种命运天,它既可以指某种社会的"合力"或"势",也可以指出人意料的某种机遇或巧合等等。这种天作为一种神秘的力量,作用到我们每个人,或者说我们每个人都生活在这种天的影响之下。具体到孟子不遇平公,表面上看似乎是臧仓的破坏，但平公来与不来，不是别人能决定的，关键还在平公自己。平公不辨别是非，轻信谗言，自身就存在很大问题。而遇到平公这样的君主，只能说是天意。明白了这一点，就不必为一时的挫折怨天尤人，而应该尽人事以待天命，以积极、乐观的态度面对之。所以，孟子虽然提出天，但并不是取消人的主动性，让人听天由命。相反，他是通过明"天人之分"（参见14.24解读），化解人生际遇的种种困惑，以获得心理的舒坦与安定，凸显人之为人的价值与尊严。

孟子葬母的记载又见《公孙丑下》4.7："孟子自齐葬于鲁，反于齐，止于嬴。"可知孟子是从齐国回到鲁国丧葬母亲，至于时间，据学者考证，应是孟子第二次来齐国的齐宣王时期。

公孙丑上

3.1 王霸之辨

公孙丑①问曰:"夫子当路②于齐,管仲③、晏子之功可复许④乎?"

孟子曰:"子诚齐人也,知管仲、晏子而已矣。或问乎曾西⑤曰:'吾子与子路⑥孰贤?'曾西蹴然⑦曰:'吾先子⑧之所畏也。'曰:'然则吾子与管仲孰贤?'曾西艴然⑨不悦,曰:'尔何曾⑩比予于管仲?管仲得君如彼其专也,行乎国政如彼其久也,功烈如彼其卑也。尔何曾比予于是?'"曰:"管仲,曾西之所不为也,而子为⑪我愿之乎?"

曰:"管仲以⑫其君霸,晏子以其君显。管仲、晏子犹不足为与?"

曰:"以齐王,由⑬反手也。"

曰:"若是,则弟子之惑滋甚。且以文王之德,百年而后崩,犹未洽于天下。武王、周公⑭继之,然后大行⑮。今言王若易然⑯,则文王不足法与?"

曰:"文王何可当也。由汤至于武丁⑰,贤圣之君六七作,天下归殷久矣,久则难变也。武丁朝诸侯,有天下,犹运之掌也。纣之去武丁未久也,其故家遗俗,流风善政，犹有存者；又有微子、微仲、王子比干、箕子、胶鬲⑱，皆贤人也，相与辅相⑲之，故久而后失之也。尺地，莫非其有也；一民，莫非其臣也；然而文王犹⑳方百里起，是以难也。

"齐人有言曰：'虽有智慧，不如乘势；虽有镃基㉑，不如待时。'今时则易然也。夏后、殷、周之盛，地未有过千里者也，而齐有其地矣；鸡鸣狗吠相闻，而达乎四境㉒，而齐有其民矣。地不改辟㉓矣，民不改聚矣，行仁政而王，莫之能御也。且王者之不作，未有疏于此时者也；民之憔悴于虐政，未有甚于此时者也。饥者易为食，渴者易为饮。孔子曰：'德之流行，速于置邮而传命㉔。'当今之时，万乘之国行仁政，民之悦之，犹解倒悬也。故事半古之人，功必倍之，惟此时为然。"

【注释】

①公孙丑：孟子弟子，齐国人。 ②当路：当权，当政。 ③管仲：名夷吾，字仲，齐桓公之相，辅佐齐桓公成为春秋时第一个霸主。 ④许：兴起。赵岐注："犹兴也。" ⑤曾西：名申，字子西，曾参之子。 ⑥吾子：对友人的昵称，相当于"吾兄""老兄"。子路：孔子弟子仲由，字子路。 ⑦蹵（cù）然：不安的样子。 ⑧先子：已去世的长辈，这里指曾西的父亲曾参。 ⑨艴（bó）然：恼怒的样子。 ⑩何曾：为何竟然。曾：副词，竟然，居然。 ⑪为：同"谓"，认为。 ⑫以：使。 ⑬由：同"犹"，好像。 ⑭周公：姓姬，名旦，周文王之子，武王之弟，因采邑在周（今陕西岐山北），称为周公。曾辅佐武王

伐纣灭商，统一天下；后又辅佐成王，巩固了周初的统治。 ⑮大行：广为推行，普遍流行。 ⑯若易然：这样容易。若：如此，这样。易：容易。然：助词。 ⑰武丁：商代帝王，后被称为高宗。 ⑱微子：商纣王的庶兄，名启。微仲：微启的弟弟。王子比干：纣王叔父，因多次劝谏，被纣王剖心而死。箕子：纣王叔父。胶鬲（gé）：纣王之臣。 ⑲相与：共同。辅相（xiàng）：辅助。 ⑳犹：副词，则，却。 ㉑镃基：锄头。 ㉒达乎四境：朱熹《集注》："鸡犬之声相闻，自国都以至于四境，言民居稠密也。"按，以上两句应是指三代之时，地域狭小，人口稀少，国中的鸡犬之声边境都可以听得到。《老子·八十一章》："邻国相望，鸡犬之声相闻，民至老死不相往来。"朱注应有误。达：到达，达到。 ㉓改辟：重新开辟。改：重新。辟：开辟。 ㉔置邮：驿站。朱熹《集注》："置，驿也。邮，驲（注：音rì，驿站）也。所以传命也。"郭店竹简《尊德义》："德之流，速乎置邮而传命。"

【译文】

公孙丑问道："如果先生在齐国当政，管仲、晏子的功业能够再度实现吗？"

孟子说："你真是个齐国人啊，只知道有管仲、晏子。有人问曾西：'你与子路相比，哪个更有才能？'曾西不安地说：'子路是我父亲都尊敬的人啊。'又问：'你与管仲相比，哪个更有才能？'曾西马上不高兴起来，说：'你为何竟拿管仲与我相比？管仲得到君主的信任是那样专一，执掌国政是那样长久，而功业却是那么微不足道。你为何竟拿这个人与我相比？'"孟子说："管仲，是连曾西都不愿效法的，你以为我会愿意吗？"

公孙丑说："管仲使他的君主称霸天下，晏子使他的君主扬名诸侯，管仲、晏子还不值得效仿吗？"

孟子说："以齐国的实力而称王天下，易如反掌。"

公孙丑说："您这样说，弟子就更加糊涂了。以文王的仁德，活了近百岁才去世，尚且没有做到使天下和洽。武王、周公继承他的事业，然后才使德政广泛推行。现在您把称王天下说得这样容易，那么文王也不值得效法了吗？"

孟子说："怎么能和文王相比。从商汤到武丁，贤明的君主出现了六七个，天下归顺殷商已经很久了，久了就难改变。武丁时诸侯纷纷来朝，他治理天下就像转动手中之物一样。商纣与武丁相隔不久，武丁时的故旧世家、遗留风俗、美好风气、治国善政，仍有保存下来的，又有微子、微仲、王子比干、箕子、胶鬲一批贤臣共同辅佐，所以过了很久才失去天下。当时，没有一尺土地不属于纣王所有，没有一个百姓不归纣王统治，然而文王却从方圆百里的地方兴起，所以是很困难的。

"齐国人有俗语说：'虽然有智慧，不如趁形势；虽然有锄头，不如等农时。'现在的时势就很容易做到称王天下了。夏、商、周三代兴盛时，没有哪个国家的土地超过方圆千里，而齐国却有那么辽阔的土地；（夏、商、周三代兴盛时，）国都鸡鸣狗叫的声音，边境上都听得到，而齐国却有那么众多的百姓。土地不需要再开辟，百姓不需要再聚集，施行仁政而称王天下，没有谁能够阻挡。况且，一统天下的君王不出现，没有比现在隔得更久；百姓忍受暴政的折磨，没有比现在更厉害。饥饿的人容易满足吃，口渴的人容易满足喝。孔子说：'德政的流行，比驿站传递还要迅速。'当今之时，拥有万辆兵车的大国施行仁政，百姓感到喜悦，就像倒悬着被解救下来一样。所以相对古人取得事半功倍的功效，只有此时才能做到。"

【解读】

本章为孟子在齐国时与弟子公孙丑之间的对话。孟子尊王贱霸，故对管仲、晏婴的功业不屑一顾。那么，为何管、晏助其君主称霸天下，而文王行王道，历经三世才有所成？又如何对王、霸的现实功效做出解释和说明呢？这是宣扬王道者必须正视的问题。孟子认为虽然"王不待大"（3.3），称王天下未必一定就是大国，但推行王道还是需要一定的客观形势和条件的。管仲掌握当时强国齐国之政，又得齐桓公的信任，由于不行王道，故只是助桓公成就霸业，而没能称王天下。文王在力量悬殊的形势下，行王道而终于称王天下。这说明王道不仅具有正当性，在功效上也远胜于霸道。进而提出，当今之世，齐国如推行王道，必定会有事半功倍的效果。

3.2 知言养气

公孙丑问曰："夫子加①齐之卿相，得行道焉，虽由此霸王，不异②矣。如此，则动心否乎？"

孟子曰："否，我四十不动心。"

曰:"若是,则夫子过孟贲③远矣。"

曰:"是不难,告子④先我不动心。"

曰:"不动心有道乎?"

曰:"有。北宫黝⑤之养勇也,不肤挠⑥,不目逃⑦;思以一豪挫于人,若挞⑧之于市朝;不受于褐宽博⑨,亦不受于万乘之君;视刺万乘之君,若刺褐夫;无严⑩诸侯,恶声至,必反之。孟施舍⑪之所养勇也,曰:'视不胜犹胜也。量敌而后进,虑胜而后会⑫,是畏三军者也。舍岂能为必胜哉?能无惧而已矣。'孟施舍似曾子,北宫黝似子夏⑬。夫二子之勇,未知其孰贤,然而孟施舍守约⑭也。昔者曾子谓子襄⑮曰:'子好勇乎?吾尝闻大勇于夫子矣:自反而不缩⑯,虽褐宽博,吾不惴⑰焉;自反而缩,虽千万人,吾往矣。'孟施舍之守气,又不如曾子之守约也。"

曰:"敢问夫子之不动心与告子之不动心,可得闻与?"

"告子曰:'不得于言,勿求于心;不得于心,勿求于气。'不得于心,勿求于气,可;不得于言,勿求于心,不可。夫志,气之帅也;气,体之充也。夫志至焉,气次⑱焉。故曰:'持其志,无暴⑲其气。'"

"既曰'志至焉,气次焉',又曰'持其志,无暴其气'者,何也?"

曰:"志壹⑳则动气,气壹则动志也。今夫蹶者趋者㉑,是气也,而反动其心。"

"敢问夫子恶乎长？"

曰："我知言，我善养吾浩然之气。"

"敢问何谓浩然之气？"

曰："难言也。其为气也，至大至刚，以直㉒养而无害，则塞于天地之间。其为气也，配义与道㉓；无是，馁也。是集义所生者㉔，非义袭而取之也㉕。行有不慊㉖于心，则馁矣。我故曰，告子未尝知义，以其外之也。必有事焉，而勿正㉗；心勿忘，勿助长也。无若宋人然：宋人有闵其苗之不长而揠㉘之者，芒芒然㉙归，谓其人曰：'今日病㉚矣！予助苗长矣！'其子趋而往视之，苗则槁矣。天下之不助苗长者寡矣。以为无益而舍之者，不耘苗者也；助之长者，揠苗者也，非徒无益，而又害之。"

"何谓知言？"

曰："诐辞㉛知其所蔽㉜，淫辞㉝知其所陷㉞，邪辞㉟知其所离㊱，遁辞㊲知其所穷㊳。生于其心，害于其政；发于其政，害于其事。圣人复起，必从吾言矣。"

"宰我、子贡㊴善为说辞㊵，冉牛、闵子、颜渊善言德行㊶。孔子兼之，曰：'我于辞命㊷，则不能也。'然则夫子既圣矣乎？"

曰："恶！是何言也！昔者子贡问于孔子曰：'夫子圣矣乎？'孔子曰：'圣则吾不能，我学不厌而教不倦也。'子贡曰：'学不厌，智也；教不倦，仁也。仁且智，夫子既圣矣。'夫圣，孔子不居，是何言也？"

“昔者窃闻之，子夏、子游、子张㊸皆有圣人之一体㊹，冉牛、闵子、颜渊则具体而微㊺。敢问所安㊻？”

曰：“姑舍㊼是。”

曰：“伯夷、伊尹㊽何如？”

曰：“不同道。非其君不事，非其民不使；治则进，乱则退，伯夷也。何事非君，何使非民；治亦进，乱亦进，伊尹也。可以仕则仕，可以止则止，可以久则久，可以速则速，孔子也。皆古圣人也，吾未能有行焉。乃㊾所愿，则学孔子也。”

“伯夷、伊尹于孔子，若是班㊿乎？”

曰：“否。自有生民以来，未有孔子也。”

曰：“然则有同与？”

曰：“有。得百里之地而君之，皆能以朝诸侯，有天下；行一不义，杀一不辜而得天下，皆不为也，是则同。”

曰：“敢问其所以异？”

曰：“宰我、子贡、有若(51)，智足以知圣人，汙(52)不至阿其所好。宰我曰：‘以予观于夫子，贤于尧、舜(53)远矣。’子贡曰：‘见其礼而知其政，闻其乐而知其德。由百世之后，等(54)百世之王，莫之能违也。自生民以来，未有夫子也。’有若曰：‘岂惟(55)民哉！麒麟之于走兽，凤凰之于飞鸟，太山之于丘垤(56)，河海之于行潦(57)，类也；圣人之于民，亦类也。出于其类，拔乎其萃(58)。自生民以来，未有盛于孔子也。’”

【注释】

①加：使居其位，担任。赵岐注："加，犹居也。" ②异：以为异，感到奇怪。 ③孟贲（bēn）：古代勇士。 ④告子：赵岐说他姓告，名不害，"兼治儒墨之道者，尝学於孟子"（《告子上》注）。但据学者考证，告子应年长于孟子。《墨子·公孟篇》有他与墨子的问答，故亦有学者认为他是墨子的门徒。孟子在齐国时，曾与告子辩论（见《告子上》），当时告子的身份应为稷下先生。 ⑤北宫黝（yǒu）：姓北宫，名黝，生平不详。 ⑥肤挠（náo）：赵岐注："人刺其肌肤，不为挠却。"挠：屈从。 ⑦不目逃：赵岐注："刺其目，目不转睛逃避之矣。" ⑧挞（tà）：用鞭子或棍子抽打。 ⑨褐宽博：朱熹《集注》："褐，毛布。宽博，宽大之衣，贱者之服也。"此指"衣褐之匹夫"（焦循《正义》），即下文的"褐夫"。 ⑩严：畏惧，害怕。朱熹《集注》："畏惮也。" ⑪孟施舍：生平不详。下文他又自称"舍"，故赵岐注："孟，姓。舍，名。施，发音也。施舍自言其名，则但曰舍。"也有学者认为孟施为姓，舍为名。另有学者认为孟为姓，施舍为名，而古人名有二字者，有时只称其一字，故施舍也可自称舍（见翟灏：《四书考异》）。 ⑫会：会和，指交战。 ⑬子夏：姓卜，名商，字子夏，孔子弟子。 ⑭守约：得其要领，抓住关键。 ⑮子襄：曾参弟子。 ⑯缩：朱熹《集注》："缩，直也。《檀弓》曰：'古者冠缩缝，今也衡缝。'又曰：'棺束缩二衡三。'""缩缝"即竖直之缝，可与"衡（横）缝"对应。捆绑棺木的绳索"缩二衡三"，亦即两竖三横。杨伯峻说："《檀弓》以'缩''衡'对言，为'横直'之'直'；此则为'曲直'之'直'，义得相通。"（见杨伯峻：《孟子译注》，中华书局1960年版，第69页） ⑰惴：恐吓。 ⑱次：及，至。 ⑲暴（pù）：显露。

⑳壹：专注，专一。　㉑蹶：颠仆，跌倒。趋：疾行，奔跑。　㉒直：公正，正直。　㉓配义与道：赵岐注："言此气与道义相配偶俱行。"朱熹《集注》："配者，合而有助之意。"　㉔集义所生者：是由内心义的凝聚而产生的。此句中的义指内在之义。　㉕非义袭而取之也：不是外在的义侵袭心而取得的。此句中的义指外在、客观之义。　㉖慊（qiè）：赵岐注："快也。"　㉗正：朱熹《集注》："预期也。《春秋》传曰'战不正胜'是也。"　㉘揠（yà）：拔起。　㉙芒芒然：赵岐认为是"罢倦之貌"，朱熹认为是"无知之貌"，焦循认为是匆忙貌。　㉚病：疲惫。朱熹《集注》："疲倦也。"　㉛诐（bì）辞：偏颇的言辞。诐：偏颇，不正。　㉜蔽：掩盖，掩饰。　㉝淫辞：夸张、过分的言辞。　㉞陷：过失，缺陷。　㉟邪辞：邪僻的言辞。　㊱离：背离，偏离。　㊲遁辞：躲闪的言辞。　㊳穷：理屈，词穷。　㊴宰我：姓宰，名予，字子我。子贡：姓端木，名赐，字子贡。均为孔子弟子。　㊵说辞：指孔门四科之一的"言语"，四科指德行、言语、政事、文学，见《论语·先进》。㊶冉牛：姓冉，名耕，字伯牛。闵子：姓闵，名损，字子骞。颜渊：姓颜，名回，字子渊。均为孔子弟子。善言德行：朱熹《集注》："三子善言德行者，身有之，故言之亲切而有味也。"　㊷辞命：辞令。　㊸子游：姓言，名偃，字子游。子张：姓颛（zhuān）孙，名师，字子张。均为孔子弟子。　㊹一体：朱熹《集注》："犹一肢也。"　㊺具体而微：朱熹《集注》："谓有其全体，但未广大耳。"具体：全体。　㊻安：朱熹《集注》："处也。"　㊼舍：同"捨"，放下。　㊽伯夷：商末孤竹国君的长子。周武王伐纣时，伯夷与弟弟叔齐拦马谏阻。周灭商后，两人隐居首阳山，不食周粟而死。伊尹：名挚。本是有莘氏的陪嫁奴隶，后成为商汤的厨师。他利用向商汤进食机会向商汤分析天下形势，得到商

汤的欣赏，被提拔为相。他辅汤灭夏，建立商朝。太甲即位后昏庸无能，他把太甲流放到桐达三年之久，并摄政管治国家。直到太甲后悔了，才把他迎回复辟执政，使太甲变成了一位贤君。　㊽乃：至于。　㊾班：等同。　㊿有若：姓有，名若，孔子弟子。　㋥汙（wū）：卑下。赵岐注："下也。"　㋦尧、舜：儒家推崇的古代理想圣君。　㋧等：分等，区别。　㋨岂惟：亦作"岂维"，何止。　㋩丘垤（dié）：小土堆。　㋪行潦（lǎo）：沟中的流水。赵岐注："道傍流潦也。"潦：积水。　㋫萃：犹"群""类"，指聚在一起的人或物。

【译文】

公孙丑问："如果先生担任了齐国的卿相，可以实现自己的抱负，即使成就了霸业和王业，也不足为怪。如果这样，您是否会动心呢？"

孟子说："不会，我四十岁时就不动心了。"

公孙丑说："如果这样，先生就超过孟贲很多了。"

孟子说："这不难，告子先于我做到了不动心。"

公孙丑问："不动心有什么方法吗？"

孟子说："有。北宫黝培养勇气，肌肤被刺不退缩，眼睛被刺不逃避；认为受一点点挫折，就像在大庭广众被鞭打了一样；不受普通百姓的羞辱，也不受大国君主的羞辱；把行刺大国国君看得跟行刺普通百姓一样；不畏惧诸侯，受到辱骂一定反击。孟施舍这样培养勇气，他说：'把不能战胜的看作如同能够战胜一样。如果估量了敌人才前进，考虑了胜败才交战，这是畏惧强大的敌军啊。我怎能保证一定取胜呢？只是做到无所畏惧罢了。'孟施舍像曾子，北宫黝像子夏。这两个人的勇气，不知道谁更强些，但孟施舍抓住了要领。从前曾子对子襄说：'你喜欢勇气吗？我曾在孔子那里听到过什么是大勇：自问理亏，即使面对乡巴佬，我也不威吓他；自问理直，即使面对千军万马，我也勇往直前。'孟施舍保持勇气，又不如曾子抓住要领。"

公孙丑问："请问先生的不动心和告子的不动心，能讲给我听听吗？"

孟子说："告子说：'语言上没有得到，不要求助于心；心上没有得到，不要求助于气。'心上没有得到，不要求助于气，这是可以的；语言上没有得到，不要求助于心，这是不可以的。志是气的统帅，气则充实于身体。志到了哪里，气也随之到了那里。所以说：'要把握住志，不要滥用气。'"

公孙丑问："既然说'志到了哪里，气也随之到了那里'，又说'要把握住志，不要滥用气'，这是为什么呢？"

孟子说："志专一时能鼓动气，气专一时也能扰动志。那些跌倒和奔跑的人，都是由于气，反过来扰动了他们的心。"

公孙丑问："请问老师，您擅长哪一方面呢？"

孟子说："我善于分析别人的言辞，我善于培养我的浩然之气。"

公孙丑问："请问什么叫浩然之气呢？"

孟子说："这很难说清楚。那一种气，最伟大，最刚强，用义去培养它，一点不加伤害，就会充满天地之间。那种气，必须用义与道去培养它，否则，就会显得软弱无力。那种气，是由内心的义积聚产生的,不是义自外侵入而取得的。只要做了一件有愧于心的事,这种气就会软弱无力。我因此说,告子不懂得义,因为他把义看作是外在的。对于浩然之气一定要去培养,但不要有主观目的,不要忘记,也不要助长。不要像宋国人一样:宋国有个担心禾苗不生长而去拔苗的人,昏沉沉地回到家,对家里人说:'今天累坏了,我帮助禾苗生长啦!'他的儿子急忙跑到田里去看,禾苗已经枯死了。天下不帮助禾苗生长的人实在很少啊。对于浩然之气,以为帮助没有益处而弃置一边的,就像不给禾苗锄草的人;盲目帮助其生长的,就像拔苗助长的人,不但没有好处,反而危害了它。"

公孙丑问:"什么叫知道分析别人的言辞呢?"

孟子说:"偏颇的言辞,知道它片面的地方;浮夸的言辞,知道它失实的地方;邪僻的言辞,知道它背离正道的地方;躲闪的言辞,知道它理屈词穷的地方。这四种言辞从心中产生出来,就会危害政治;在政治中表现出来,就会危害具体事务。今后再有圣人出现,必定会赞成我的言论。"

公孙丑问:"宰我、子贡善于言辞,冉牛、闵子、颜渊长于德行。孔子兼而有之,却说:'我对于辞令,不擅长啊。'(而您知道分析言辞,)那么,先生已经是位圣人了吧?"

孟子说:"唉!这是什么话!从前子贡问孔子:'先生是位圣人了吧?'孔子说:'圣人,我不能做到,我只是学习不觉满足,教人不知疲倦。'子贡说:'学习不觉满足,这是智;教人不知疲倦,这是仁。您既仁且智,先生已经是位圣人了。'圣人,孔子尚且不敢自居,你这是什么话呀?"

公孙丑问:"我以前曾听说,子夏、子游、子张都有圣人的某一方面,冉牛、闵子、颜渊则具备了圣人的全体,只是略逊一等。请问您是属于哪一种情况呢?"

孟子说:"暂且不谈这个。"

公孙丑问:"伯夷、伊尹怎么样呢?"

孟子说:"他们的主张不同。不认可的君主不侍奉,不认可的百姓不使唤。天下太平就出仕,天下昏乱就隐居,这是伯夷。任何君主都可侍奉,任何百姓都可使唤。天下太平就出仕,天下昏乱也出仕,这是伊尹。该出仕就出仕,该辞职就辞职,该长久就长久,该短暂就短暂,这是孔子。他们都是古代的圣人,我还做不到他们那样。至于我的愿望,则是向孔子学习。"

公孙丑问:"伯夷、伊尹与孔子,可以相提并论吗?"

孟子说:"不。自有人类以来,没有比得上孔子的。"

公孙丑问:"那么他们有相同的地方吗?"

孟子说:"有。如果让他们管理方圆百里,都可以使诸侯来朝,天下归附;如果行一不义、杀一无辜而可以得到天下,他们都不会去做。这是他们相同的地方。"

公孙丑问:"请问他们不同的地方?"

孟子说:"宰我、子贡、有若的智慧足以了解圣人,虽然地位低下,但不会对喜欢的人加以吹捧。宰我说:'以我对先生的观察,先生远远超过了尧、舜。'子贡说:'见到一个国家的礼俗,就可以了解这个国家的政治;听到一个国家的音乐,就可以了解这个国家的德行;一百代后来评价这一百代的君王，也无法违背孔子的主张。自有人类以来，没有谁比得上孔子。'有若说：'难道只是人类存在差别吗！麒麟之于走兽，凤凰之于飞鸟，泰山之于土丘，河海之于水沟，都属于同类；圣人之于百姓，也属于同类。圣人高出了同类，超出了群辈。自有人类以来，没有比孔子更伟大的。'"

【解读】

本章内容历来受到学者的重视。宋代程颐曾说："孟子有功于圣门不可言。如仲尼只说一个'仁'，孟子开口便说'仁义'；仲尼只说一个'志'，孟子便说出许多'养气'来。只此二字，其功甚多。"（〔宋〕程颢、程颐著，王孝鱼点校：《二程集》第1册，中华书局1981年版，第221页）认为本章所谈的"浩然之气"，是孟子对儒学的一大贡献。现当代尤其是港台学者，对本章也有很多讨论，其成果值得参考。本章篇幅较长，内容也较复杂，以下从几个问题分别讲解。

一、不动心。本章公孙丑首先提出了"不动心"的问题。不动心即内心不被人世的穷达祸福、沉浮变化所扰动，达到一种波澜不惊、宠辱皆忘的精神境界。这里的"心"是指经验心，而不是孟子别处所讲的道德本心。凡成就伟大事业者，都要做到"不动心"。孔子回顾自己的生命历程，说"四十而不惑"，"不惑"也就是不动心。孔子"四十不惑"，孟子"四十不动心"，至圣、亚圣的生命历程是相近的。孟子虽认为自己"四十不动心"，但又承认告子先于自己做到了不动心。在这里伏下一笔，暗示不动心实际有两种，一种是告子的不动心，一种是自己的不动心。但没有马上对两种不动心展开论述，而是将其留在了后面。

二、养勇。公孙丑接着问到不动心的方法，孟子认为就是要培养勇气，用精神的力量战胜外部的干扰。于是讲了北宫黝、孟施舍和曾子三种不同培养勇气的方法：北宫黝养勇的方法是在每一件事、每一个人面前都要做到无所畏惧；而孟施舍养勇的方法则不同，他只需培养"无惧"之心，有了这种"无惧"之心，在每一件事上、每一个人面前自然也就无所畏惧。北宫黝、孟施舍虽有所不同，但他们所养皆"血气之勇"，而非"道义之勇"；是小勇，而非大勇。曾子的养勇方法则不同，他是将勇气建立在道义、是非之上，自认理亏，即使对卑贱者也不仗势欺人；如果理直，面对千军万马也勇往直前。这才是真正的大勇，是"道义之勇"，是孟子所肯定的勇。

三、告子之不动心。公孙丑又问到孟子不动心与告子不动心的差别，接上了前面的内容。孟子介绍，告子的主张是："不得于言，勿求于心；不得于心，勿求于气。"其中第一句"不得于言，勿求于心"的"言"，并非一般的描述性语言，而是一种规范性语言，是"杨朱、墨翟之言盈天下"的"言"，实际是一种思想学说。告子将"言"置于心之前，实际是让思想无条件地服从外在的主义和学说，是一种典型的"义外"说，所以孟子认为是不可取的。唐君毅先生对此有分析说明："告子所谓'不得于言，勿求之于心'，犹谓于客观外在之义有所不得，只须求此义之所在，不当求之于主观内在之心也。然人果能求得客观外在义之所在，而心即著于其上，亦可更不外求，而不动心。如今一偏执一政治上之主义之党徒，与宗教信徒之坚信一教义者，亦更可不动心也。"（《中国哲学原论·原道篇》卷一，香港新亚研究所1976年版，第250页）可供参考。后一句"不得于心，勿求于气"，将"心"置于"气"之前，强调心对气的主宰，如果孤立地看待这一句，孟子认为是可以接受的。

四、志与气。孟子接着对志与气的关系做了说明，认为"志，气之帅也；气，体之充也"。"志"是"气"的统帅，"气"是生命的基础。孟子的"志"主要是针对心而言，指人的理性能力。赵岐注为"心所念虑也"，朱熹释为"心之所之"，均说明了这一点。而"气"情况较复杂，需要做进一步辨析。在中国古代思想中，气是一个非常重要的概念，其范围十分广泛，几乎无所不包。大体而言，可分为物质之气与精神之气。精神之气又包括血气、情气和德气。血气主要是针对生理欲望而言，如"节乎肌肤血气之情"（郭店竹简《唐虞之道》）。情气是针对自然情感而言，如"喜怒哀悲之气"（郭店竹简《性自命出》）。德气则是针对道德情感而言，如马王堆帛书《五行篇》中的仁气、义气、礼气。孟子这里所谓的"气"应是指血气、情气，赵岐注"气，所以充满形体为喜怒也"是正确的。这种血气、情气一方面受到意志的支配，听命于意志的调遣；另一方面又会反过来扰动人的心志。所以孟子主张既要保持住志，又不要滥用血气、情气。

五、浩然之气。公孙丑又问孟子擅长什么，孟子指出自己善于培养浩然之气。孟子认为浩然之气作为一种精神状态,是很难描述的,需要靠生命的体验。浩然之气具有道德属性,"至大至刚""配义与道",如果能以正直之心去培养("直养")的话,就可以充塞于天地之间;如果心有愧疚,它就会变得软弱无力。这一段有两句话比较重要,一句是"是集义所生者",这涉及浩然之气是如何产生的问题。历史上,一些学者往往将"浩然之气"与前面"体之充"之"气"等同起来,如朱熹《集注》说:"浩然,盛大流行之貌。气即所谓体之充者,本自浩然,失养故馁。惟孟子为善养之,以复其初也。"当代也有学者认为,"集义"是指通过理性的凝聚以逐渐作用、渗透于气,使气日趋于伦理化,由自然存在上升为道德存在。这实际是认为浩然之气来自前面的血气、情气,是对血气、情气的理性升华。这种说法忽略了先秦思想中的气还可以指德气,是不准确的。其实,"集义所生"是说浩然之气是由内心的义积聚产生的,故浩然之气应是精神心志之气而非生物之气,是发自心、志的德气,是"德气塞于天地"(上海博物馆藏竹简《民之父母》、《礼记·孔子闲居》作"志气塞乎天地")之气,是发自于仁义之心、贯穿于形体、充塞于天地之间的气。这种气与血气、情气虽有联系,但又有区别,是更高层次的气,是道德情感、理智活动的基础和动力。另一句"义袭而取之"则是意谓:"客观之'义'自外强加于心,以求统御气,俨如自外掩袭而夺气。"(李明辉:《〈孟子〉知言养气章的义理结构》,见李明辉主编:《孟子思想的哲学探讨》,台北"中央研究院"中国文哲研究所筹备处1995年版,第149页）这是一种典型的义外说，是告子的观点，所以孟子认为告子不曾懂得义，因为他把义看作是外在的。

孟子还提出培养浩然之气的方法，认为要尊重浩然之气自身的规律，不要抱着主观的目的，既不要忽略忘记，也不要盲目助长。孟子这里讲了拔苗助长的故事，形象地说明急于扩充浩然之气，就像拔苗助长一样可笑。总之，对浩然之气置之不理或盲目助长，都是不正确的。

六、知言。接着孟子又讲到知言的问题，孟子所谓"知言"的"言"并非一般的言论，而是反映人生态度的道德语言，也就是"杨朱、墨翟之言盈天下"的"言"。人们在表达自己的主张时，往往存在着偏颇、夸张、背离正道、躲闪隐晦的弊病，"知言"就是要了解这些违背道义的言辞的失误及危害所在。而要具有知言的能力，就要发挥心辨别言辞是非善恶的能力，以心为标准去观察社会，衡量言辞，分辨出什么是正确的，什么是错误的。不过孟子虽然自称能够知言，但并没有说明是如何做到知言的，没有提供一套关于知言的方法，无法使人通过学习像孟子一样做到知言。出现这种情况，主要是因为孟子突出良知、良能，强调心的直觉能力，而一定程度上忽略了经验认知。孟子固然可以由于其天赋异禀、敏锐的直觉能力而做到知言，但如何教导他人也学会知言，这是孟子及其以后的心学无力回答的问题。

七、赞美孔子。本章最后部分，孟子对孔子做了充分肯定和赞美，认为自有人类以来，无人比得上孔子，甚至借宰我之口，认为孔子远远超过了尧舜。这样的评价不仅前所未闻，而且可以说是石破天惊。因为尧舜乃古代天子、圣王,他们在世时地位崇高,去世后更是被人们崇拜和尊奉,而孔子不过是一介布衣,一个传道授业解惑的儒生,不过是培养出一些学生,产生一定影响而已。凭什么说孔子要比伊尹、尧舜这样的贤臣圣王更为伟大呢?在当时人们的观念中,孔子是根本无法与尧舜等圣王相提并论的。孟子推崇孔子主要在于两点:一是孔子对于得天下能够坚守仁道原则,尽管"得百里之地而君之",就可以"朝诸侯""有天下",但是"行一不义,杀一不辜而得天下,皆不为也"。二是孔子在出仕上能够坚守义的原则,"可以仕则仕,可以止则止,可以久则久,可以速则速",既积极出仕,又不违背义的原则,而是根据具体情境做出灵活选择,较之伯夷的洁身自好、伊尹的急于救世而流于一偏,无疑更符合中道,也更为可取。显然,孟子对孔子的肯定,也正是他的人生志向与选择。故认为孔子是"出于其类,拔乎其萃",而且表示"乃所愿,则学孔子也"。

本章在思想史上曾产生重要影响,特别是"浩然之气"的内容,"是两千年来始终激励人心,传颂不绝的伟词名句","是中华民族特别是知识分子的人格理想"(李泽厚:《中国古代思想史论》,人民出版社1986年版,第48页)。对于塑造中华民族精神的气质特征产生了积极而重要的影响。北宋思想家程颢、程颐兄弟,极力崇尚孟子浩然之气的精神境界,认为"浩然之气,天地之正气,大则无所不在,刚则无所不屈,以直道顺理而养,则充塞于天地之间"(〔宋〕程颢、程颐著,王孝鱼点校:《二程集》,中华书局2004年版,第11页)。南宋文天祥在《正气歌》中写道："天地有正气，杂然赋流形，下则为河岳，上则为日星，在人曰浩然……"，明显受到孟子"浩然之气"思想的影响。明末清初思想家王夫之赞扬孟子的浩然之气较北宫黝、孟施舍的培养勇气是百倍刚强伟大而塞于天地之间。从孟子到文天祥再到近代以来的无数仁人志士，他们用惊天地、泣鬼神、辉映千古的"浩然之气"铸造了我们民族的脊梁，这种决绝、壮烈和高旷的精神激励着世世代代的人们，抛弃苟且偷安，憧憬圣洁高尚的人生目标，刚直不阿，赴汤蹈火，视死如归，英勇捐躯，谱写出一曲曲惊天动地、可歌可泣的正气歌。

3.3 以德服人

孟子曰："以力假仁者霸，霸必有大国；以德行仁者王，王不待①大——汤以七十里，文王以百里。以力服人者，非心服也，力不赡②也；以德服人者，中心悦而诚服也，如七十子③之服孔子也。《诗》云④：'自西自东，自南自北，无思⑤不服。'此之谓也。"

【注释】

①待：等待，引申为依靠。 ②赡（shàn）：足。 ③七十子：《史记·孔子世家》："弟子盖三千焉，身通六艺者七十有二人。"《仲尼弟子列传》："受业身通者七十有七人。"七十是取其整数。 ④《诗》云：以下三句出自《诗经·大雅·文王有声》。 ⑤思：助词，无义。

【译文】

孟子说:"用武力假借仁义的可以称霸,所以称霸必须是大国;用道德推行仁政的可以称王,称王不一定要是大国——商汤只有方圆七十里,文王只有方圆百里。用武力使人臣服,人们不是真心服从,只是力量不够;用道德使人归服,人们是心悦诚服,就像七十子服从孔子。《诗经》中说:'从西从东,从南从北,无不服从。'说的就是这种情况。"

【解读】

本章讨论王霸之辨。强调霸道"以力服人",不能使人真心服从;而王道"以德服人",可使天下人心悦诚服。称霸必须是大国,而小国行仁政也可称王天下。

3.4 (略)

3.5 仁政五策

孟子曰:"尊贤使能,俊杰在位,则天下之士皆悦,而愿立于其朝矣。市,廛①而不征,法而不廛②,则天下之商皆悦,而愿藏于其市矣;关,讥而不征③,则天下之旅皆悦,而愿出于其路矣;耕者,助而不税④,则天下之农皆悦,而愿耕于其野矣;廛⑤,无夫里之布⑥,则天下之民皆悦,而愿为之氓⑦矣。信能行此五者,则邻国之民仰之若父母矣。率其子弟,攻其父母,自生民以来未有能济者也。如此，则无敌于天下。无敌于天下者，天吏也。然而不王者，未之有也。"

【注释】

①廛（chán）：市中储藏或堆积货物的宅舍。此用作动词，指对宅舍收租。赵岐注："廛，市宅也。古者无征，衰世征之。"朱熹《集注》引张子曰："或赋其市地之廛，而不征其货。" ②法而不廛：依法对市场进行管理而不对宅舍收租。朱熹《集注》引张子曰："或治之以市官之法，而不赋其廛。盖逐末者多则廛以抑之，少则不必廛也。"赵岐则认为是"当以什一之法征其地耳，不当征其廛宅也"。 ③讥而不征：只稽查不征税。讥：查问。 ④助而不税：朱熹《集注》："但使出力以助耕公田，而不税其私田也。"这是针对周代实行的"井田制"而言，关于井田制，见5.3注㉔。 ⑤廛：指宅舍，用作名词。 ⑥夫里之布："夫布"与"里布"的简称。夫布：一夫的劳役税。里布：一户的地税。布：古代的一种货币。 ⑦氓（méng）：指从别处迁来之民。

【译文】

孟子说："尊重贤才，使用能人，杰出的人物都有职位，那么，天下的士人都会很高兴，愿意来这样的朝廷做官了。对于市场，只对作为仓库的宅舍收租而不对货物征税，或者依法对市场进行管理而不对宅舍收租，那么，天下的商人都会很高兴，愿意来这样的市场做生意了；关卡，稽查而不征税，那么，天下的旅客都会很高兴，愿意来这样的地方旅行了；种田的人，只要求助耕公田，而不对私田征税，那么，天下的农夫都会很高兴，愿意到这样的土地耕种了；居住的地方，没有劳役税和额外的地税，那么，天下的人都会很高兴，愿意成为这里的居民了。真正能实行这五项措施，邻国百姓仰望你如同父母。（若有邻国想率领百姓攻打你），就好比率领'子弟'攻打'父母'，自有人类以来没有能成功的。这样，就能无敌于天下。无敌于天下的人，就是'天吏'。如此而不能称王天下，是从来没有的。"

【解读】

本章讨论仁政。提出仁政的五条措施，包括尊贤使能的用人政策，鼓励商业发展的经济政策，只稽查不征税的关卡政策，只助耕而不征税的农业政策，不征收劳役、住宅税的税收政策。孟子认为，实行这五项政策，就可以赢得士人、商人、旅客、农民以及百姓的拥护和支持。而实行这五项政策的人，就好比是"天吏"，是上天派下的使者，必定会称王天下。

3.6　四端之心

孟子曰："人皆有不忍人之心①。先王有不忍人之心，斯有不忍人之政矣。以不忍人之心，行不忍人之政，治天下可运之掌上。所以谓人皆有不忍人之心者，今②人乍③见孺子将入于井，皆有怵惕恻隐④之心——非所以内交⑤于孺子之父母也，非所以要誉⑥于乡党朋友也，非恶其声而然也。由是观之，无恻隐之心，非人也；无羞恶之心，非人也；无辞让之心，非人也；无是非之心，非人也。恻隐之心，仁之端⑦也；羞恶之心，义之端也；辞让之心，礼之端也；是非之心，智之端也。人之有是四端也，犹其有四体⑧也。有是四端而自谓不能者，自贼者也；谓其君不能者，贼其君者也。凡有四端于我者，知皆扩而充之矣，若火之始然⑨，泉之始达⑩。苟能充之，足以保四海；苟不充之，不足以事父母。"

【注释】

①不忍人之心：指同情、怜悯之心。 ②今：假设连词，犹言"若"。 ③乍：突然，忽然。 ④怵惕：惊惧。恻隐：同情，怜悯。朱熹《集注》："恻，伤之切也。隐，痛之深也。" ⑤内交：结交。内：同"纳"。 ⑥要誉：博取名誉。要：通"邀"，求。 ⑦端：开端，源头。 ⑧四体：四肢。 ⑨然：同"燃"。 ⑩达：冒出地面。《诗经·周颂·载芟》："驿驿其达，有厌其杰。"郑玄笺："达，出地也。"

【译文】

孟子说："每个人都有不忍人遭受痛苦的心。先王有不忍人遭受痛苦的心，所以就有了不忍人遭受痛苦的政治。用不忍人遭受痛苦的心，施行不忍人遭受痛苦的政治，那么治理天下就像在手掌中转动一样容易。之所以说每个人都有不忍人遭受痛苦的心，假如有人忽然看到一个孩子要掉到井里，都会有惊恐恻隐之心——不是想与孩子的父母攀交情，不是想在乡邻朋友中博取名誉，也不是厌恶孩子的哭声而这样的。由此看来，完全没有恻隐之心，不是人；完全没有羞恶之心，不是人；

完全没有辞让之心，不是人；完全没有是非之心，不是人。恻隐之心是仁的开端，羞恶之心是义的开端，辞让之心是礼的开端，是非之心是智的开端。人拥有四端，就像有四肢一样。拥有四端却自认为不能实行的，是自暴自弃的人；认为国君不能实行的，是残害国君的人。凡自身拥有四端，知道扩充它们，像火刚刚燃起，泉水刚刚涌出。如果能扩充它们，就可以保有天下；如果不能扩充它们，就连侍奉父母也做不到。"

【解读】

本章继续讨论仁政，提出仁政的基础在于每个人都具有的"不忍人之心"，将性善论与仁政结合在一起，是孟子思想的重要篇章。孟子开宗明义地提出，每个人都有不忍人之心，先王将这种不忍人之心运用到政治上，便有了不忍人之政，也就是仁政。何以见得每个人都有不忍人之心呢？孟子举例说，假如有人看到一个孩子要掉到井里，必定会有惊恐恻隐之心的流露，他的这种表现并不是出于某种外在目的，比如讨好孩子的父母、博得乡人的赞誉等等，而一定是有内在原因，也就是有内在不忍人之心的存在。需要说明的是，孟子这里所举，乃是一个"示例"，而非一个例证。孟子举出此例，其目的是让每个人置身其中，设身处地，反省到自己亦必生"怵惕恻隐之心"，并援之以手，更进一步反省到自己以往的生活中亦有过众多类似的经历，从而洞见不忍人之心的存在。假如有人经过反省，认为自己从来没有恻隐之心、羞恶之心、辞让之心、是非之心，那他一定不是严格意义上的人了。

在肯定了人有不忍人之心，也就是恻隐、羞恶、辞让、是非之心后，孟子又讨论了恻隐、羞恶、辞让、是非四端之心，与仁义礼智四德的关系。认为恻隐之心是仁的开端，羞恶之心是义的开端，辞让之心是礼的开端，是非之心是智的开端。"端"字本作"耑"，"上象生形，下象其根也"（《说文解字》）。换言之，"端"即事物的萌芽、开始。"端"表明恻隐、羞恶、辞让、是非不是一种既定、完成的东西，从恻隐、羞恶、辞让、是非之心到仁、义、礼、智有一个生长、发展的过程，正如树苗到树木有一个生长、发展的过程一样。所以人虽然拥有四端，还需扩而充之，使其由星星之火发展成燎原之势，由汩汩泉水汇聚成大江大河。并进而指出，如果能扩充四端，便可以保有天下；如果不扩充四端，连家室也保不住。所以，孟子虽然肯定人有良知、良能，有先天的四端之心，但更强调对其扩而充之、后天培养，这是理解孟子性善论的关键。以下两章提到选择职业、邻里，以及向他人学习的重要性，这些都属于对善端的扩而充之、后天培养的内容。

3.7 反求诸己

孟子曰："矢人①岂不仁于函人②哉？矢人唯恐不伤人，函人唯恐伤人。巫匠③亦然。故术不可不慎也。孔子曰：'里仁④为美。择不处仁，焉得智？'夫仁，天之尊爵也，人之安宅也。莫之御⑤而不仁，是不智也。

不仁不智，无礼无义，人役也。人役而耻为役，由⑥弓人而耻为弓，矢人而耻为矢也。如耻之，莫如为仁。仁者如射：射者正己而后发，发而不中，不怨胜己者，反求诸己而已矣。"

【注释】

①矢人：造箭的人。　②函人：造铠甲的人。函：铠甲。　③巫匠：巫和匠。巫：指巫医。匠：匠人，这里特指做棺材的木匠。赵岐注："巫欲祝活人。匠，梓匠，作棺欲其蚤售，利在于人死也。"　④里仁：居住在仁者所居之里，或谓与仁人为邻。《论语·里仁》："里仁为美。"何晏《集解》引郑玄曰："里者，仁之所居。居于仁者之里，是为美。"陆德明《释文》："里，犹邻也。言君子择邻而居，居于仁者之里。"⑤御：阻挡。　⑥由：同"犹"，好像。

【译文】

孟子说："造箭的人难道比制造铠甲的人不仁吗？造箭的人唯恐不能射伤人，制造铠甲的人唯恐人被射伤。巫医与棺材匠也是如此。所以，对于谋生的职业不能不慎重啊。孔子说：'与仁者为邻是美好的。选择邻里，却不与仁共处，怎能算是智？'仁，是上天尊贵的爵位，是人间安稳的住宅。没有人阻挡却不追求仁，这是不智。不仁不智，无礼无义，只配被别人役使。被别人役使却以为耻，就好像造弓的人却以造弓为耻，造箭的人却以造箭为耻一样。如果真的以为耻，那就不如好好实行仁。实行仁的人如同射箭：箭手端正了自己的姿势然后放箭，射不中，不能怨比自己射得好的人，而是反过来在自己身上找原因。"

【解读】

孟子肯定人有"良知""良能"（13.15），同时又强调后天环境、教育的重要性，二者并不矛盾，而是相得益彰。以人的成长为例，职业、环境就很重要，需要谨慎选择。但职业、环境只是外因，关键是内在的仁，这才是人之为人的价值所在。如果不懂得追求仁，便是不智。追求仁应有正确的方法，其好比射箭，应反求诸己，多检讨自身，而不是责怪他人。

3.8 与人为善

孟子曰："子路，人告之以有过，则喜。禹①闻善言，则拜。大舜有②大焉，善与人同③，舍己从人，乐取于人以为善。自耕稼、陶、渔以至为帝，无非取于人者。取诸人以为善，是与人为善者④也。故君子莫大乎与人为善。"

【注释】

①禹：儒家推崇的古代先王，曾奉舜命治理洪水，后成为夏朝开国君主。 ②有：同"又"。 ③善与人同：朱熹《集注》："公天下之善而不为私也。"同：犹"共"。 ④与人为善：朱熹《集注》："与，

犹许也，助也。取彼之善而为之于我，则彼益劝于为善矣，是我助其为善也。"与：帮助，赞许。

【译文】

孟子说："子路，别人指出他的过错，他很高兴。禹听到有教益的话，就拜谢。伟大的舜更了不起，善于与他人分享善，舍弃自己的不是，接受他人的是，乐于吸取别人的优点来行善。从农夫、陶工、渔夫一直到成为天子，没有一项优点不是从别人那里吸取来的。吸取别人的优点来行善，就是偕同别人一起行善。所以对于君子，没有比偕同别人一起行善更好的了。"

【解读】

本章中子路、大禹、舜的共同特点是乐于向他人学习，向他人请益，"取诸人以为善"。这里的"善"是指人们在后天行为中形成的善言、善事、善行，而不是善性，但它又可以完善、充实我们先天的善。孟子特别指出舜"取诸人以为善"，向他人学习善，反过来又促使他人积极行善，这样人与人之间便会相互激励，共同追求善，这就是"与人为善"。

3.9 立身处世

孟子曰："伯夷，非其君不事，非其友不友。不立于恶人之朝，不与恶人言。立于恶人之朝，与恶人言，如以朝衣朝冠坐于涂炭①。推恶恶之心，思与乡人立，其冠不正，望望然②去之，若将浼③焉。是故诸侯虽有善其辞命而至者，不受也。不受也者，是亦不屑就已。柳下惠④不羞污君，不卑小官；进不隐贤，必以其道；遗佚⑤而不怨，厄穷而不悯⑥。故曰：'尔为尔，我为我，虽袒裼裸裎⑦于我侧，尔焉能浼我哉？'故由由然⑧与之偕，而不自失焉，援而止之而止。援而止之而止者，是亦不屑去已。"

孟子曰："伯夷隘，柳下惠不恭。隘与不恭，君子不由也。"

【注释】

①涂炭：泥淖和炭灰，喻污浊之地。　②望望然：扫兴貌。朱熹《集注》："望望，去而不顾之貌。"　③浼（měi）：玷污。　④柳下惠：春秋时鲁国大夫，姓展，名获，字禽。因封邑在柳下（地名），谥号"惠"，故称为柳下惠。　⑤遗佚：亦作"遗逸"，遗弃而不用。　⑥悯：忧伤，忧愁。　⑦袒裼（xí）：肉体袒露。裸裎（chéng）：露身。　⑧由由然：高兴貌。《韩诗外传》卷三引作"愉愉"。

【译文】

孟子说："伯夷，不是他认可的君主就不侍奉，不是他中意的朋友就不交往。不到坏人的朝廷里做官，不与坏人交谈。到坏人的朝廷做官，与坏人交谈，就好像穿戴朝服、朝冠坐在污泥黑炭上一样。推广这种厌恶坏人的心，他会感到与一个乡下人在一起，如果那人帽子没有戴正，自己也会不高兴地走开,好像会被玷污似的。因此,虽然有诸侯用好言好语来聘请他,他却不接受。不接受,也就是不屑于同流合污。柳下惠不以侍奉暴君为羞耻,也不嫌弃做小官;入朝做官不隐瞒自己的才干,必定按自己的原则办事;遭到遗弃而不怨恨,身处穷困也不忧愁。所以他说:'你是你,我是我,即使你赤身裸体地站在我身旁,你又怎能玷污我呢?'所以悠然自得地与他人同处而不失自己的节操,要他留下就留下。要他留下就留下,这是(因为他自以为能独善其身而)不屑于离去。"

孟子说:"伯夷狭隘,柳下惠玩世不恭。狭隘与玩世不恭,是君子所不为的。"

【解读】

本章以伯夷、柳下惠为例,论进退出处之道。伯夷、柳下惠均为历史上卓尔不群的人物,他们立身处世都有难能可贵之处,但伯夷偏颇狭隘,柳下惠玩世不恭,不是君子学习的榜样。儒家强调的是中道,这才是孟子认可的处世之道和人格理想。

公孙丑下

4.1 得道多助，失道寡助

孟子曰："天时不如地利，地利不如人和。三里之城①，七里之郭②，环而攻之而不胜。夫环③而攻之，必有得天时者矣，然而不胜者，是天时不如地利也。城非不高也，池④非不深也，兵革非不坚利也，米粟非不多也，委⑤而去之，是地利不如人和也。故曰：域⑥民不以封疆之界，固国不以山谿之险，威天下不以兵革之利。得道者多助，失道者寡助。寡助之至，亲戚畔⑦之；多助之至，天下顺之。以天下之所顺，攻亲戚之所畔，故君子有⑧不战，战必胜矣。"

【注释】

①城：指内城。 ②郭：外城。 ③环：包围。 ④池：护城河。 ⑤委：弃。 ⑥域：划定范围，限制。朱熹《集注》："界限也。" ⑦畔：通"叛"。 ⑧有：用同"或"，或许。

【译文】

孟子说："天时不如地利，地利不如人和。方圆三里的内城，七里的外城，四面围攻却不能取胜。既然能四面围攻，一定是得了天时，然而不能取胜，这说明天时不如地利。城墙不是不高，城河不是不深，兵器铠甲不是不坚利，粮食不是不充足，但还是弃城而逃，这说明地利不如人和。所以说，管理人民不必靠国家的疆界，保护国家不必靠山川的险峻，扬威天下不必靠武器的锐利。拥有道义的人援助就多，失去道义的人援助就少。援助少到极点，连亲戚都背叛他；援助多到极点，整个天下都归顺他。用天下的归顺，来攻打连亲戚都背叛的人，那么君子不战则已，战必定会取胜。"

【解读】

本章中孟子通过对天时、地利、人和三个条件的比较，说明决定战争胜败的关键是民心的向背，故得民心者得天下，故仁者无敌，故只有实行仁政，才能战无不胜。本章文字精美，形象生动，气势磅礴，文中运用了层递、对比、排比等句式，使文章错综多变，朗朗上口，富有美感，成为脍炙人口的名篇。

4.2 达尊有三

孟子将朝王，王使人来曰："寡人如①就见者也，有寒疾，不可以风。朝②将视朝，不识可使寡人得见乎？"

对曰："不幸而有疾，不能造朝③。"

明日，出吊于东郭氏④。公孙丑曰："昔者辞以病，今日吊，或者不可乎？"

曰:"昔者疾,今日愈,如之何不吊?"

王使人问疾,医来。孟仲子⑤对曰:"昔者有王命,有采薪之忧⑥,不能造朝。今病小愈,趋⑦造于朝,我不识能至否乎?"

使数人要⑧于路,曰:"请必无归,而造于朝!"

不得已而之景丑氏⑨宿焉。

景子曰:"内则父子,外则君臣,人之大伦也。父子主恩,君臣主敬。丑见王之敬子也,未见所以敬王也。"

曰:"恶!是何言也!齐人无以仁义与王言者,岂以仁义为不美也?其心曰,'是何足与言仁义也'云尔,则不敬莫大乎是。我非尧舜之道,不敢以陈于王前,故齐人莫如我敬王也。"

景子曰:"否,非此之谓也。礼曰:父召,无诺⑩;君命召,不俟驾⑪。固将朝也,闻王命而遂⑫不果,宜⑬与夫礼若不相似然。"

曰:"岂谓是与?曾子曰:'晋楚之富,不可及也。彼以其富,我以吾仁;彼以其爵,我以吾义,吾何慊⑭乎哉?'夫岂不义而曾子言之?是或一道也⑮。天下有达尊⑯三:爵一,齿一,德一。朝廷莫如爵,乡党莫如齿,辅世长民莫如德。恶得有其一以慢其二哉?故将大有为之君,必有所不召之臣,欲有谋焉,则就之。其尊德乐道,不如是,不足以有为也。故汤之于伊尹,学焉而后臣之,故不劳而王;桓公之于管仲,学焉而后臣之，故不劳而霸。今天下地丑⑰德齐，莫能相尚⑱，无他，好臣其所教，而不好臣其所受教。汤之于伊尹，桓公之于管仲，则不敢召。管仲且犹不可召，而况不为管仲者乎？"

【注释】

①如：应当。 ②朝（zhāo）：早晨。 ③造朝：上朝。造：上，到。 ④东郭氏：齐大夫。 ⑤孟仲子：孟子的堂弟，跟随孟子学习。 ⑥采薪之忧：本意是说有病不能去打柴，引申为生病的代称。薪：柴草。 ⑦趋：疾行，奔跑。 ⑧要（yāo）：拦截。 ⑨景丑氏：齐国大夫景丑。 ⑩父召，无诺：听到父亲叫，不等说"诺"就起身。《礼记·曲礼》："父召，无诺。先生召，无诺，唯而起。""唯"和"诺"都是表示应答，急时用"唯"，缓时用"诺"。 ⑪不俟驾：不等到车马备好就起身。 ⑫而遂：乃。"而、遂"二字同义连文，皆乃之意。 ⑬宜：义同"殆"，大概，恐怕。 ⑭慊（qiàn）：不足，缺少。赵岐注："慊，少也。" ⑮是或一道也：朱熹《集注》："是或别有一种道理也。" ⑯达尊：谓众所共尊。达：共同，普遍。朱熹《集注》："达，通也。" ⑰丑：同，相近。 ⑱尚：超过。

【译文】

孟子准备去朝见齐王，齐王派人来说："我本该来看望您，但着了风寒，不能吹风。明早我将临朝听政，不知道您能否到朝廷来，让我与您相见呢？"

孟子答道："不幸得很，我也有病，不能到朝廷去。"

第二天，孟子出门到东郭氏家吊丧。公孙丑问："昨天推说有病，今日却去吊丧，这大概不太好吧？"

孟子说："昨天有病，今天好了，为什么不能去吊丧呢？"

齐王派人来询问病情，并且带来了医生。孟仲子应付来人说："昨天大王派人来时，先生不巧有病，不能到朝廷去。今天病好了点，就赶忙到朝廷去了，不知道现在到了没有？"

随即派了几个人到路上去拦孟子，告诉孟子说："请您无论如何不要回家，赶快到朝廷去！"

孟子不得已，就到景丑氏家去借宿。

景子说："在家有父子，在外有君臣，这是人间最重要的伦理。父子之间以恩情为主，君臣之间以尊敬为主。我只看到齐王尊敬你，却没看到你尊敬齐王。"

孟子说："哎！这是什么话！在齐国人中，没有一个与齐王谈论仁义的，难道是他们认为仁义不好吗？他们心里想：'他哪里配谈论仁义！'这才是最大的不恭敬。至于我，不是尧舜之道不敢向齐王陈述，所以，齐国人没有比我更尊敬齐王的了。"

景子说："不，我说的不是这个。《礼经》中说：父亲召唤，不等回答'诺'就起身；君王召见，不等车马备好就动身。可是您呢，本来准备去朝见，听到齐王的召令却不去了，这恐怕不符合礼仪吧。"

孟子说："难道你说的是这个？曾子说过：'晋、楚国君的财富，没人比得上。不过，他有他的的财富，我有我的仁；他有他的爵位，我有我的义。我有什么不如他呢？'难道曾子的话没有道理吗？应该是有一定道理的。天下公认的尊贵有三种：爵位、年纪、道德。朝廷上最尊贵的是爵位，乡里最尊贵的是年纪，匡扶世道、统率百姓最尊贵的是道德。为何齐王有了爵位一种，就敢怠慢我的年龄、道德两种呢？所以大有作为的君主，必定有不能召唤的臣子，有事要商量，就亲自前去请教。他尊重德，喜爱道，如果不这样，就不足以与他有所作为。所以，商汤对于伊尹，先向他学习，然后才以他为臣，所以不费力气就称王天下；齐桓公对于管仲，先向他学习，然后才以他为臣，所以不费力气就称霸诸侯。如今天下各国土地相当，国君的德行相似，没有哪个能超出他人，这没有别的缘故，是因为他们喜欢任用自己可以教导的人为臣，而不喜欢任用能够教导自己的人为臣。商汤对于伊尹，桓公对于管仲，就不敢召唤。管仲尚且不可以被召唤，更何况不屑于做管仲的人呢？"

【解读】

本章记孟子立身处世之道。孟子准备拜访齐王，却因齐王礼貌不周，便推说有病，拒绝朝见。这在常人看来，是清高自傲、目无君长。其实，孟子的"狂傲"体现了其对君臣关系的独特理解，以及对独立人格的维护。本章提出"天下有达尊三"的著名观点，认为天下的价值标准有"爵""齿""德"三种。在庙堂之上，以权力的大小和爵位的高低为标准；在社会和家庭生活中，以年龄的大小和辈分的高低为标准；在理国治民上，则以德行的高下为标准。孟子的"天下有达尊三"与其"天爵""人爵"(见11.16)说一样,都表达了德高于势、以德抗势的思想。在孟子看来,士人与君主在人格上是平等的,君主不能只看重"爵"而慢待"德"和"齿";士人对君主的尊重,也主要不是表现在趋奉应命上,而在于敢于直言进谏和陈说仁义上。自己对于齐王,非仁义之言不敢言,这才是对君主最大的尊重。子思曾称"恒称其君之恶者,可谓忠臣"(郭店竹简《鲁穆公问子思》),孟子与其思想是一脉相承的。

本章前半部分描写孟子拜会齐王的曲折过程,情节形象生动,读来耐人寻味,孟子的精神风貌、性格气质跃然纸上。后半部分记孟子与景子的辩论,语言生动,富有气势,反映了孟子坚持仁义,蔑视权贵的大丈夫气概。

4.3　(略)

4.4　为政之责

孟子之平陆①,谓其大夫曰:"子之持戟之士,一日而三失伍②,则去之否乎?"

曰:"不待三。"

"然则子之失伍也,亦多矣。凶年饥岁,子之民,老羸转于沟壑,壮者散而之四方者,几千人矣。"

曰:"此非距心③之所得为也。"

曰:"今有受人之牛羊而为之牧之者,则必为之求牧④与刍矣。求牧与刍而不得,则反诸其人乎?抑亦⑤立而视其死与?"

曰:"此则距心之罪也。"

他日,见于王曰:"王之为都者⑥,臣知五人焉。知其罪者,惟孔距心。"为王诵⑦之。

王曰:"此则寡人之罪也。"

【注释】

①平陆:齐国边境的邑,在今山东省济宁市汶上县北。 ②失伍:掉队。赵岐注:"失其行伍。" ③距心:孔距心,平陆地方长官。赵岐注:"距心,大夫名。" ④牧:牧场。赵岐注:"牧地。" ⑤抑亦:选择连词,还是。 ⑥为都者:指封邑的长官。朱熹《集注》:"为都,治邑也。" ⑦诵:复述。

【译文】

孟子到平陆,对那里的长官孔距心说:"你手下的士兵,如果一天三次失职,您开除他吗?"

孔距心回答:"不必等到三次。"

孟子说:"既然如此,那么你失职的地方也很多了。灾荒年成,你的百姓,年老体弱抛尸在山沟的,年轻力壮逃荒于四方的,有近千人。"

孔距心说:"这不是我力所能及的。"

孟子说:"假如有个人,接受了别人的牛羊而为其放牧,那么就一定要为牛羊寻找牧场和草料。要是找不到牧场和草料,是把牛羊还给主人呢,还是站在一边眼看着它们死去呢？"

孔距心说："这是我的过错。"

后来，孟子被齐王召见，说："大王的长官，我认识五位，能认识自己过错的，只有孔距心一位。"给齐王复述了与孔距心的对话。

齐王说："这是我的过错啊。"

【解读】

本章论为政者的职责，为孟子早期在平陆时与大夫孔距心的对话。孟子运用了类推的方法，用一个战士一天三次掉队之例，类推孔距心不行仁政使百姓"转于沟壑""散而之四方"，同样是失职；当孔距心试图为自己辩解时，孟子又用替人放牧应该悉心照料，类推受人之命管理百姓也应该尽心尽职，最终迫使孔距心承认了自己的过错。孟子的思想很明确，大夫不过是受人之命的管理者，若不能保民、爱民，便不再具有管理百姓的资格。不仅大夫如此，诸侯亦如此，故当孟子后来将此事告诉齐王时，齐王也不得不承认自己的过错。

4.5　（略）

4.6　（略）

4.7　（略）

4.8 燕可伐与

沈同①以其私问曰："燕可伐与？"

孟子曰："可。子哙②不得与人燕，子之③不得受燕于子哙。有仕④于此，而子悦之，不告于王而私与之吾子之禄爵；夫士也，亦无王命而私受之于子，则可乎？何以异于是？"

齐人伐燕。

或问曰："劝齐伐燕，有诸？"

曰："未也。沈同问，'燕可伐与？'吾应之曰，'可'。彼然而伐之也。彼如曰，'孰可以伐之？'则将应之曰，'为天吏，则可以伐之'。今有杀人者，或问之曰，'人可杀与？'则将应之曰，'可'。彼如曰，'孰可以杀之？'则将应之曰，'为士师，则可以杀之'。今以燕伐燕⑤，何为劝之哉？"

【注释】

①沈同：齐国大臣。 ②子哙：燕王哙，燕易王之子。公元前315年，让国于相子之，引起燕国内乱，齐宣王趁机攻破燕国，燕王哙死于战乱。 ③子之：燕王哙相。后接受燕王哙让国，成为燕国的君主。齐人攻破燕国后，子之逃亡，被齐人抓住砍成肉酱。 ④仕：同"士"。 ⑤以燕伐燕：朱熹《集注》："言齐无道，与燕无异，如以燕伐燕也。"

【译文】

沈同以个人身份问道:"燕国可以讨伐吗?"

孟子说:"可以。子哙不可以把燕国让给别人,子之不可以从子哙那里接受燕国。假如有一位当官的人,你对他有好感,不向国君禀告就私自把自己的俸禄爵位送给他;那个人也不经过国君同意,私自从你这里接受俸禄和爵位,这样行吗?这与子哙让国于子之,有什么不同呢?"

齐国出兵讨伐燕国。

有人问孟子说:"你曾劝说齐国讨伐燕国,有这回事吗?"

孟子说:"没有。沈同问'燕国可以讨伐吗?'我回答说'可以',他们于是就去讨伐燕国。他如果问:'谁可以去讨伐燕国?'我会回答,'只有天吏才可以去讨伐'。这就好比有一个杀人犯,如果有人问,'这个人该杀吗?'我会回答,'该杀'。他如果问,'谁可以去杀呢?'我会回答,'只有治狱官才可以去杀'。如今一个与燕国一样无道的国家去讨伐燕国,我为什么要劝说它去讨伐呢?"

【解读】

本章是孟子民本思想的精髓。燕王哙欲学古代尧舜,让国于相子之,结果引起燕国的内乱。沈同受宣王的委托,私下问孟子对伐燕的态度。孟子认为可以讨伐。理由是,"子哙不得与人燕,子之不得受燕于子哙"。其潜台词是,燕国非燕王个人的私有物,其转让需经过燕国民众的同意与认可。燕王哙让国没有经过民众的认可，让国后又引起内乱，"构难数月，死者数万，众人恫恐，百姓离志"（《史记·燕召公世家》），给燕国民众带来一场灾难，因此燕国是可以讨伐的。但齐军占领燕国，不是救民于水火，反而烧杀抢掠，引起燕国民众的反叛。当有人质问孟子"劝齐伐燕"时，孟子予以否认，理由是"为天吏，则可以伐之"。其潜台词是，只有替天行道的仁义之师才有资格伐燕。如今齐国"以燕伐燕"，完全失去了伐燕的资格。可见，不论是同意还是反对伐燕，孟子都以燕国民众的意见和利益为出发点，民本成为孟子处理伐燕事件的最高原则。

齐国伐燕，是战国中期的一件大事，因孟子参与其中，故《孟子》多有记载，但编者没有按照事件的先后次序编排。若按时间顺序，应为：4.8（沈同问伐燕）、2.10（齐人伐燕，胜之）、2.11（齐人伐燕，取之）、4.9（燕人畔）。

4.9　怒批陈贾

燕人畔。王曰："吾甚惭于孟子。"

陈贾[①]曰："王无患焉。王自以为与周公孰仁且智？"

王曰："恶！是何言也！"

曰："周公使管叔监殷，管叔以殷畔[②]。知而使之，是不仁也；不知而使之，是不智也。仁智，周公未之尽也，而况于王乎？贾请见而解之。"

见孟子，问曰："周公何人也？"

曰："古圣人也。"

曰："使管叔监殷，管叔以殷畔也，有诸？"

曰："然。"

曰："周公知其将畔而使之与？"

曰："不知也。"

"然则圣人且有过与？"

曰："周公，弟也；管叔，兄也。周公之过，不亦宜乎？且古之君子，过则改之；今之君子，过则顺③之。古之君子，其过也，如日月之食，民皆见之；及其更④也，民皆仰之。今之君子，岂徒顺之，又从为之辞⑤。"

【注释】

①陈贾：齐国大夫。　②管叔以殷畔：周武王灭商后，封纣王之子武庚于商旧都，派其弟管叔、蔡叔、霍叔去监视殷的遗民。武王死后，成王幼，周公执政，管叔等和武庚反叛，周公出兵平定了这次叛乱。　③顺：放任。　④更：改。　⑤辞：辩解。

【译文】

燕国人背叛齐国。齐宣王说："我对孟子感到很惭愧。"

陈贾说："大王不必难过。大王自认为与周公相比，谁更仁、智呢？"

齐宣王说："咳！这是什么话！"

陈贾说:"周公派管叔去监督殷人,管叔却带着殷人叛乱。如果周公知道他会反叛还任命他,这是不仁;如果不知道他会反叛而任命他,这是不智。仁和智,连周公都没有完全做到,何况大王呢?请让我去见孟子做些解释吧。"

陈贾见到孟子,问道:"周公是怎样的人?"

孟子说:"古代的圣人。"

陈贾问:"他派管叔监督殷人,管叔却带着殷人叛乱,有这回事吗?"

孟子说:"有。"

陈贾问:"周公是知道他会反叛而派他去的吗?"

孟子说:"不知道。"

陈贾问:"这么说来,圣人也会有过错了?"

孟子说:"周公是弟弟,管叔是哥哥。周公的过错,不是情有可原吗?况且,古代的君子,有了过错就改正;现在的君子,有了过错却一味错下去。古代的君子,他的过错就像日食月食一样,百姓都看得见;等他改正了,百姓都仰望他。现在的君子,非但一味错下去,还要为错误来辩护。"

【解读】

本章记孟子批驳齐大夫陈贾事。齐国占领燕国后,孟子曾向宣王建议,为燕国选立一位君主然后撤兵。宣王没有听从,结果遭到燕人的反抗,赵国等诸侯国趁机出兵,迫使齐军大败而还。宣王对此感到很惭愧,但陈贾不是引导宣王检讨错误,反而玩起语言游戏,以"圣人也有过失"的遁词为宣王辩解。孟子指出，"古之君子"有错即改，"今之君子"有错不仅不改，还一味抵赖。言辞犀利，对陈贾和宣王做了有力驳斥。

4.10　辞官去齐

孟子致为臣而归①。王就②见孟子，曰："前日愿见而不可得，得侍同朝，甚喜；今又弃寡人而归，不识可以继此③而得见乎？"

对曰："不敢请耳，固所愿也。"

他日，王谓时子④曰："我欲中国⑤而授孟子室，养弟子以万钟⑥，使诸大夫国人皆有所矜式⑦。子盍⑧为我言之？"

时子因陈子⑨而以告孟子，陈子以时子之言告孟子。

孟子曰："然⑩，夫时子恶知其不可也？如使⑪予欲富，辞十万⑫而受万，是为欲富乎？季孙⑬曰：'异哉子叔疑⑭！使己为政，不用，则亦已矣，又使其子弟为卿。人亦孰不欲富贵？而独于富贵之中有私龙断⑮焉。'古之为市也，以其所有易其所无者，有司者治之耳。有贱丈夫⑯焉，必求龙断而登之，以左右望，而罔市利。人皆以为贱，故从而征之。征商自此贱丈夫始矣。"

【注释】

①致为臣：指孟子辞去齐卿之职。归：返回家乡。 ②就：去，前往。 ③继此：从此以后。 ④时子：齐国大夫。 ⑤中国：国都中，指临淄城。 ⑥钟：古代容量单位，一钟合古代的六石四斗。 ⑦矜式：敬重和效法。赵岐注："矜，敬也；式，法也。欲使诸大夫、国人皆敬法其道。" ⑧盍（hé）：何不。 ⑨陈子：即陈臻，孟子弟子。 ⑩然：应答之词，不训为是。 ⑪如使：假使，倘若。 ⑫十万：有学者认为十万是孟子多年俸禄总和，而非一年的俸禄。 ⑬季孙：赵岐注说是孟子弟子，朱熹则认为"不知何时人"。 ⑭子叔疑：人名，生平无考。 ⑮龙断：垄断。龙：通"垄"，本指独立的高地，引申为独占其利。赵岐注："龙断，谓堁（kè）断而高者也。左右占视，望见市中有利，罔罗而取之。" ⑯丈夫：对成年男子的通称。

【译文】

孟子准备辞去官职返回故乡。齐宣王前来看望孟子，说："以前想见到您而没有机会，后来终于能同朝相处，我很高兴；现在您又要撇下我归去，不知以后还能不能相见？"

孟子答道："这个我不敢请求，但内心是很希望的。"

过了几天，宣王对时子说："我想在都城中送给孟子一栋房子，用万钟粟米供养他的弟子，让各位大夫和国人都有个效法的榜样。你何不替我去说说呢？"

时子委托陈子转告孟子，陈子就把时子的话告诉了孟子。

孟子说："哎，时子哪里知道这件事是不可以做的呢？如果我追求富贵，辞掉了十万钟的俸禄却接受一万钟的赏赐,这是追求富贵吗?季孙说:'子叔疑这个人真奇怪!自己想做官,不被任用也就罢了,却又叫他的儿子、兄弟去做卿。哪个人不想追求富贵?而他却想把富贵垄断起来。'古时候做买卖,拿他的所有换所无,由有关部门加以管理。有个卑贱的男子,一定要找块高地登上去,左边望望,右边望望,恨不得把所有交易的好处都捞了去。人们都觉得他卑贱,于是开始对他征税。对商人征税就是从这个卑贱的男子开始的。"

【解读】

本章记孟子来到齐国后,对齐宣王循循善诱,但宣王始终不愿实施孟子提出的仁政方案,特别是经过"伐燕""取燕"事件后,孟子对宣王已完全失去信心,所以准备辞职归家。为了挽留孟子,宣王提出在国都中送给孟子一栋房子和万钟的粟米,孟子断然予以拒绝。孟子曾说,"乃所愿,则学孔子也"(见3.2)。孔子主张"士志于道"(《论语·里仁》),又说"不义而富且贵,于我如浮云"(《论语·述而》)。孟子的行止取舍,与孔子的人生理想是一脉相承的。

孟子反对靠出仕谋取富贵,更瞧不起那些利用官位为亲朋好友捞好处的人,故本章的末尾,用"贱丈夫""罔市利"来讥讽这些人,可以说刻画得入木三分。

4.11 去齐宿昼

孟子去齐,宿于昼①。有欲为王留行者,坐而言。不应,隐②几而卧。

客不悦曰:"弟子齐宿③而后敢言,夫子卧而不听,请勿复敢见矣。"

曰:"坐,我明语子。昔者鲁缪公④无人乎子思⑤之侧,则不能安子思;泄柳、申详⑥无人乎缪公之侧,则不能安其身。子为长者虑,而不及子思,子绝长者乎?长者绝子乎?"

【注释】

①昼:齐国邑名,在今山东省淄博市临淄区附近。 ②隐(yìn):凭,靠。 ③齐宿:提前一天斋戒。朱熹《集注》:"齐戒越宿也。"齐:同"斋",斋戒。古人有重大事情,提前沐浴更衣,不饮酒,不吃荤,不入内寝,以示诚敬。 ④鲁缪公:战国时鲁国国君,名显,公元前409年至前377年在位。 ⑤子思:姓孔名伋,孔子之孙。 ⑥泄柳、申详:鲁缪公时贤人。

【译文】

孟子离开齐国,在昼邑过夜。有个想为齐王挽留孟子的人,坐着与孟子交谈。孟子不加理会,靠着几案休息。

来人不高兴地说:"我提前一天斋戒,然后才敢来进言,先生却躺着不听,恕我以后不敢再来见你了。"

孟子说:"请坐下,我明白地告诉你。从前鲁缪公要是不派人在子思身边侍奉,就不能使子思安心;泄柳、申详要是没有人在鲁缪公身边进谏,就不能使自己安心。你为我这个长辈考虑,却连鲁缪公如何对待子思也赶不上,是你跟我这个长辈绝交呢,还是我这个长辈跟你绝交呢?"

【解读】

本章记孟子去齐宿昼事。孟子离开齐国,仍有说客替宣王挽留孟子。孟子不予理睬,并以鲁缪公尊重子思为例,对其进行了驳斥。孟子的意思很明白,与其替齐王留住自己,不如去劝说齐王。自己来到齐国是为了推行王道、仁政,宣王既然不愿意实行,那么,我只能"归去来兮",再多说已经无益。

4.12 三宿出昼

孟子去齐。尹士①语人曰:"不识王之不可以为汤武,则是不明也;识其不可然且至,则是干泽②也。千里而见王,不遇故去,三宿而后出昼,是何濡滞③也?士则兹不悦④。"

高子⑤以告。

曰:"夫尹士恶知予哉?千里而见王,是予所欲也;不遇故去,岂予所欲哉?予不得已也。予三宿而出昼,于予心犹以为速,王庶几改之,王如改诸,则必反予。夫出昼,而王不予追也,予然后浩然有归志。予虽然，岂舍王哉？王由⑥足用⑦为善。王如用予，则岂徒齐民安，天下之民举安。王庶几改之！予日望之！予岂若是小丈夫然哉？谏于其君而不受，则怒，悻悻然见于其面，去则穷日之力而后宿哉！"

尹士闻之，曰："士诚小人也。"

【注释】

①尹士：赵岐注："齐人也。" ②干泽：求禄。赵岐注："干，求也。泽，禄也。" ③濡滞：迟延，迟滞。 ④兹不悦：即"不悦兹"。兹：此。 ⑤高子：赵岐注："亦齐人，孟子弟子。" ⑥由：同"犹"。 ⑦足用：足以。

【译文】

孟子离开齐国。尹士对人说："不知道齐王不可能成为商汤、周武，那是不明智；知道齐王不可能然而还要来，那就是为了求取富贵。不远千里来见齐王，不相投合就离去，在昼住了三夜才走，为什么这样迟缓呢？我对此很不满。"

高子把这些话告诉了孟子。

孟子说："尹士哪能理解我呢？不远千里来见齐王，那是我愿意来；不相投合而离开，难道是我愿意走吗？我是不得已啊。在昼住了三夜才离开，我心里还觉得太快了，心想齐王或许会改变主意，齐王如果改变主意，一定会召回我。等离开了昼，齐王没有来追我，然后我才毅然有了回乡的决心。我虽然这么做了，难道肯舍弃齐王吗？齐王还是可以行善的啊。齐王如果任用我，岂止齐国的百姓能得到太平，天下的百姓都将得到太平。齐王或许会改变主意！我天天盼望着他能改变！我难道是那种气量狭小的人吗？向君主进谏不被接受，就怒气冲冲，脸上露出不满的神色，离开时非要走得筋疲力尽然后才肯休息！"

尹士听了后，说："我真是个小人啊。"

【解读】

本章记孟子离开齐都后，没有马上离去，而是在昼这个地方停留了三个晚上，孟子的行为遭到一些人的误解。孟子"三宿出昼"，是希望宣王能回心转意，接受自己的主张，行王道、仁政，济民于水火，是以天下为己任，而不是对个人利禄患得患失。其实，历史上误解孟子的大有人在。南宋初年的郑厚就认为："孟轲抱纵横之具，饰以仁义，行鬻于齐。齐王酬之以客卿，且曰：'我欲中国而授孟子室，养弟子以万钟。'轲意齐王不知价者，遂愚齐王，求极所索而后售。齐王徐而思轲之言曰：王如用予，则齐王犹反掌，开辟以来无是理，是必索高价者，悔而不酬。轲亦觉齐王之稍觉也，卷而不售，抱以之他。徐而自思曰：齐王之酬我，其值矣！矫然不售，行将安鬻？迟迟吾行，三宿出昼，冀齐王呼己而还值。是又市井贩妇，行鬻鱼盐果菜之态，京师坐鬻犹有体。小儿方啼而怒，进以饭，推而不就；俟其怒歇而饥也，睆然望人进之矣。轲之去齐、留齐，儿态也夫！"（南宋余允文《尊孟辨》引）以为孟子"三宿出昼"是有意与齐王讨价还价。诚如后来朱熹所说：

"诋孟子,未有若此言之丑者!虽欲自绝,而于日月何伤乎?有不必辨矣!"(《晦庵集》卷七十三)

4.13 舍我其谁

孟子去齐,充虞①路问曰:"夫子若有不豫②色然。前日虞闻诸夫子曰:'君子不怨天,不尤人。'③"

曰:"彼一时,此一时也。五百年必有王者兴,其间必有名世者④。由周而来,七百有余岁矣。以其数,则过矣;以其时考之,则可矣。夫天未欲平治天下也,如欲平治天下,当今之世,舍我其谁也?吾何为不豫哉?"

【注释】

①充虞:孟子弟子。 ②豫:快乐,愉快。 ③不怨天,不尤人:此句见《论语·宪问》,为孔子之语。尤:怪罪。 ④名世者:名显于世的人。

【译文】

孟子离开齐国,充虞在路上问道:"老师好像有些不愉快的样子。以前我曾听先生说过:'君子不抱怨天,不责怪人。'"

孟子说:"那时是那时,现在是现在。从历史上来看,五百年必定有圣王兴起,其间必定有闻名于世的贤人出现。从周朝以来，已经七百多年了。从年数上说，已经超过了；从时势而论，也该有圣贤出现了。老天大概还不想使天下得到平治，如果想使天下得到平治，当今之世，除了我还会有谁呢？我为何要不愉快呢？"

【解读】

本章是孟子告别战国政治舞台的宣言。孟子与先秦大多数儒者一样，既有治国平天下之志，也对平治天下充满自信，故是理想主义者；但孟子又与多数儒者一样，相信王道的实现是一个漫长的过程，是需要一定的客观条件与历史机缘的，真正的圣王五百年才一出现，天下的平治与否最终取决于天命，而不是个人的努力，这是现实主义，但不是宿命主义。孟子生活的时代，从时间、时势看，已经到了圣王应该出现的时候，但孟子一生周游列国，宣讲仁义，倡导仁政、王道，何以劳其一生而无结果呢？这只能说平治天下的条件还不具备，老天还不想让天下得到平治，"如欲平治天下，当今之世，舍我其谁也？"孟子就是怀着这样一种坚定的自信退出政治舞台。孟子的自信并非某种精神自慰，而是来自这样一种信念：得民心者得天下，历史的发展必将是以民心、民意的实现为目的，故政治必须符合人性。只有符合人性、维护人的尊严的政治，才是最有前途的政治。这就决定了王道必定战胜霸道，仁义必定战胜强权。人类政治最终必定回到仁政、王道上来，我的时代尚未到来，若到来，必定是仁政、王道的时代。

孟子讲"五百年必有王者兴"，似将圣王看作社会治乱的决定因素,是一种英雄史观。但孟子的圣王是顺应民心、民意者,故也承认民众在历史发展中的作用。

4.14(略)

滕文公上

5.1 人皆可以为尧舜

滕文公为世子①,将之楚,过宋而见孟子。孟子道性善,言必称尧舜。

世子自楚反,复见孟子。孟子曰:"世子疑吾言乎?夫道一而已矣。成覸②谓齐景公曰:'彼,丈夫也;我,丈夫也,吾何畏彼哉?'颜渊曰:'舜,何人也?予,何人也?有为者亦若是。'公明仪③曰:'文王,我师也。周公岂欺我哉?'今滕,绝长补短,将五十里也,犹可以为善国。《书》曰:'若药不瞑眩④,厥疾不瘳⑤。'"

【注释】

①世子:太子。 ②成覸(jiàn):齐国勇士。 ③公明仪:赵岐注:"贤者也。"朱熹《集注》:"公明,姓;仪,名;鲁贤人也。" ④瞑(miàn)眩:用药后头晕目眩的强烈反应。扬雄《方言》:"凡饮药、傅药而毒……东齐、海岱之间谓之眠,或谓之眩。" ⑤瘳(chōu):病愈。孟子引《书》意在说明,治国不采取有力的措施,就达不到好的结果。

【译文】

滕文公还是太子时,要到楚国去,路过宋国时拜访了孟子。孟子给他讲性善的道理,言谈必称尧舜。

太子从楚国回来,又来拜访孟子。孟子说:"太子怀疑我的话吗?道,只有一个啊。成覸对齐景公说:'他,是个大丈夫;我,也是个大丈夫,我怕他什么呢?'颜渊说:'舜是什么样的人?我是什么样的人?有作为的人也应该像舜一样。'公明仪说:'文王是我的老师。周公难道会欺骗我吗?'现在的滕国,长短折算下来,将近方圆五十里,能够治理成一个好国家。《尚书》中说:'如果药力不使人头晕目眩,病就不能够痊愈。'"

【解读】

本章记孟子与滕文公在宋相遇事。公元前327年(宋君偃后元二年),因听说宋君偃欲推行王政,孟子从齐国(时齐威王执政)来到宋国。孟子在宋国时,还是太子的滕文公出使楚国,往返两次经过宋国国都,与孟子相会。孟子"道性善,言必称尧舜",深深打动了年轻的滕文公。后滕文公即位,派人将孟子接到滕国,使孟子得以在滕国推行仁政。

本章首次提到性善,但还没有充分展开论述。性善论是孟子思想的核心,是王道、仁政的哲学基础,内涵较为丰富。从本章的内容看,孟子主要强调的是人格的尊严与平等,其中"舜,何人也?予,何人也?有为者亦若是",大气磅礴,充分体现了孟子"人皆可以为尧舜"的人格平等思想，这既是对儒学思想的发展，也构成孟子性善论的一个重要内容。

5.2 三年之丧

滕定公①薨②，世子谓然友③曰："昔者孟子尝与我言于宋，于心终不忘。今也不幸至于大故④，吾欲使子问于孟子，然后行事。"

然友之邹问于孟子。

孟子曰："不亦善乎！亲丧，固所自尽⑤也。曾子曰⑥：'生，事之以礼；死，葬之以礼，祭之以礼，可谓孝矣。'诸侯之礼，吾未之学也。虽然，吾尝闻之矣。三年之丧，齐疏之服⑦，飦粥⑧之食，自天子达于庶人，三代共之。"

然友反命，定为三年之丧。父兄百官皆不欲，故曰："吾宗国⑨鲁先君莫之行，吾先君亦莫之行也。至于子之身而反之，不可。且《志》⑩曰：'丧祭从先祖。'曰，'吾有所受之也。'"

谓然友曰："吾他日未尝学问，好驰马试剑。今也父兄百官不我足⑪也，恐其不能尽于大事，子为我问孟子。"

然友复之邹问孟子。

孟子曰："然，不可以他求者也。孔子曰：'君薨，听于冢宰⑫，歠⑬粥，面深墨⑭，即位而哭，百官有司莫敢不哀,先之也。'上有好者,下必有甚焉者矣。'君子之德,风也;小人之德,草也。草尚之风,必偃。'⑮是在世子。"

然友反命。世子曰:"然,是诚在我。"

五月居庐⑯,未有命戒⑰。百官族人可,谓曰知⑱。及至葬,四方来观之。颜色之戚,哭泣之哀,吊者大悦。

【注释】

①滕定公:滕文公的父亲。 ②薨(hōng):死。《礼记·曲礼下》:"天子死曰崩,诸侯曰薨,大夫曰卒,士曰不禄,庶人曰死。" ③然友:滕文公的老师。赵岐注:"世子之傅也。" ④大故:指父母丧。赵岐注:"大丧也。" ⑤自尽:尽自己的心力。 ⑥曾子曰:以下几句在《论语·为政》中为孔子对樊迟语。 ⑦齐(zī)疏之服:用粗布做的缝边的丧服。齐疏:即齐衰。古代丧服叫作衰(cuī),不缝衣边的叫斩衰,缝衣边的叫齐衰。疏:指粗布。 ⑧飦(zhān)粥:飦,同"饘",稠粥。粥:稀粥。这里是偏义复词,指稀粥。 ⑨宗国:鲁、滕等国的始封祖都是周文王的儿子,而周公封鲁,于行辈较长,故其余姬姓国都以鲁为宗国。 ⑩《志》:记事的古书。 ⑪不我足:即"不足我"。足:满意。 ⑫冢宰:辅佐天子的官,相当于后世的宰相。 ⑬歠(chuò):饮,喝。 ⑭墨:黑。 ⑮君子之德……必偃:这几句出自《论语·颜渊》,为孔子的话。尚:同"上"。偃:倒下。 ⑯五月居庐:居住在丧庐中五个月。 ⑰命戒:命令与禁令。 ⑱谓曰知:朱熹《集注》:"疑有阙误。或曰'皆谓世子之知礼也'。"

【译文】

滕定公去世,太子对老师然友说:"以前孟子曾经在宋国与我交谈,我一直记在心里没有忘记。现在不幸父亲去世,我想请您去请教孟子,然后再治办丧事。"

然友于是到邹国去向孟子请教。

孟子说:"不是很好吗!父母的丧事,本来就应该用心尽力。曾子说过:'父母在世时,以礼侍奉;去世了,以礼安葬,以礼祭祀,可以说是孝子。'诸侯的礼仪,我没有学过。不过,我有所耳闻。三年的丧期,穿粗布缝边的孝服,喝稀粥。从天子到百姓,夏、商、周三代都是这样。"

然友回去做了汇报,太子于是决定实行三年之丧。宗室百官都不愿意,说:"我们的宗国鲁国的历代先君没有实行过,我们自己的历代先君也没有实行过,到了你这里却要改变,是不行的。况且《志》书上说:'丧礼、祭祖一律依照祖先的规矩。'意思是说,'我们是有根据的'。"

太子对然友说:"我以前未曾学艺问礼,喜欢骑马比剑。现在宗室百官都不满意我,恐怕他们不能在丧事上尽力了,您替我再去问问孟子。"

然友再次来到邹国请教孟子。

孟子说:"是的,这事是不能求别人的。孔子说:'国君去世,太子将政事交给冢宰,自己每天喝稀粥,面色深黑,到了孝子之位便哭泣,大小官员没有人敢不哀伤,这是因为太子自己带了头啊。'上面的人爱好什么,下面的人必定更加过分。'君子的德,好比是风;百姓的德,好比是草。风吹到草上,草一定随风而倒。'这件事取决于太子自己。"

然友返回后做了汇报。太子说:"对,这件事确实取决于我。"

于是太子在丧庐中住了五个月,没有下过命令、指示。百官和同族的人表示认可,认为太子知礼。到了下葬那天,四面八方的人都来观看。太子面容悲戚,哭声哀痛,吊丧的人都非常满意。

【解读】

本章记孟子在滕国推行"三年之丧"事。由于宋君偃不是真心地推行仁政,孟子在宋国待了一段时间后,便回到了邹国。这时,滕定公去世,滕文公即位。由于之前与孟子两次会面并深受影响,滕文公便派人到邹国,征求孟子对滕定公丧礼的意见。孟子建议实行"三年之丧",并认为能否实行的关键,取决于滕文公本人。后滕文公果真实行了"三年之丧",据说效果还不错,受到文武百官的拥护。

"三年之丧",按照儒家的说法,是指子女为父母、妻妾为夫、臣为国君、诸侯为天子的守丧期,向来为儒家学者所重视。孟子把"三年之丧"追溯得很早,认为在夏、商、周三代已经实行。但也有学者认为,"三年之丧"在周代或有实行,但并不普遍,只是由于孔子、孟子、荀子等儒家学者的反复强调、宣传,才逐渐流行起来的(参见杨志刚:《中国礼仪制度研究》,华东师范大学出版社2001年版)。儒家重视"三年之丧",是将其看作移风易俗、推行教化的重要手段,认为它满足了子女报答父母养育之恩的情感需要。推行这种习俗，有利于协调家庭关系。推而广之，有利于形成良好的社会风气，安定社会秩序。

5.3 恒产恒心

滕文公问为国。

孟子曰："民事不可缓也。《诗》云①：'昼尔于茅②，宵尔索绹③；亟其乘屋④，其始播百谷。'民之为道也，有恒产者有恒心，无恒产者无恒心。苟无恒心，放辟邪侈，无不为已。及陷乎罪，然后从而刑之，是罔民⑤也。焉有仁人在位，罔民而可为也？是故贤君必恭俭礼下，取于民有制。阳虎⑥曰：'为富不仁矣，为仁不富矣。'

"夏后氏五十而贡⑦，殷人七十而助⑧，周人百亩而彻⑨，其实皆什一也。彻者，彻也⑩；助者，藉也⑪。龙子⑫曰：'治地莫善于助，莫不善于贡。'⑬贡者，校⑭数岁之中以为常。乐岁，粒米狼戾⑮，多取之而不为虐，则寡取之；凶年，粪其田而不足，则必取盈焉。为民父母，使民盼盼然⑯，将终岁勤动，不得以养其父母，又称贷⑰而益之，使老稚转乎沟壑，恶在其为民父母也？夫世禄，滕固行之矣。《诗》云⑱：'雨我公田，遂及我私。'惟助为有公田。由此观之，虽周亦助也。

"设为庠、序、学、校⑲以教之。庠者，养也；⑳校者，教也；序者，射也。㉑夏曰校，殷曰序，周曰庠，学则三代共之,皆所以明人伦也。人伦明于上,小民亲于下。有王者起,必来取法,是为王者师也。《诗》云㉒:'周虽旧邦,其命惟新。'文王之谓也。子力行之,亦以新子之国。"

使毕战㉓问井地㉔。

孟子曰:"子之君将行仁政,选择而使子,子必勉之!夫仁政,必自经界㉕始。经界不正,井地不钧㉖,谷禄不平,是故暴君污吏必慢其经界㉗。经界既正,分田制禄可坐而定也。

"夫滕,壤地褊小,将为㉘君子㉙焉,将为野人㉚焉。无君子,莫治野人;无野人,莫养君子。请野,九一而助;国中,什一使自赋。㉛卿以下必有圭田㉜,圭田五十亩,余夫㉝二十五亩。死徙无出乡,乡田同井,出入相友,守望㉞相助,疾病相扶持,则百姓亲睦。方里而井,井九百亩,其中为公田。八家皆私百亩,同养公田。公事毕,然后敢治私事,所以别野人也。此其大略也,若夫润泽之,则在君与子矣。"

【注释】

①《诗》云:以下四句出自《诗经·豳风·七月》。 ②于:往,去。茅:用作动词,取茅草。 ③索绹(táo):绞制绳索。索:绞合使紧。绹:绳索。 ④乘屋:修盖房屋。乘:治。 ⑤罔民:陷害百姓。罔,同"网",用作动词。赵岐注:"是由张罗罔以罔民者也。" ⑥阳虎:又作"阳货",春秋末鲁国大夫季氏的家臣。 ⑦五十而贡:

赵岐注:"民耕五十亩,贡上五亩。"即民耕种土地五十亩,将其中五亩的收成作为赋税上交。贡:夏代的税法。 ⑧七十而助:赵岐注:"耕七十亩者,以七亩助公家。"即民耕种土地七十亩,其中七亩为公田,其收成作为赋税上交。助:商代的税法。 ⑨百亩而彻:赵岐注:"耕百亩者,彻取十亩以为赋。"即民耕种土体一百亩,抽取其中十亩土地的成作为赋税上交。彻:周代的税法。 ⑩彻者,彻也:前一个"彻"是指彻法,后一个"彻"是抽取的意思,是说彻是抽取一定土地的收成作为赋税。 ⑪助者,藉也:助是一种劳役税,是借助民力来耕种公田。藉:借。 ⑫龙子:赵岐注:"古贤人也。" ⑬治地莫善于助,莫不善于贡:孟子认为,助法是民出力耕种公田,无论丰收、歉收,统治者只取公田之收成,于百姓负担较轻;贡法是统治者根据若干年的平均收成确定收税标准,丰年不多收,歉年不少收,就会造成百姓负担加重。 ⑭挍:同"校",比较。 ⑮狼戾:谓散乱堆积。赵岐注:"狼戾,犹狼藉也……饶多狼藉,弃捐于地。" ⑯盻(xì)盻然:勤劳辛苦貌。 ⑰称贷:借贷。称:赵岐注:"举也。" ⑱《诗》云:以下两句见《诗经·小雅·大田》。 ⑲庠、序、学、校:均为古代学校名。 ⑳庠者,养也:据学者研究,古代的学校往往也是敬老、养老的场所(见杨宽:《我国古代大学的特点及其起源》,载《古史新探》,中华书局1965年版)。 ㉑序者,射也:杨宽认为古代学校也是贵族演习射箭的场所。 ㉒《诗》云:以下两句引自《诗经·大雅·文王》。 ㉓毕战:赵岐注:"滕臣也。" ㉔井地:即井田,相传为古代的一种土地制度。孟子在下文对其有详细论述。一般认为,孟子对井田的描述,有理想化的成分,与历史上的井田并不完全一样。 ㉕经界:土地、疆域的分界。赵岐注:"经亦界也。"则"经界"为同义复词。一说划分疆界。朱熹《集注》:"谓治地分田，经画其沟涂封植之界也。" ㉖钧：同"均"。 ㉗慢其经界：焦循《正义》："心轻慢之，不以先王所定为制。"一说慢通"漫"，漫坏，败坏。 ㉘为：赵岐注："有也。" ㉙君子：指劳心者，即从事管理和教育的人。 ㉚野人：与君子相对，泛指劳力者，即从事生产、耕作的人。 ㉛请野，九一而助；国中，什一使自赋：西周时期有国、野的划分和对立，作为征服者的周人主要居于国中，被征服者则主要聚居于郊野。孟子主张对国、野实行不同的税率及税法。 ㉜圭田：赵岐注："古者卿以下至于士皆受圭田五十亩，所以供祭祀也。圭，洁也。"即从卿到士所受的土地，一般为五十亩，供祭祀之用。 ㉝余夫：赵岐注："余夫者，一家一人受田，其余老小尚有余力者，受二十五亩，半于圭田，谓之余夫也。"即一家之中，除一位成年劳动力外，其余老少尚可以从事劳动的人。他们也可以受有一定的土地，一般为二十五亩，为圭田的一半。 ㉞守望：看守瞭望。朱熹《集注》："防寇盗也。"

【译文】

滕文公问如何治国。

孟子说："百姓的事情不可延缓。《诗经》中说：'白天去割茅草，晚上把绳搓好；赶紧上房修屋，就要播种百谷。'老百姓的特点是，有固定的产业就有固定的志向，没有固定的产业就没有固定的志向。一旦没有固定的志向，就会放荡邪僻，无所不为。等到陷入罪网，然后便用刑罚处置他们，这就像是布下罗网陷害百姓。哪有仁爱的君主却去干陷害百姓的事呢？因此贤明的君主必定要恭敬节俭，以礼对待臣下，向百姓征收赋税有一定的制度。阳虎说：'追求富就不能仁，追求仁就不能富。'

"夏朝以五十亩为单位采用贡法,商朝以七十亩为单位采用助法,周朝以一百亩为单位采用彻法,其实税率都是十分之一。'彻'是'通'的意思,'助'是'借'的意思。龙子说:'管理土地没有比助法更好的,没有比贡法更差的。贡法是比较若干年的收成,取平均数作为常数。丰年,粮食堆得满地,多征些粮食不算暴虐,却征收得少;荒年,即使给田里施了肥料,收的粮食也不够吃,却一定要按常数征收。作为百姓的父母,却使百姓勤劳辛苦,即使终年劳累也无法赡养父母,还得靠借贷来补足赋税,使得老人孩子弃尸于沟壑,这哪能算是百姓的父母呢?世禄的制度,滕国已经实行了,(何不再行助法,使百姓也得到好处呢?)《诗经》中说:'雨水降到我公田,然后泽及我私田。'只有助法才有公田。由此看来,即使周朝也是实行助法的。

"要设立庠、序、学、校来教导百姓。'庠'是教养的意思;'校'是教导的意思;'序'是习射的意思。夏代称为'校',商代称为'序',周代称为'庠','学'则是三代都有的,都是用来教导人伦的。人伦被上面的统治者所提倡,百姓在下面自然会相亲相爱。假如有圣王出现,也必定会来取法,这样就成了圣王的老师了。《诗经》中说:'姬周虽旧邦,其命却新受。'讲的就是周文王。您努力实行吧,也使您的国家气象一新。"

派毕战来询问井田。

孟子说:"您的国君打算施行仁政,选择你前来,你一定要努力啊!仁政一定要从划分田界开始。田界划分不正确,井田的面积就不平均,所收的谷物就不公平,因此暴君和贪官污吏必定要搞乱田界。田界划分正确了，那么分配土地、制定俸禄就轻而易举了。

"况且滕国，虽然地方狭小，一样要有君子，要有农夫。没有君子，就没有人来治理农夫；没有农夫，就没有人来供养君子。建议在郊野实行九分抽一的助法，在都城让农夫自行缴纳十分之一的赋税。卿以下的官吏一定要有供祭祀的圭田，每家五十亩，家中未成年的男子另给二十五亩。丧葬迁居都不离开本乡，乡里同一井田的各家，出入相互结伴，防卫盗贼相互帮助，有病相互照顾，那么百姓就亲近和睦。方圆一里的土地为一井田，每一井田九百亩，中间一块是公田。八家都有一百亩私田，共同耕作公田。公田农事完毕，然后才可以耕私田，这样做是为了让农夫与君子有所区别。这是井田的大概情况，至于如何改进完善，那就是国君和你的事了。"

【解读】

本章讨论治国和井田。"三年之丧"后，滕文公正式即位，派人问孟子治国的方法。孟子认为老百姓的特点是"有恒产者有恒心"，所以治理国家，使百姓有固定的产业是十分重要的。同时，他比较了夏、商、周三代的赋税制度——贡法、彻法和助法，主张实行助法，按十一的比例征收劳役地租。孟子还提出设立学校，明人伦，行教化。后来滕文公又派毕战询问井田，孟子介绍了井田的情况，借机把这种古代制度大大美化一番。据学者研究，古代历史上曾实行过井田制度，但孟子描绘的井田与古代的井田并不完全是一回事，而是带有理想的成分。按孟子的说法，井田制的主要内容是把土地划成方块，井田之中有"公田"也有"私田"，分得私田的"野人"，要无偿地耕种公田，以养活从事管理工作的"君子"。孟子将井田看作其仁政思想的一个主要内容，认为"仁政必自经界始"，施行仁政必须要有一定的物质基础。孟子的仁政思想得到进一步发展。

附：井田示意图

私田	私田	私田
私田	**公田**	私田
私田	私田	私田

5.4 劳心劳力

有为神农①之言者许行②，自楚之滕，踵③门而告文公曰："远方之人闻君行仁政，愿受一廛④而为氓。"

文公与之处。其徒数十人，皆衣褐，捆屦⑤织席以为食。

陈良⑥之徒陈相与其弟辛，负耒耜⑦而自宋之滕，曰："闻君行圣人之政，是亦圣人也，愿为圣人氓。"

陈相见许行而大悦，尽弃其学而学焉。

陈相见孟子，道许行之言曰："滕君则诚贤君也，虽然，未闻道也。贤者与民并耕而食，饔飧⑧而治。今也，滕有仓廪府库，则是厉⑨民而以自养也，恶得贤？"

孟子曰:"许子必种粟而后食乎?"

曰:"然。"

"许子必织布而后衣乎?"

曰:"否,许子衣褐。"

"许子冠乎?"

曰:"冠。"

曰:"奚冠?"

曰:"冠素。"

曰:"自织之与?"

曰:"否,以粟易之。"

曰:"许子奚为不自织?"

曰:"害于耕。"

曰:许子以釜甑爨⑩,以铁耕乎?"

曰:"然。"

"自为之与?"

曰:"否,以粟易之。"

"以粟易械器者,不为厉陶冶⑪;陶冶亦以其械器易粟者,岂为厉农夫哉?且许子何不为陶冶,舍⑫皆取诸其宫中⑬而用之?何为纷纷然⑭与百工交易?何许子之不惮烦?"

曰:"百工之事,固不可耕且为也。"

"然则治天下独可耕且为与?有大人之事,有小人之事。且一人之身,而百工之所为备,如必自为而后用之,是率天下而路⑮也。故曰:或劳心,或劳力。劳心者治人，劳力者治于人；治于人者食人，治人者食于人⑯。天下之通义也。

"当尧之时，天下犹未平，洪水横流，泛滥于天下，草木畅茂，禽兽繁殖，五谷不登，禽兽逼人，兽蹄鸟迹之道交于中国。尧独忧之，举舜而敷⑰治焉。舜使益⑱掌火，益烈山泽而焚之，禽兽逃匿。禹疏九河，瀹济、漯⑲而注诸海；决汝、汉，排淮、泗，而注之江。然后中国可得而食也。当是时也，禹八年于外，三过其门而不入，虽欲耕，得乎？

"后稷⑳教民稼穑，树艺五谷；五谷熟而民人育。人之有道也，饱食煖衣，逸居而无教，则近于禽兽。圣人有忧之，使契㉑为司徒，教以人伦：父子有亲，君臣有义，夫妇有别，长幼有叙，朋友有信。放勋㉒曰：'劳之来之㉓，匡之直之，辅之翼之，使自得之，又从而振德之。'圣人之忧民如此，而暇耕乎？

"尧以不得舜为己忧，舜以不得禹、皋陶㉔为己忧。夫以百亩之不易㉕为己忧者，农夫也。分人以财谓之惠，教人以善谓之忠，为天下得人者谓之仁。是故以天下与人易，为天下得人难。孔子曰：'大哉，尧之为君！惟天为大，惟尧则之。荡荡乎，民无能名焉！君哉，舜也！巍巍乎，有天下而不与㉖焉！'尧、舜之治天下，岂无所用其心哉？亦㉗不用于耕耳。"

"吾闻用夏变夷㉘者，未闻变于夷者也。陈良，楚产也，悦周公、仲尼之道，北学于中国，北方之学者，未能或之先也，彼所谓豪杰之士也。子之兄弟事之数十年，师死而遂倍㉙之。昔者，孔子没，三年之外，门人治任㉚将归，入揖于子贡，相向而哭，皆失声，然后归。子贡反，筑室于场，独居三年，然后归。他日，子夏、子张、子游以有若似圣人，欲以所事孔子事之，强曾子。曾子曰：'不可。江、汉以濯㉛之，秋阳以暴㉜之，皜皜㉝乎不可尚已！'今也，南蛮鴃舌㉞之人，非先王之道，子倍子之师而学之，亦异于曾子矣！吾闻'出于幽谷，迁于乔木'者，未闻下乔木而入于幽谷者。《鲁颂》曰㉟：'戎狄是膺㊱，荆舒是惩㊲。'周公方且膺之，子是之学㊳，亦为不善变矣。"

"从许子之道，则市贾㊴不贰，国中无伪；虽使五尺之童㊵适市，莫之或欺。布帛长短同，则贾相若；麻缕丝絮轻重同，则贾相若；五谷多寡同，则贾相若；屦大小同，则贾相若。"

曰："夫物之不齐，物之情也。或相倍蓰㊶，或相什百，或相千万。子比而同之，是乱天下也。巨屦小屦同贾，人岂为之哉？从许子之道，相率而为伪者也，恶能治国家？"

【注释】

①神农：上古传说中的人物，相传他制造农具，教导人民种田。战国时诸子百家多托古圣贤之名而标榜自己的学说，"农家"就假托为"神农之言"。 ②许行：战国时农家学派的代表人物，从"自楚之滕"以及孟

子称其为"南蛮䴔舌之人"来看,许行应为楚国人。 ③踵(zhǒng):至,到。 ④廛:住房。 ⑤屦(jù):草鞋。 ⑥陈良:楚国的儒者。 ⑦耒(lěi)耜(sì):古代一种像犁的农具,木柄叫"耒",犁头叫"耜"。 ⑧饔(yōng)飧(sūn):早饭叫"饔",晚饭叫"飧"。这里用作动词,指做饭。 ⑨厉:害。朱熹《集注》:"病也。" ⑩甑(zèng):古代做饭用的一种陶器。爨(cuàn):烧火做饭。 ⑪陶冶:陶工和铸工。 ⑫舍:相当于方言"啥",什么东西、一切东西的意思。 ⑬宫中:家中。古代住宅不分贵贱都可以叫"宫",秦汉以后才专指帝王居所为"宫"。 ⑭纷纷然:繁忙貌。 ⑮路:朱熹《集注》:"谓奔走道路,无时休息也。" ⑯食(sì)人:养活人。食于人:被人养活。朱熹《集注》:"食人者,出赋税以给公上也。食于人者,见食于人也。" ⑰敷:遍。 ⑱益:即伯益,舜的臣子。舜禅位于禹后,曾佐禹平治水土。禹临终时,将天下授于益。禹死后,益让位于禹之子启。 ⑲瀹济、漯:瀹(yuè):疏导。济、漯(tà):济水和漯水。 ⑳后稷:周的始祖,名弃,善于稼穑,曾在尧、舜时代做农官,教民耕种。 ㉑契(xiè):传说中商的始祖,舜时佐禹治水有功,任为司徒,掌管教化。 ㉒放勋:尧的称号。 ㉓劳(lào):慰劳。来(lài):劝勉。 ㉔皋(gāo)陶(yáo):人名,相传为虞舜时的司法官。 ㉕易:治。 ㉖不与(yù):不私有。杨伯峻说:"'与'即'参与'之'与',这里含有'私有''享受'的意思。" ㉗亦:副词,只是。 ㉘用夏变夷:用中原华夏民族的先进文化去改变周边蛮夷民族的落后文化。夏:指中原地区民族的文化。夷:古代对东部各族的统称,这里泛指中原地区以外部族的文化。 ㉙倍:同"背",背叛。 ㉚治任:准备行李。治:整治。任:担子,行李。 ㉛濯(zhuó):洗涤。 ㉜秋阳:周历七八月相当于夏历五六月,故秋阳实际相当于今天的夏阳。暴:同"曝",晒。 ㉝皓皓(hào):光明洁白的样子。 ㉞鴃(jué)舌:比喻语言难懂。鴃:伯劳鸟,喜弄舌啼聒。 ㉟《鲁颂》曰:以下两句引自《诗经·鲁颂·閟宫》。 ㊱戎狄是膺:讨伐戎狄。是:代词,表示确指,起宾语前置的作用。膺:打击。 ㊲荆舒:南方少数民族。惩:惩罚。 ㊳是之学:即"学是"。之:助词,用在宾语和动词之间,起着把宾语前提的作用。是:代词,这些,这个。 ㊴市贾:市场价格。贾:通"价"。 ㊵五尺之童:古代尺寸短,五尺约相当于现在三尺多一点。 ㊶倍蓰(xǐ):一倍、五倍。后文的什、百、千、万都是指倍数。

【译文】

有一个奉行神农氏学说的人,名叫许行,从楚国来到滕国,登门谒见滕文公说:"我从远方而来,听说您施行仁政,希望能得到一处住所,成为您的百姓。"

文公给了他一处住所。他有门徒几十人,都穿粗麻衣服,靠编草鞋、织席子为生。

陈良的门徒陈相和他的弟弟陈辛,背着农具从宋国来到滕国,对滕文公说:"听说您实行圣人的政治,那么您也就是圣人了,我们愿做圣人的百姓。"

陈相见到许行后非常高兴,完全抛弃了以前所学的,改向许行学习。

陈相见到了孟子,转述许行的话说:"滕文公确是个贤明的君主,不过,他还不懂得大道。贤君应该与百姓一起耕种养活自己,一面烧火做饭,一面治理国家。现在,滕国有储藏粮食、财货的仓库,这是损害百姓来奉养自己,哪能称得上是贤明呢?"

孟子问:"许子一定自己耕种才吃饭吗?"

陈相说:"是的。"

孟子问:"许子一定自己织布才穿衣吗?"

陈相说:"不是,许子只穿粗麻编织的衣服。"

孟子问:"许子戴帽子吗?"

陈相说:"戴的。"

孟子问:"戴什么样的帽子?"

陈相说:"白绸帽子。"

孟子问:"自己织的吗?"

陈相说:"不,用粮食换来的。"

孟子问:"许子为什么不自己织呢?"

陈相说:"会影响农活。"

孟子问:"许子用锅、甑烧饭,用铁器耕田吗?"

陈相说:"是的。"

孟子问:"是自己造的吗?"

陈相说:"不是,用粮食换来的。"

孟子于是说:"农夫用粮食换取锅甑铁器,不算是损害陶工冶匠;陶工冶匠用锅甑铁器换取粮食,难道就算是损害农夫了吗?而且许子为什么不烧窑打铁,样样东西都从自己家里取来用呢?为什么要一件件和各种工匠交换呢?为什么许子这样不怕麻烦呢?"

陈相说:"各种工匠的工作,本来就不可能一边耕种一边干的。"

孟子说:"既然如此,那么治理天下就可以一边耕种一边干的吗?有君子的事情,有小人的事情。况且,一个人身上所需,要靠各种工匠的制作才能完备,如果一定要自己制作然后才使用,那就是率领天下的人疲于奔命。所以说:有劳心的人,有劳力的人。劳心的人治理人,劳力的人被人治理;被人治理的人养活人,治理人的人靠人养活。这是通行天下的道理。

"在尧的时代,天下还未太平,洪水横溢,四处泛滥,草木昌盛茂密,禽兽大量繁殖,庄稼没有收成,禽兽威逼人类,踪迹遍布中原各地。尧为此非常担忧,提拔舜来进行全面治理。舜派益掌管用火,益燃起大火焚烧山野沼泽,禽兽四散而逃。大禹疏通多条河道,治理济水、漯水,导入大海;开通汝水、汉水,疏浚淮水、泗水,导入长江。这样,百姓才在中原得以生息。当时,大禹在外八年,几次经过自己的家门都没有进入,即使想亲自耕种,能办得到吗?

"后稷教百姓耕种收获,种植五谷,五谷成熟了才能够养育百姓。人有自己的特点,吃饱穿暖,安居而没有教养,便与禽兽差不多。圣人又为此担忧,任命契担任司徒,用人伦教导民众:使父子有亲情,君臣有道义,夫妇有差别,长幼有次序,朋友有诚信。尧说:'慰劳他们,纠正他们,帮助他们,使他们各得其所,再进一步提高他们的品德。'圣人为百姓操劳到这种程度,哪还有空闲耕作呢?

"尧以得不到舜这样的人为忧,舜以得不到禹、皋陶这样的人为忧。以种不好百亩之地为忧的，那是农夫。把财物分给人叫作惠，教人善行叫作忠，为天下发现贤才叫作仁。因此，把天下让给别人是容易的，为天下发现贤才是困难的。孔子说：'尧作为君主真是伟大啊！唯有天是伟大的，唯有尧能效法它。浩荡无边啊，民众无法用言语来形容！真是个好君主啊，帝舜！多么崇高啊！拥有天下却不据为私有！'尧舜治理天下，难道是无所用心吗？只不过不用在耕田种地上罢了。

"我只听说过用华夏去改变蛮夷的，没听说反被蛮夷改变的。陈良出生在楚国，爱好周公、孔子的学说，来到北方中原学习，北方的学者没有超过他的，真称得上是豪杰之士。你们兄弟拜他为师几十年，老师一死就背叛了他。从前，孔子去世，（弟子服丧）三年后，收拾行李准备离去，进屋向子贡行礼告别，相对而哭，泣不成声，然后离去。子贡返回墓地，在墓地边筑屋，独居三年，然后离去。过了些日子，子夏、子张、子游认为有若像孔子，要用侍奉孔子的礼节侍奉有若，强迫曾子同意。曾子说：'不行！如同江汉之水洗涤过，好似六月骄阳曝晒过，（老师的人品）高尚洁白无人比得上！'现在，这个说话像鸟叫的南蛮之人，非难先王之道，你却背叛自己的老师向他学习，与曾子相差太远了。我只听说'飞出幽暗的山谷，迁到高大的树木上'的，没听说离开高大的树木，飞进幽暗的山谷的。《诗经·鲁颂·閟官》中说：'讨伐戎狄，惩罚荆舒。'周公尚且要讨伐他们，你却去向他们学习，真是不善于变化。"

滕文公上 / 145

陈相说:"实行许子的学说,市场上的价格就不会有两样,都市中没有欺骗行为;即使让小孩去市场,也没有人会欺骗他。布和绸长短相同,价钱就一样;麻线丝绵轻重相同,价钱就一样;各种粮食多少相同,价钱就一样;鞋子大小相同,价钱就一样。"

孟子说:"物品各有差别,这是物品的实际情况。有的相差一倍五倍,有的相差十倍百倍,有的相差千倍万倍。你把它们放在一起等同看待,这是搞乱天下。粗糙与精致的鞋卖同一个价钱,谁还肯做精致的鞋呢?实行许子的主张,是率领天下的人进行欺骗,怎么能治理好国家呢?"

【解读】

本章批驳农家"贤者与民并耕而食",阐述"劳心者治人""劳力者治于人"的政治主张。滕文公在孟子的帮助下推行仁政,一时在社会上产生很大反响,不少人闻风而至。农家学派的许行从楚国来到滕国后,属于儒家学派的陈相也从宋国来到这里。陈相见到许行后,被许行的学说所吸引,于是放弃了儒家学说,成为许行的门徒。陈相站在农家的立场与孟子进行了一场辩论,辩论的核心是如何看待国君的地位和作用,尤其是其特殊待遇问题。

许行、陈相主张,贤明的君主应当与民众共同耕作,其本意是反对权力异化,反对统治者脱离民众,但其观点却存在着否定社会分工的不足。对于陈相的观点,孟子没有从正面直接反驳,而是通过列举生活中大量存在的社会分工的事实,层层设问，步步紧逼，巧设机关，引君入彀。当陈相最后不得不承认，百工之事与耕田种地不能由一人同时承担，必须实行分工时，孟子马上反问，难道治理天下与耕田种地可以由一人同时承担吗？进而指出，社会分工不同，有劳心者，有劳力者。劳心者从事管理工作，被人养活；劳力者从事耕作，被人管理，这是"天下之通义"，没有什么不合理的。孟子还用铺陈的文字描写了尧、舜、禹治理天下、公而忘私的事迹，进一步说明许行主张君主与人民共同耕作，否定社会分工，是根本不合理的。孟子从"劳心"与"劳力"的角度对许行的观点进行批驳，有合理的地方。但他将"劳心""劳力"与"治人""治于人"等同起来，将社会分工与政治学意义上的社会等级混同在一起，用前者论证后者的合理性，则可能引起一定的争议。按照这样的规定，"治人"或政治管理就成了少数"劳心者"的特权，而广大的"劳力者"则只能"治于人"，而不能积极地去"治人"，不能参与到社会的管理决策中去。而现代民主政治的基本原则之一，便是肯定每一个合乎法定要求的社会成员都具有参与社会治理的权利，它的前提是承认每一社会成员在社会政治结构中具有平等的地位。孟子的思想显然与其是有所不同的。

本章的最后，孟子又以用夏变夷论批评了陈相背弃儒家而信奉农家，从产品质量存在差别批驳了农家"市贾不贰"的主张。

5.5 一本二本

墨者夷之①因徐辟②而求见孟子。孟子曰:"吾固愿见,今吾尚病,病愈,我且往见,夷子不来。"

他日,又求见孟子。孟子曰:"吾今则可以见矣。不直③,则道不见,我且直之。吾闻夷子墨者,墨之治丧也,以薄为其道也。夷子思以易天下④,岂以为非是而不贵也?然而夷子葬其亲厚,则是以所贱事亲也。"

徐子以告夷子。

夷子曰:"儒者之道,古之人'若保赤子'⑤,此言何谓也?之⑥则以为爱无差等,施由亲始。"

徐子以告孟子。

孟子曰:"夫夷子信以为人之亲其兄之子,为若亲其邻之赤子乎?彼有取尔也,赤子匍匐将入井,非赤子之罪也。且天之生物也,使之一本,而夷子二本⑦故也。盖上世尝有不葬其亲者,其亲死,则举而委之于壑。他日过之,狐狸食之,蝇蚋⑧姑嘬⑨之。其颡⑩有泚⑪,睨⑫而不视。夫泚也,非为人泚,中心达⑬于面目,盖归反⑭虆梩⑮而掩之。掩之诚是也,则孝子仁人之掩其亲,亦必有道矣⑯。"

徐子以告夷子。夷子怃然为间⑰,曰:"命之⑱矣。"

【注释】

①墨者：指墨翟的门徒。墨家主张"兼爱""尚贤""尚同"等，提倡"节用""节葬"，反对"厚葬"。夷之：姓夷，名之。 ②徐辟：孟子弟子。 ③直：指说话直率。朱熹《集注》："尽言以相正也。" ④易天下：朱熹《集注》："谓移易天下之风俗也。"易：改变。 ⑤若保赤子：语见《尚书·康诰》："若保赤子，惟民其康乂。"赤子：婴儿，因身体发红，故称"赤子"。 ⑥之：夷之自称。 ⑦二本：赵岐注："天生万物，各由一本而出。今夷子以他人之亲与己亲等，是为二本，故欲同其爱也。"朱熹《集注》："且人物之生，必各本于父母而无二，乃自然之理，若天使之然也。故其爱由此立，而推以及人，自有差等。今如夷子之言，则是视其父母本无异于路人，但其施之之序，姑自此始耳。非二本而何哉？" ⑧蚋（ruì）：蚊类害虫。 ⑨姑嘬（zuō）：用嘴吸吮。姑：通"盬"（gǔ），吸饮。 ⑩颡（sǎng）：额头。 ⑪泚（cǐ）：冒汗。赵岐注："汗出泚泚然也。" ⑫睨（nì）：斜视。 ⑬达：表露，表达。 ⑭反：同"返"。 ⑮蘽（léi）：藤制的筐子，作盛土用。梩（lí）：古代锹、锸一类的农具。 ⑯必有道矣：朱熹《集注》："必有其道，而不以薄为贵矣。"道：道理，或说方式。 ⑰为间：有间，一会儿。为：通"有"。 ⑱命之：朱熹《集注》："命，犹教也。言孟子已教我矣。"之：代词，夷之自称。

【译文】

墨者夷之通过徐辟请求来拜见孟子。孟子说："我愿意见他，但现在我有病，等病好了，我将去看他，夷子不必来了。"

过了些日子，夷之又请求来拜见孟子。孟子说："我现在可以见他了。话不直截了当，就讲不清道理，我直截了当地说吧。我听说夷子是个墨者，墨家办理丧事，以薄葬为原则。夷子想用薄葬来改变天下，难道是认为不这样就不难能可贵吗？但是夷子却厚葬自己的父母，这是用他自己鄙视的东西来侍奉父母。"

徐子把孟子的话告诉了夷子。

夷子说："按照儒家的说法，古人爱民'就像爱护婴儿'，这句话是什么意思呢？我认为是说，爱不分差等，从自己的父母开始施行。"

徐子又把这话转告给孟子。

孟子说："夷子真的以为人们爱自己兄弟的孩子，与爱邻人的婴儿是一样的吗？他只不过是看到这一点，婴儿爬着将要掉进井里，这不是婴儿的过错，（所以每个人都会有怵惕恻隐之心，于是他就认为爱是不分差等的。）况且天生万物，使他们有一个根据，（而夷子既根据墨家的教义，主张爱无差等，又依据自己的内心，厚葬自己父母，）这是因为他有两个根据的缘故啊。大概古时候曾有不安葬父母的事，父母死了，就抬着扔到山沟里。几天后从那里经过，看见狐狸在啃食，苍蝇、蚊虫在叮咬。额头不由冒出汗，斜着眼不敢正视。冒出的汗，不是给别人看的，而是内心在面貌上的表现，于是回家拿来筐和锹把尸体掩埋了。掩埋是正确的，那么，孝子仁人掩埋他们的父母，也必有一定的方式。"

徐子把这番话转告给夷子。夷子惆怅茫然地停了一会儿，说:"他教导了我。"

【解读】

本章记载孟子与墨家学者夷之关于薄葬的辩论,涉及"爱有差等""爱无差等"的问题。由于本章个别地方用语过于简略,甚至有跳跃、脱漏的地方,致使一些文句及概念不好理解,不过经学者的研究,本章内容还是可以大致读懂的。墨家主张薄葬,而孟子认为"君子不以天下俭其亲",二者的观点是对立的。但孟子没有就孰是孰非展开辩论,而是以子之矛攻子之盾,指出夷之曾厚葬自己的父母,与自己的主张并不一致,陷其于矛盾之中。于是夷之又引《尚书》"若保赤子",将"儒家之道"解释为"爱无差等,施由亲始",认为爱是无差别的,但在具体实行时,又可以有亲疏远近的差别,先施之父母亲人,再推及他人。表面上夷之是讲墨家的主张,实际则是他对儒家思想的发挥,是对墨家和儒家思想的融合。其中,"爱无差等"来自墨家,是对墨家兼爱思想的继承,"施由亲始"则来自儒家,是对"亲亲为大"的强调。这样夷之的主张便涉及亲亲之爱与普遍之爱这一重要伦理问题,这一问题实际也为儒家所关注。孔子倡导的仁,既包含亲亲之爱,也承认普遍之爱,如"樊迟问仁。子曰:'爱人。'"(《论语·颜渊》)"爱人"就是一种普遍之爱。但在具体实践中又强调从孝悌、亲亲之爱出发,"入则孝,出则弟,谨而信,泛爱众,而亲仁"(《论语·学而》)。到了孟子,则提出"亲亲而仁民,仁民而爱物"(13.45)。认为从亲亲到仁民、爱物,有一个扩充的过程。不过夷之与孔孟虽然都肯定亲亲之爱和普遍之爱,但二者所强调又有所不同。夷之突出的是"爱无差等",而孔孟强调的是亲亲、孝悌,认为爱人的普遍情感,首先要从亲亲之情开始,逐渐扩大到整个社会。之所以有这种差别,主要是因为儒家重视血缘宗法关系,担心对普遍之爱的强调会冲击、弱化亲亲之爱。孟子提出,假如我们看到婴儿要掉到井里,每个人都会产生怵惕恻隐之心,这是一种普遍的情感,孟子在别处也是以此来论证人有善性的。但孟子认为,"赤子将入于井"是一种极端的情景,它能使我们反省到善性的存在,但不能据此认为人与人之间是没有亲疏远近的,不能认为人们爱自己的侄儿与爱邻人之子是没有差别的。只有既尊重亲亲之爱,也肯定普遍之爱,才是最为合理的。最后,孟子讲了古代丧葬之礼的起源,说明古代的孝子掩埋父母的尸体,是根源于父母与子女之间的深厚血缘情感,这种深厚情感必定要有一定的表达形式,而这种形式是薄葬所不能承担的。

  本章的"一本""二本",学者多有讨论,分歧较大。赵岐、朱熹认为,所谓一本是指以自己父母为本,而二本则是以自己与他人父母为本,因为墨家主张兼爱,"以他人之亲与己亲等,是为二本,故欲同其爱也"(赵岐:《章句》),"则是视其父母本无异于路人"(朱熹:《集注》)。按照这种理解,所谓"一本""二本"实际是说,天生万物,使它们有一个本源,人的本源是父母。然而夷之主张爱不分差等,对待别人的父母如同对待自己的父母一样,这就等于承认有两个本源。这种解释显然不合理,夷之即使提倡兼爱,也不会将别人的父母当作自己的本源，这样理解孟子对夷之的指责是不恰当的。从本章内容来看，"本"应是依据、根据之意，夷之一方面依据墨家的教义，主张"爱无差等"；另一方面又根据自己的内心，厚葬父母，这样就是"二本"。而孟子主张"一本"，即以自己的内心为本，其"上世尝有不葬其亲者"一段，就是要说明"孝子仁人之掩其亲"实际是本心的表现和流露。

滕文公下

6.1 不见诸侯

陈代①曰:"不见诸侯,宜若②小然。今③一见之,大则以王,小则以霸。且《志》曰,'枉尺而直寻④',宜若可为也。"

孟子曰:"(上略)且夫枉尺而直寻者,以利言也。如以利,则枉寻直尺而利,亦可为与?(下略)且子过矣,枉己者,未有能直人者也。"

【注释】

①陈代:赵岐注:"孟子弟子也。" ②宜若:似乎,好像。 ③今:假设连词,犹"若"。 ④枉:屈。直:申。寻:八尺为一寻。

【译文】

陈代说:"不去拜见诸侯,似乎太拘泥小节了吧。如果一去拜见诸侯,大则可以称王天下,小则可以称霸于世。况且《志》书上说:'弯曲一尺而伸长八尺',似乎可以去拜见一下的。"

孟子说:"(上略)所谓弯曲一尺而伸长八尺,是从利上说的。要说到利,弯曲八尺而伸长一尺也算是利,也可以去做吗？（下略）况且你错了，扭曲自己，是不可能让别人正直的。"

【解读】

本章涉及出仕之道，为《孟子》书中的重要内容。孟子一生积极游说诸侯，推行王道，但若没有得到礼聘，便不肯主动拜见。弟子对此不理解，劝孟子不妨"枉尺而直寻"，委曲求全，以换取"大则以王，小则以霸"的结果。孟子认为，干任何事情都有一定的原则，士人拜见诸侯是为了行道，而不是谋取利益。如果不珍惜自己的人格，轻易屈就，怎么能得到诸侯的尊重呢？又怎么能让诸侯听从自己的主张？况且"枉尺而直寻"是就利益上说的，并不适合行道。行道首先要端正自己，然后才能影响到别人，而"枉己"是不能"直人"的。这方面的部分内容见于10.7，可参看。

6.2 大丈夫

景春①曰："公孙衍、张仪②，岂不诚大丈夫哉？一怒而诸侯惧，安居而天下熄③。"

孟子曰："是焉得为大丈夫乎？子未学礼乎？丈夫之冠④也，父命之；女子之嫁也，母命之，往送之门，戒之曰：'往之女家，必敬必戒，无违夫子！'以顺为正者，妾妇之道也。居天下之广居，立天下之正位，行天下之大道。得志，与民由⑤之；不得志，独行其道。

富贵不能淫，贫贱不能移，威武不能屈，此之谓大丈夫。"

【注释】

①景春：赵岐注："孟子时人，为纵横之术者。" ②公孙衍：魏国人，号犀首，当时著名的说客。张仪：魏国人，与苏秦同为纵横家的主要代表，主张"连横"，为秦扩张势力，与苏秦"合纵"相对。 ③熄：指战火熄灭，天下太平。 ④冠：古时男子年二十行加冠礼，表示成年。 ⑤由：践行。《广雅·释诂一》："由，行也。"

【译文】

景春说："公孙衍、张仪难道不是真正的大丈夫吗？他们一发怒，诸侯都会害怕；平静下来，天下就太平无事。"

孟子说："这怎么能够叫作大丈夫呢？你没有学过礼吗？男子举行加冠礼时，父亲训导他；女子出嫁时，母亲训导她，送到门口，告诫她说：'到了你丈夫家，一定要恭敬，一定要谨慎，不要违背你的丈夫！'以顺从为正途，那是小媳妇遵从的原则。住在天下最宽广的住宅，站在天下最正确的位置，走在天下最广阔的道路。能实现志向，就与百姓一起实行；不能实现志向，就独自行道。富贵不能引诱，贫贱不能改变，威武不能屈服，这样才称得上大丈夫。"

【解读】

本章是《孟子》书中脍炙人口的篇章。公孙衍、张仪是孟子时代的风云人物,他们"一怒而诸侯惧,安居而天下熄",好不威风、气派,故被视为"大丈夫"。所谓"大丈夫",就是大人物,是值得人们效仿、崇拜的偶像。但在孟子看来,公孙衍、张仪之类的纵横家,没有是非原则,一味迎合诸侯,摇唇鼓舌,唯利是图,只能算是小媳妇。在孟子眼里,只有以"仁"为"广居"、以"礼"为"正位"、以"义"为正路的人,才能称得上是大丈夫。他们站得直,行得正,坚定不移,"富贵不能淫,贫贱不能移,威武不能屈",具有崇高的精神境界。所以真正的大丈夫,在于他们能够居仁由义,浑身充满浩然之气,具有舍生取义的担当精神,而不在于权势、地位。孟子对大丈夫的理解,深刻影响了中国古代知识分子,成为他们努力追求的人生理想,同时也成为中华民族一份宝贵的精神财富。

6.3 出仕之道

周霄①问曰:"古之君子仕乎?"

孟子曰:"仕。《传》曰:'孔子三月无君,则皇皇②如也,出疆③必载质④。'公明仪曰:'古之人三月无君,则吊⑤。'"

"三月无君则吊,不以⑥急乎?"

曰:"士之失位也,犹诸侯之失国家也。(下略)亦不足吊乎?"

"出疆必载质,何也?"

曰:"士之仕也,犹农夫之耕也,农夫岂为出疆舍其耒耜哉?"

曰:"晋国亦仕国也,未尝闻仕如此其急。仕如此其急也,君子之难仕⑦,何也?"

曰:"丈夫生而愿为之有室,女子生而愿为之有家,父母之心,人皆有之。不待父母之命、媒妁之言,钻穴隙相窥,逾墙相从,则父母国人皆贱之。古之人未尝不欲仕也,又恶不由其道。不由其道而往者,与⑧钻穴隙之类也。"

【注释】

①周霄:赵岐注:"魏人也。" ②皇皇:彷徨不安貌。皇:通"惶"。 ③出疆:朱熹《集注》:"谓失位而去国也。" ④质:通"贽",初次见人时所执的礼物。 ⑤吊:慰问。 ⑥以:通"已",太。 ⑦难仕:赵岐注:"不急仕也。"指不急于进仕。 ⑧与:为。《论语·颜渊》:"百姓足,君孰与不足?百姓不足,君孰与足?"吴昌莹《经词衍释》云:"言君何为不足,何为足也。"或说语助词,无意。见焦循《孟子正义》引王引之说。

【译文】

周霄问道:"古代的君子出仕吗?"

孟子说:"出仕。《志》书上说:'孔子要是三个月没有侍奉的君主,就会惶惶不安;离开国境时,一定要带上拜见国君的礼物。'公明仪说:'古代的人要是三个月没有侍奉的君主，就要去安慰他。'"

周霄问:"三个月没有侍奉的君主就要去安慰,不是太急了吗?"

孟子说:"士失去职位,就像诸侯失去国家。(下略)这样还不应该去安慰他吗?"

周霄又问:"离开一个国家,一定要带上拜见另一个国君的礼物,这是为什么呢?"

孟子说:"士人出仕,就像农夫种田,农夫难道会因为离开一个国家就丢弃农具吗?"

周霄说:"晋国是有机会出仕的国家,但没有听说对于出仕这样急迫。出仕这样急迫,君子又迟迟不肯出仕,这是为什么呢?"

孟子说:"男孩一生下来,父母便希望给他找一个好妻室;女孩一生下来,父母便希望给她找一个好婆家。父母的这种心情,是人人都有的。但是,如果不等父母同意、媒人说合,就钻洞扒缝互相偷看,翻过墙头私自幽会,那么父母、国人都会瞧不起。古代的人不是不想出仕,但又厌恶不通过正当途径出仕。不通过正当途径出仕,是与钻洞扒缝一类的行为。"

【解读】

本章中孟子认为,出仕是士人的职业,士人出仕好比农人种田、青年男女要成家,是非常正常合理的,态度自然应该急迫。但士人出仕又必须有一定的原则,通过不正当的途径出仕,就好比男女钻洞扒缝互相偷看、翻过墙头私自幽会,是士人不屑的。孟子与孔子一样，都是一方面积极寻找出仕的机会，另一方面又以道义为上，绝不为出仕放弃原则，在这样一种信念中做出艰难选择。

6.4　食功非食志

彭更①问曰："后车数十乘，从者数百人，以传食②于诸侯，不以泰乎？"

孟子曰："非其道，则一箪食不可受于人；如其道，则舜受尧之天下，不以为泰。子以为泰乎？"

曰："否。士无事而食，不可也。"

曰："子不通功易事③，以羡④补不足，则农有余粟，女有余布；子如通之，则梓匠轮舆⑤，皆得食于子。于此有人焉，入则孝，出则悌，守先王之道，以待⑥后之学者，而不得食于子，子何尊梓匠轮舆，而轻为仁义者哉？"

曰："梓匠轮舆，其志将以求食也。君子之为道也，其志亦将以求食与？"

曰："子何以其志为哉？其有功于子，可食而食之矣。且子食志乎？食功乎？"

曰："食志。"

曰："有人于此，毁瓦画墁⑦，其志将以求食也，则子食之乎？"

曰："否。"

曰："然则子非食志也，食功也。"

【注释】

①彭更：孟子弟子。 ②传（zhuǎn）食：辗转受人供养。焦循《孟子正义》认为"传"读"zhuàn"，为客舍之意。传食，谓止息于诸侯客馆而受其饮食。 ③通功易事：交流成果，交换物资。 ④羡：余，多余。 ⑤梓匠轮舆：木工与车工。朱熹《集注》："梓人、匠人，木工也。轮人、舆人，车工也。" ⑥待：同"持"，扶持。 ⑦墁（màn）：墙壁上的涂饰。朱熹《集注》："墁，墙壁之饰也。"

【译文】

彭更问道："跟随的车子几十辆，随从的人员几百人，由这一国招待吃喝到那一国，这样不是太过分了吗？"

孟子说："如果不符合道，一箪饭也不能接受；如果符合道，就是舜接受尧的天下，也不算过分。你认为过分了吗？"

彭更说："不过分。但是士人不从事生产却让人供养，这是不应该的。"

孟子说："如果你不让各行业的产品互通交换，用多余的弥补不足的，那么农夫就会有余粮，织女就会有余布；如果让互通交换，那么木匠、车工就能在你这里得到饭吃。这里有一个人，在家孝顺父母，在外尊敬兄长，恪守先王之道，培养求学的人，却不能从你这里得到衣食，你为什么重视木匠、车工，却轻视奉行仁义的人呢？"

彭更说："木匠、车工，他们的动机就是为了找口饭吃。

君子行道，他们的动机也是为了找口饭吃吗？"

孟子说："你为什么要论他们的动机呢？他们有功于你，应该给吃的就给他们饭吃。况且你是根据动机给饭吃呢，还是根据功效给饭吃呢？"

彭更说："根据动机。"

孟子说："假如有一个人在这里，打碎了屋瓦又乱画墙壁，他的动机就是找口饭吃，那么你给他饭吃吗？"

彭更说："不给。"

孟子说："既然如此，那么你就不是根据动机，而是根据功效来给人饭吃的。"

【解读】

本章论士的待遇及作用，批驳了"士无事而食"的观点。孟子弟子彭更看到老师"后车数十乘，从者数百人"，"传食"于诸侯之间，觉得有些过分，故提出疑问。孟子认为，过不过分关键在于是否符合道。孟子这里所说的道，既是指仁义的价值原则，也是指按功施赏的计酬原则。对于彭更"士无事而食"的质疑，孟子重申社会分工的必要，认为士人以行道服务于社会，他们入孝出悌，坚守先王之道，其"得食"与农民种地、妇女织布、工匠制器而"得食"一样是合理的，只不过存在劳心与劳力的分工罢了。士人以精神产品来"取食"，精神产品与物质产品之间同样存在着互通交换的问题，如果看不到这一点，就会导致重视木工、车工，而轻视奉行仁义的君子的错误认识。彭更又提出"志""功"也就是动机、效果的问题。儒家主张"士志于道""君子谋道不谋食",孟子也讲"无恒产而有恒心者,惟士为能"(1.7),故彭更认为,君子与一般百姓不同,他们的动机不在于求食而在于行道。孟子指出,君子的动机固然是在于行道,但社会在付给人们报酬时,却不能根据其动机,而只能根据他们对社会的贡献或功效,否则便会得出十分荒谬的结论。所以,孟子一方面要求士人"无恒产而有恒心",超越个人的私利去关注国家、民众的普遍利益,不能因为"取食"于他人,便改变自己的主张,为人所"御用";另一方面又主张社会要根据个人的实际贡献进行分配,士人的贡献就是明教化、兴孝悌、传播文化,他们得到相应的报酬是完全应该的。孟子所说的"无恒产"也不是指没有财产,而是指没有固定的财产。士人游说诸侯,没有固定的财产来源,但每一位任用士人的诸侯都应给予其相应的财产和报酬。

6.5 (略)

6.6 使君为善

孟子谓戴不胜①曰:"子欲子之王之善与?我明告子。有楚大夫于此,欲其子之齐语也,则使齐人傅诸②?使楚人傅诸?"

曰:"使齐人傅之。"

曰:"一齐人傅之,众楚人咻③之,虽日挞而求其齐也,不可得矣。引而置之庄岳④之间数年,虽日挞而求其楚，亦不可得矣。子谓薛居州⑤，善士也，使之居于王所。在于王所者，长幼卑尊，皆薛居州也，王谁与为不善？在王所者，长幼卑尊，皆非薛居州也，王谁与为善？一薛居州，独⑥如宋王何？"

【注释】

①戴不胜：宋国大夫。赵岐注："宋臣。" ②傅诸：教导他。傅：辅佐，教导。诸：之。 ③咻（xiū）：喧嚷，扰乱。赵岐注："谨也。" ④庄岳：庄，街名；岳，里名，都在齐都城临淄城内（见顾炎武：《日知录》）。这里代指齐都中的闹市区。 ⑤薛居州：宋大夫。 ⑥独：犹"将"，一说单独。

【译文】

孟子对戴不胜说："你希望你的大王向善吗？我明白告诉你方法。假如有一位楚国的大夫，想让他的儿子学齐国话，那么是请齐国人教他呢，还是请楚国人教他呢？"

戴不胜说："请齐国人教他。"

孟子说："一个齐国人教他，许多楚国人干扰他，即使每天用鞭子抽打，逼他学齐国话，也不可能学好的。带他到齐国都城的闹市上住上几年，即使每天用鞭子抽打，逼他讲楚国话，也不可能学好的。你说薛居州是个好人，让他住在宋王的宫中。如果在王宫中的人，不论年龄大小、地位高低，都是薛居州那样的人，宋王还能同谁一起去做坏事呢？如果在王宫中的人，不论年龄大小、地位高低，都不是薛居州那样的人，宋王又能同谁一起去做好事呢？一个薛居州，又能把宋王怎么样呢？"

【解读】

本章论如何引导君王为善，为孟子与宋大夫戴不胜的对话。孟子以学习语言为例，说明周围人的影响十分重要，进而提出要大量选拔善士，居于宋王周围，对其施加影响，这样宋国的仁政才有可能实现。但宋国只有一位善士薛居州，对宋王的影响十分有限，要想实行仁政恐怕很难。

6.7 （略）

6.8 攘邻之鸡

戴盈之①曰："什一，去关市之征，今兹②未能，请轻之，以待来年，然后已，何如？"

孟子曰："今有人日攘其邻之鸡者，或告之曰：'是非君子之道。'曰：'请损之，月攘一鸡，以待来年，然后已。'如知其非义，斯③速已矣，何待来年？"

【注释】

①戴盈之：赵岐注："宋大夫。" ②兹：年。《吕氏春秋·任地》："今兹美禾，来兹美麦。"高诱注："兹，年也。" ③斯：连

词,犹"则""乃"。

【译文】

戴盈之说:"实行十分抽一的田税,免除关卡和市场的征税,今年还办不到,请先减轻一些,等到明年再彻底实行,怎么样?"

孟子说:"假如有个人每天偷邻居家一只鸡,有人告诉他:'这不是君子的作为。'那人却说:'请允许少偷一些,每月只偷一只鸡,等到明年,就不再偷了。'如果知道这件事不符合道义,就应该尽快停止,为什么要等到明年呢?"

【解读】

本章批评宋国不行仁政。由于宋王缺乏诚意,对孟子提出的实行什一税和免除关卡、市场征税的建议百般推脱,认为暂时办不到,只能逐步实行。孟子认为如果知道一项政策不符合道义,就应该尽快废除,而不应该找借口推脱,否则便与好找借口的偷鸡贼无异。不久他就离开了宋国。

6.9 距杨墨,放淫辞

公都子^①曰:"外人皆称夫子好辩,敢问何也?"

孟子曰:"予岂好辩哉?予不得已也!天下之生久矣,一治一乱。当尧之时,水逆行,氾^②滥于中国,蛇龙居之,民无所定;下者为巢,上者为营窟^③。《书》

曰④：'洚水⑤警余。'洚水者，洪水也。使禹治之。禹掘地而注之海，驱蛇龙而放之菹⑥，水由地中行，江、淮、河、汉是也。险阻既远，鸟兽之害人者消，然后人得平土而居之。

"尧舜既没，圣人之道衰，暴君代作⑦。坏宫室以为污池，民无所安息；弃田以为园囿，使民不得衣食。邪说暴行又作，园囿、污池、沛泽多而禽兽至。及纣之身，天下又大乱。周公相武王诛纣，伐奄⑧，三年讨其君，驱飞廉于海隅而戮之⑨。灭国者五十。驱虎、豹、犀、象而远之，天下大悦。《书》曰⑩：'丕显⑪哉，文王谟⑫！丕承⑬者，武王烈⑭！佑启我后人，咸以正无缺。'

"世衰道微，邪说暴行有⑮作，臣弑其君者有之，子弑其父者有之。孔子惧，作《春秋》。《春秋》，天子之事也。是故孔子曰：'知我者，其惟《春秋》乎！罪我者，其惟《春秋》乎！'

"圣王不作，诸侯放恣，处士⑯横议，杨朱⑰、墨翟⑱之言盈天下。天下之言，不归杨则归墨。杨氏为我，是无君也；墨氏兼爱，是无父也。无父无君，是禽兽也。公明仪曰：'庖有肥肉，厩有肥马，民有饥色，野有饿莩，此率兽而食人也！'杨墨之道不息，孔子之道不著，是⑲邪说诬民，充塞⑳仁义也。仁义充塞，则率兽食人，人将相食。吾为此惧，闲㉑先圣之道，距杨墨，放㉒淫辞，邪说者不得作。作于其心，害于其事；

作于其事，害于其政。圣人复起，不易吾言矣。

"昔者禹抑洪水而天下平，周公兼㉓夷狄、驱猛兽而百姓宁，孔子成《春秋》而乱臣贼子惧。《诗》云：'戎狄是膺，荆舒是惩，则莫我敢承㉔。'无父无君，是周公所膺也。我亦欲正人心，息邪说，距诐行㉕，放淫辞，以承三圣者，岂好辩哉？予不得已也。能言距杨墨者，圣人之徒也。"

【注释】

①公都子：孟子弟子。公都子又见8.30、11.5、11.6、11.15、13.43。②氾：同"泛"。 ③营窟：掘地或垒土而成的住所。《礼记·礼运》孔颖达疏："冬则居营窟者，营累其土而为窟。"则营窟为动宾结构。一说是相连的洞穴。焦循《正义》云："按《说文·宫部》云：'营，帀（zā）居也。凡市阛、军垒，周帀相连皆曰营。'此'营窟'当是相连为窟穴。"则营窟为偏正结构。 ④《书》曰：赵岐注："《尚书》逸篇也。" ⑤洚水：洪水。赵岐注："水逆行，洚洞（注：大水弥漫）无涯，故曰洚水。" ⑥菹（jù）：水草丛生的沼泽。 ⑦代作：更替而作。焦循《正义》："《说文》：'代，更也。'代作，谓更代而作，非一君也。" ⑧伐奄：周公伐奄是周成王时事，非武王时事。奄：国名，原附属商，其地在今山东省曲阜市附近。 ⑨驱飞廉于海隅而戮之：《史记·秦本纪》所记飞廉事与孟子所言有所不同，可参看。飞廉：商纣王的宠臣。 ⑩《书》曰：《尚书》逸篇。以下各句见伪《古文尚书·君牙》。 ⑪丕显：犹"英明"。丕：大。 ⑫谟：计谋，谋略。 ⑬丕承：很好地继承。 ⑭烈：功业。 ⑮有：通"又"。 ⑯处士：居家

而隐居不仕的人。　⑰杨朱：战国早期道家人物，魏国人，又称杨子、阳子或阳生。他主张"为我""全性葆真"，不拔一毛以利天下。事迹见于《孟子》《庄子》《韩非子》《吕氏春秋》等，《列子》有《杨朱篇》，有学者认为不一定可靠。　⑱墨翟：墨家创始人，鲁国人，一说宋人，生活在孟子之前。提倡"兼爱""非攻"，主张"天志""明鬼"。　⑲是：副词，犹"则"。　⑳充塞（sè）：堵塞。　㉑闲：捍卫，保卫。朱熹《集注》："闲，卫也。"　㉒放：驱逐，排斥。　㉓兼：兼并。　㉔承：抵御。朱熹《诗集传》："承，御也。"一说通"乘"，欺凌之意。　㉕诐（bì）行：邪行。

【译文】

公都子说："别人都说先生喜欢辩论，请问这是为什么呢？"

孟子说："我难道喜欢辩论吗？我是不得已啊！人类社会诞生已经很久了，时而太平，时而动乱。当尧的时候，洪水横流，在中原泛滥，蛇龙到处盘踞，百姓无处安身；地势低的地方，就在树上搭巢，地势高的地方，就建造洞穴。《尚书》中说：'大水警诫我们。'大水就是洪水。于是尧派禹治水。禹疏通河道，让洪水流入大海；驱逐蛇龙，把它们赶进沼泽；水顺着地上的河道流行，这就是长江、淮河、黄河和汉水。大水的危害既已排除，害人的鸟兽也不见了，然后百姓才能够在平地上居住。

"尧舜去世后，圣人之道衰落，暴君不断出现。毁坏民宅来做深池，使得百姓无处安身；破坏农田改作园林，使得百姓得不到衣食。荒谬的学说、残暴的行为纷纷出现，园林、深池、沼泽多了之后，禽兽聚集而来。到了商纣时，天下又大乱了。周公辅佐周武王杀掉纣王，讨伐奄国，与暴君征战了三年，把飞廉赶到海边杀掉，消灭的国家有五十个。把老虎、豹子、犀牛、大象驱赶到远方，天下的百姓十分喜悦。《尚书》中说：'多么英明啊，文王的谋略！后继有人啊，武王的功业！扶助、启迪我们后人，都正确完美没有缺陷。'

"后来，世风日下，王道衰微，荒谬的学说、暴虐的行为又纷纷出现，有臣子杀君主的，有儿子杀父亲的。孔子深感忧虑，便写了《春秋》。《春秋》（对历史人物做评价），原来是天子的职权。所以孔子说：'了解我的，大概就在这部《春秋》吧！怪罪我的，大概也在这部《春秋》吧！'

"如今圣王没有出现，诸侯放纵恣肆，在野的士人乱发议论，杨朱、墨翟的言论充塞天下。天下的言论，不是归向杨朱，就是归向墨翟。杨朱宣扬为我，这是目无君主；墨翟宣扬兼爱，这是目无父母。目无父母和君主，就是禽兽。公明仪说过：'厨房摆着肥肉，马棚养着肥马，百姓却面露饥色，野外还有饿死的人，这等于是率领禽兽去吃人！'杨朱、墨翟的学说不破除，孔子的学说不发扬，那么荒谬的学说就会欺骗人民，堵塞仁义。仁义被堵塞，就等于率领野兽去吃人，人们将互相残食。我为此担忧，决心要捍卫古代圣人的思想，批驳杨朱、墨翟的学说，驳斥荒谬的言论，使那些宣传邪说的人不再得势。邪说从心中产生，就会危害工作；从工作中产生，就会危害政治。即使圣人再度出现，也不会改变我的主张。

"从前,大禹制服洪水使天下太平,周公兼并了夷狄,赶走猛兽使百姓安宁,孔子编写《春秋》使乱臣贼子感到害怕。《诗经》中说:'打击戎狄,严惩荆舒,没有谁敢抗拒我。'目无父母、君主的人,正是周公所要讨伐的。我也要端正人心,破除邪说,反对偏颇的行为,驳斥荒谬的言论,以继承大禹、周公、孔子三位圣人,我难道是喜欢辩论吗?我是不得已啊。能够用言论批驳杨朱、墨翟的,就是圣人的信徒。"

【解读】

本章论"距杨墨",解释"予岂好辩"。孟子有"好辩"之名,从逻辑推论、语言技巧、判断能力、应变策略诸方面看,孟子都称得上是辩论高手。相信读过孟子书的人,都可以领略到孟子的滔滔辩才。不过孟子认为自己"好辩",乃是不得已,是出于批判杨朱、墨翟错误思想的需要。并将自己"距杨墨",与大禹平治洪水、周公兼并夷狄、孔子作《春秋》相提并论,看作是关涉历史发展的大事。

孟子为何如此看重对杨、墨的批判呢?这就涉及他的历史观。在孟子看来,人类历史的发展是"一治一乱",每一次乱世出现时,都会有圣人挺身而出,兴利除弊,带领人民从乱世走向治世,大禹、周公、孔子正是这些圣人中的代表。孟子认为,自己的时代正是这样一种乱世,诸侯的暴虐无道、攻伐掠夺造成政治的混乱和无序,而杨朱、墨翟异端邪说的流行堵塞仁义、扰乱人心,给社会造成极大的危害。故孟子是抱着"五百年必有王者兴"(4.13)的信念,欲效法古代圣人,一方面在政治上倡王道、行仁政；另一方面在思想上则"距杨墨""息邪说"。

从今天的眼光看，孟子斥杨、墨为异端，视其为社会动乱的根源，有不尽合情理之处，存在思想独断、不宽容的嫌疑。但从当时的情况看，儒家要为社会确立一种指导思想，就不得不对影响甚大且与自己存在尖锐分歧的杨、墨思想展开批判。杨朱属于道家，主张"贵生""重己""为我"，是一位个人主义者。杨朱讲"为我"，反对别人侵夺自己，也反对侵夺别人，反映了"明哲保身"、维护个人权益的思想，有其合理因素。但杨朱的"我"只有"小我"，而不是"大我"，只讲"全性葆真"，而不讲社会责任，从这种"我"无法发展出社会关系、人伦秩序，尤其使"君"的地位受到冲击，所以孟子说这是"无君"。墨翟是墨家的创始人，主张"兼爱""非攻""摩顶放踵利天下为之"，是一位集体主义者。墨子讲"兼爱"，要求人们"兼相爱，交相利"，反映了下层民众团结互助的思想，有其积极意义。但墨子的"爱"是"无差等"之爱，爱没有亲疏远近之分。这样就泯灭了人与人之间的亲疏之别，将人父等同于己父，就等于没有己父，所以孟子说这是"无父"。儒家主张人应生活在社会中，一个人既否定了父子关系，又否定了君臣关系，故在孟子看来，就等于是"禽兽"了。

6.10　（略）

离娄上

7.1 善法并重

孟子曰:"离娄①之明,公输子②之巧,不以规矩,不能成方圆;师旷③之聪,不以六律④,不能正五音⑤;尧舜之道,不以仁政,不能平治天下。今有仁心仁闻⑥而民不被其泽,不可法于后世者,不行先王之道也。故曰,徒善不足以为政,徒法不能以自行。《诗》云⑦:'不愆⑧不忘,率由⑨旧章。'遵先王之法而过者,未之有也。圣人既竭目力焉,继之以规矩准绳,以为方员⑩平直,不可胜用也;既竭耳力焉,继之以六律正五音,不可胜用也;既竭心思焉,继之以不忍人之政,而仁覆天下矣。故曰,为高必因丘陵,为下必因川泽;为政不因先王之道,可谓智乎?(下略)"

【注释】

①离娄:一名离朱,相传为黄帝时人,目力极强,能于百步之外望见秋毫之末。 ②公输子:即公输班(或作公输般、公输盘),春秋末年鲁国人,故又称鲁班,是古代著名的建筑工匠。 ③师旷:春秋时晋平公的乐师,为当时著名的音乐家。 ④六律:中国古代将音律分为阴吕、阳律两部分,各有六种音,六律即阳律六音,分别是太簇、姑洗、蕤宾、

夷则、无射、黄钟。另有阴律六音叫六吕，分别是大吕、应钟、南吕、林钟、仲吕、夹钟，合称律吕或十二律。相传黄帝时乐师伶伦截竹为筒，以筒的长短区别声音的清浊高下，乐器之音以此为标准。这里的六律代指十二律。　⑤五音：中国古代音乐所定的五个音阶：宫、商、角、徵、羽。相当于简谱中的1、2、3、5、6五音。　⑥闻：名声。　⑦《诗》云：以下两句引自《诗经·大雅·假乐》。　⑧愆（qiān）：过失。　⑨率由：都遵循。率：全部，都。由：遵从。　⑩员：同"圆"。

【译文】

孟子说："离娄的眼明，公输子的手巧，不用规矩，画不成方圆；师旷的耳聪，不靠六律，定不准五音；尧、舜的大道，不靠仁政，不能平治天下。假如君主有仁爱的心思和仁爱的名声，百姓却没有得到恩泽，也不足为后世所效法，这是因为没有实行先王的法度。所以说，只有善心不足以治理好国家，只有良法不能让它自己运行。《诗经》中说：'不偏差不遗忘，一切按照旧规章。'遵循先王的法度而犯过错，是从来没有的。圣人既尽了目力，又用圆规、曲尺、水准和墨线，来画方圆平直，各种形状就不可胜用；圣人既尽了听力，又用六律来校正五音，各种音调就无穷无尽；圣人既尽了心思，又施行不忍人遭受痛苦的政，仁就覆盖天下。所以说，筑高台一定要凭借山陵，挖深池一定要凭借河泽，治理国家如果不凭借先王的制度，能说是明智吗？"

【解读】

本章论治国当"善""法"并重,尤强调"先王之道"的重要性。孟子认为,再高明的工匠,如果没有一个尺度、标准,也难以做出好的产品。同样,治理国家,即使有好的心愿,如果没有一套法律、制度,也难以达到好的效果。由此得出结论:"徒善不足以为政,徒法不能以自行。"强调要"善""法"并重,二者不可偏废。孟子所说的"善"是指行善的"心思",也就是不忍人之心,"法"是指法律制度。不过孟子强调,法应以"先王之法"为标准,而"先王之法"主要是关于"仁政"的法律措施和制度安排。孟子在本章使用了"先王之道""先王之法""尧舜之道"等概念,从字面上看,"先王之道"应比"先王之法"含义宽泛,它既可以指内在的"善",也可以指外在的"法",但在本章中,孟子似乎更多是在"先王之法"的意义上使用"先王之道"的。至于"尧舜之道",则主要是指内在的"善"(孟子也有用"尧舜之道"指外在制度的情况,见12.10),而"尧舜之道,不以仁政"的"仁政",则是指外在的制度安排。

7.2 仁与不仁

孟子曰:"规矩,方员之至也;圣人,人伦之至也。欲为君,尽君道;欲为臣,尽臣道。二者皆法尧舜而已矣。不以舜之所以事尧事君,不敬其君者也;不以尧之所以治民治民,贼其民者也。孔子曰:'道①二,仁与不仁而已矣。'暴②其民甚，则身弑国亡；不甚，则身危国削，名之曰'幽''厉'③，虽孝子慈孙，百世不能改也。《诗》云④：'殷鉴⑤不远，在夏后之世。'此之谓也。"

【注释】

①道：这里的"道"是原则、方法的意思，不同于"朝闻道，夕死可也"的"道"。 ②暴：欺凌，凌辱。 ③幽、厉：皆恶谥名。《逸周书·谥法解》说："动祭乱常曰幽，杀戮无辜曰厉。" ④《诗》云：以下两句引自《诗经·大雅·荡》。 ⑤鉴：铜镜，引申为借鉴。

【译文】

孟子说："圆规、曲尺，是方、圆的极致；圣人，是人伦的极致。想做君，就要尽君道；想做臣，就要尽臣道。这两方面都不过是效法尧舜罢了。不用舜侍奉尧的方式来侍奉君主，便是不敬重自己的君主；不用尧治理百姓的方式来治理百姓，便是残害自己的百姓。孔子说：'治国的方法不外两种，行仁政与不行仁政罢了。'欺凌百姓太过分，就会身死国亡；不过分，也会身危国削，死后加上'幽''厉'的谥号，即使他有孝顺的子孙，百代后也无法改变。《诗经》中说：'殷商的借鉴并不远，就在夏朝统治时。'说的就是这个意思。"

【解读】

本章强调要效法尧舜。圣人是人伦的极致，为君、为臣、治民都要以尧舜为榜样。治理国家的方法有两种：仁与不仁。仁是尧舜的方法，不仁则是幽王、厉王的方法。

7.3 得失天下

孟子曰："三代之得天下也以仁，其失天下也以不仁。国之所以废兴存亡者亦然。天子不仁，不保四海；诸侯不仁，不保社稷；卿大夫不仁，不保宗庙；士庶人不仁，不保四体。今恶死亡而乐不仁，是犹恶醉而强酒。"

【译文】

孟子说："夏、商、周三代得到天下，是由于仁；失掉天下，是由于不仁。国家兴衰存亡的原因也是这样。天子不仁，不能保有天下；诸侯不仁，不能保住国家；卿大夫不仁，不能保住宗庙；士和百姓不仁，不能保全生命。如果憎恶死亡而又乐意不仁，这就像害怕醉酒却又强迫自己喝酒一样。"

【解读】

本章紧承上章，继续论仁与不仁。认为夏、商、周三代之得天下是由于仁，其失天下则是由于不仁。从天子到百姓，如不实行仁，就会失去天下、国家、土地，甚至连生命也难以保全。

7.4　反求诸己

孟子曰:"爱人不亲,反其仁;治人不治,反其智;礼人不答,反其敬。行有不得者,皆反求诸己。其身正,而天下归之。《诗》云①:'永言配命,自求多福。'"

【注释】

①《诗》云:以下两句引自《诗经·大雅·文王》。

【译文】

孟子说:"爱人却不能使人来亲近,就要反省自己的仁;管理人却没有管理好,就要反省自己的智;礼貌待人却得不到回应,就要反省自己的敬。行为没有达到预期的效果,都要反省检讨自己。自身端正了,天下的人都会来归附。《诗经》中说:'永远配合天命,自己求来多福。'"

【解读】

本章中"反求诸己"是儒家一个十分重要的修养原则,孟子对此有很多论述,如"祸福无不自己求之者"(3.4),"不怨胜己者,反求诸己而已矣"(3.7),"君子必自反也"(8.28),"反身而诚"(13.4),等等。本章则提出,一切行为如果没有好的结果,都要反求诸己。

7.5 天下国家

孟子曰:"人有恒言,皆曰'天下国家'。天下之本在国,国之本在家,家之本在身。"

【译文】

孟子说:"人们有句常说的话,叫作'天下国家'。天下的根本在于国,国的根本在于家,家的根本在于每个人自身。"

【解读】

本章论身、家、国、天下的递进关系,强调"身"在道德实践中的优先地位,是儒家的基本主张。上一章强调"反求诸己",《大学》讲"自天子以至于庶民,壹是皆以修身为本",都与这一认识有关。

7.6 为政不难

孟子曰:"为政不难,不得罪于巨室①。巨室之所慕,一国慕之;一国之所慕,天下慕之。故沛然德教溢乎四海。"

【注释】

①巨室：有名望、势力的世家大族。朱熹《集注》："世臣大家也。"

【译文】

孟子说："治理国家不难，关键在于不得罪世家大族。世家大族所仰慕的，一国之人都会仰慕；一国之人所仰慕的，天下人都会仰慕。因此，（只要世家大族也向往仁），德教就会汹涌澎湃，充溢于天下。"

【解读】

本章论"不得罪于巨室"。孟子是理想主义者，也是现实主义者。孟子倡导王道、仁政，反对以力服人，是理想主义者；但在具体推行王道、仁政时，孟子也不乏现实的考虑。孟子主张"不得罪于巨室"，主要是因为孟子生活的时代，世家大族仍有很大的影响力，国君想要推行德教、仁政，就必须要借助他们的力量，得到他们的支持。如果这些"巨室"也能向往仁，天下的风气就会为之一变。

7.7 仁者无敌

孟子曰："天下有道，小德役①大德，小贤役大贤；天下无道，小役大，弱役强。斯二者，天也。顺天者存，逆天者亡。（下略）孔子曰：'仁不可为众②

也。夫国君好仁，天下无敌。'今也欲无敌于天下而不以仁，是犹执热而不以濯③也。《诗》云④：'谁能执热，逝⑤不以濯？'"

【注释】

①役：役于，被役。下同。　②为众：犹言"以众"，谓以众寡计算。为：以。　③执热而不以濯：朱熹《集注》："言谁能执持热物，而不以水自濯其手乎？"　④《诗》云：以下两句引自《诗经·大雅·桑柔》。　⑤逝：发语词。

【译文】

孟子说："天下有道，小德被大德役使，小贤被大贤役使；天下无道，小的被大的役使，弱的被强的役使。这两种情况，都是天意。顺从天意的生存，违逆天意的灭亡。（下略）孔子说：'仁不在于人多。国君好仁，天下无敌。'如果想天下无敌却不行仁，就好比手拿热物却不先用冷水冲手。《诗经》中说：'谁能手拿热物，而不先用冷水冲手？'"

【解读】

本章指出天下有道，以德服人，故小德被大德役使，小贤被大贤役使；天下无道，以力服人，故小的被大的役使，弱的被强的役使。在天下无道的今天，小国如果不愿服从大国，就应效法文王，倡王道，行仁政，因为仁者无敌，仁者必能统一天下。

7.8　（略）

7.9　得民心者得天下

孟子曰："桀、纣之失天下也，失其民也；失其民者，失其心也。得天下有道：得其民，斯得天下矣。得其民有道：得其心，斯得民矣。得其心有道：所欲与之聚之，所恶勿施尔①也。民之归仁也，犹水之就下、兽之走圹②也。故为渊驱鱼者，獭也；为丛驱爵③者，鹯④也；为汤、武驱民者，桀与纣也。今天下之君有好仁者，则诸侯皆为之驱矣。虽欲无王，不可得已。今之欲王者，犹七年之病求三年之艾⑤也，苟为不畜⑥，终身不得。苟不志于仁，终身忧辱，以陷于死亡。《诗》云⑦：'其何能淑⑧，载胥及溺⑨。'此之谓也。"

【注释】

①尔：而已。　②圹：同"旷"，旷野。　③爵：同"雀"。　④鹯（zhān）：鹞鹰一类的猛禽。　⑤艾：草药名，叶片晒干制成艾绒，可用于灸疗。存放时间越久，疗效越好。　⑥畜：积蓄，积储。　⑦《诗》云：以下两句引自《诗经·大雅·桑柔》。　⑧淑：善，好。　⑨载：句首语助词，无义。胥：相互。溺：落水。

【译文】

孟子说："夏桀、商纣之所以失去天下，是因为失去了人民;之所以失去人民,是由于失去了民心。获得天下有办法:获得了人民,便可以获得天下。获得人民有办法:赢得了民心,便可以获得人民。赢得民心有办法:他们想要的,为他们积聚起来;他们厌恶的,不强加给他们罢了。这样,人民归附仁,就像水往低处流、野兽向旷野跑。所以,为深水赶来游鱼的是水獭,为树丛赶来鸟雀的是鹯鹰,为汤王、武王赶来百姓的是夏桀和商纣。如果现在的君主有爱好仁德的,那么其他的诸侯都会为他赶来人民。即使不想称王天下,也不可能。现在想称王天下的人,就像患了七年的病需要用三年的陈艾来治疗,如果平时不储藏,就会终身得不到。如果不立志行仁,就会终身忧愁受辱,一直到陷入死亡。《诗经》中说:'他们怎能做得好,只能一起溺入水。'说的就是这个意思。"

【解读】

本章中民"无恒产,因无恒心"(见1.7),关注的是生活的基本需要,所以得民心首先要顺民心,"所欲与之聚之,所恶勿施尔也"。想要得民心,还要长期的努力和准备,就像久病之人要用陈年的艾草,如果平时没有储存,那就永远也得不到。

所谓民心,与孟子在其他地方讲的本心、良心不同,它不是道德本心,而主要是一种经验心,但不是个体之心,而是民众心的集合,是民众物质利益、生活需求的总和。

7.10 居仁由义

孟子曰:"自暴①者,不可与有言也;自弃者,不可与有为也。言非②礼义,谓之自暴也;吾身不能居仁由义,谓之自弃也。仁,人之安宅也;义,人之正路也。旷③安宅而弗居,舍正路而不由④,哀哉!"

【注释】

①暴:损害,糟蹋。 ②非:诋毁。 ③旷:空缺。 ④由:遵从。

【译文】

孟子说:"糟蹋自己的人,同他没有什么好说的;放弃自己的人,同他没有什么好做的。言谈诋毁礼义,叫作糟蹋自己;自认为不能守仁行义,叫作放弃自己。仁,是人安稳的住宅;义,是人正确的道路。空着安稳的住宅不住,舍弃正确的道路不行,可悲啊!"

【解读】

本章批评自暴自弃。仁义是"我固有之"的内在善性,"求则得之,舍则失之"(11.6),行不行仁义、礼义完全取决于自己,认为自己做不到,便是十足的自暴自弃。仁,是人的"广居";义,是人的"大道"(6.2),放着"安宅"不住,舍弃"正路"不行,只能让人感到悲哀。

7.11 仁道在迩

孟子曰:"道在迩①而求诸远,事在易而求诸难。人人亲其亲②、长其长,而天下平。"

【注释】

①迩:近。 ②亲其亲:前一个"亲"作动词,指亲爱;后一个"亲"作名词,指父母。下"长其长"与此相同。

【译文】

孟子说:"道在身边却向远处寻找,事情本来容易却向难处去做。其实,只要每个人都能亲爱自己的父母,尊敬自己的长辈,天下就可以太平了。"

【解读】

本章论仁道的特点。儒家的道是既高远又平凡、既高明又朴实,不过是要求人们从孝顺父母、尊敬长辈做起,进而扩展至天下而已。可是人们却往往不知这个道理,舍近求远。实际上道就在我们身边,"尧舜之道,孝弟而已矣"(见12.2)。

7.12 (略)

7.13 大老归之,天下归之

孟子曰:"伯夷辟纣,居北海之滨①,闻文王作,兴②曰:'盍归乎来③!吾闻西伯④善养老者。'太公⑤辟纣,居东海之滨⑥,闻文王作,兴曰:'盍归乎来!吾闻西伯善养老者。'二老者,天下之大老也,而归之,是天下之父归之也。天下之父归之,其子焉往?诸侯有行文王之政者,七年之内,必为政于天下矣。"

【注释】

①北海之滨:指今濒临渤海的河北昌黎一带。参见阎若璩:《四书释地续》。 ②兴:起身,起来。赵岐注:"闻文王起兴王道。"是以"闻文王作兴"断句。朱熹《集注》:"作、兴,皆起也。"是以"闻文王作"断句,"兴"字属下读。今从朱注。 ③盍:副词,表示反诘,犹"何不"。归:归附。乎来:语气助词,用于句末,表疑问和感叹。 ④西伯:即周文王。 ⑤太公:即姜太公。姜姓,吕氏,名尚,字子牙,号太公望。曾辅佐文王、武王灭商建立周朝。 ⑥东海之滨:指在今山东省日照市莒县东部一带。参见阎若璩:《四书释地续》。

【译文】

孟子说:"伯夷躲避商纣,居住在北海之滨,听说文王兴起,起身说:'何不去归附呢!我听说西伯善于奉养老人。'太公躲避商纣,居住在东海之滨,听说文王兴起,起身说:

'何不去归附呢！我听说西伯善于奉养老人。'这两位老人，是天下最有声望的老人，他们归附了西伯，等于天下的父亲都归附了西伯。天下的父亲都归附了西伯，他们的儿子还会去哪里呢？诸侯中如果有能行文王之政的，七年之内，必定能执掌天下。"

【解读】

本章论得人心者得天下。厚待伯夷、姜太公这样的"大老"，得到他们的支持，便会影响天下人心所向，最终拥有天下。

7.14 率地食人，罪不容死

孟子曰："求也为季氏宰①，无能改于其德，而赋粟倍他日。孔子曰：'求非我徒也，小子鸣鼓而攻之可也。'由此观之，君不行仁政而富之，皆弃于孔子者也，况于为之强战②？争地以战，杀人盈野；争城以战，杀人盈城。此所谓率土地而食人肉③，罪不容于死。故善战者服上刑④，连诸侯者⑤次之，辟草莱⑥、任土地者⑦次之。"

【注释】

①求：冉求，孔子弟子。季氏：指季康子，鲁国卿。宰：卿大夫家的总管。　②强战：努力作战。　③率土地而食人肉：孟子有"率兽食人"的说法（6.9），率为率领，一说驱赶。"率土地"应是比喻的说法，好比

率领土地吃人肉。朱熹《集注》："为土地之故而杀人，使其肝脑涂地，则是率土地而食人之肉。" ④善战者：善于用兵的人。朱熹《集注》："如孙膑、吴起之徒。"上刑：重刑。 ⑤连诸侯者：使诸侯连者，指宣传"合纵连横"的人。朱熹《集注》："如苏秦、张仪之类。" ⑥辟草莱：开垦荒地。辟：开垦。 ⑦任土地者：朱熹《集注》："谓分土授民，使任耕稼之责，如李悝尽地方，商鞅开阡陌之类也。"

【译文】

孟子说："冉求做季氏的家臣，不能改变季氏的作风，反而把田赋增加一倍。孔子说：'冉求不是我的门徒，弟子们，你们可以敲着大鼓去讨伐他！'由此看来，君主不行仁政，却要帮着他致富的人，都是孔子所唾弃的，更何况为他卖命打仗呢？为争夺土地而战，杀死的人遍野；为争夺城池而战，杀死的人满城。这就是所谓的为了土地而吃人肉，罪恶之大，连死刑都显得太轻。所以好战的人应受到最重的刑罚，唆使诸侯合纵连横的人罪减一等，开垦荒地、扰乱田制的人再次一等。"

【解读】

本章记孟子对时政的批评。矛头直指攻城略地、杀人如麻的诸侯，宣扬"合纵连横"的纵横家，以及变乱田制、提倡耕战的法家人物。其核心是要求实行仁政，凡不实行仁政，而一味替统治者聚敛财富的人，都在孟子的批评之列。

7.15 眸子不掩其恶

孟子曰:"存①乎人者,莫良于眸子,眸子不能掩其恶。胸中正,则眸子瞭②焉;胸中不正,则眸子眊③焉。听其言也,观其眸子,人焉廋④哉?"

【注释】

①存:察。焦循《正义》:"盖察人之善恶也。" ②瞭(liǎo):眼睛明亮。 ③眊(mào):眼睛混浊。赵岐注:"蒙蒙不明之貌。" ④廋(sōu):隐藏。

【译文】

孟子说:"观察一个人,没有比观察他的眼睛更好的了。眼睛不能掩盖他心中的邪恶。内心正直,眼睛就明亮;内心不正,眼睛就混浊。听他的言论,观察他的眼睛,这个人的善恶哪里还能隐藏呢?"

【解读】

本章论"观其眸子"。孟子虽有大体(指心)、小体(指目、口、耳、鼻、身体五官)之说(见11.15),但并不将身、心分为两截,不将身、心看作是异质的,而是以心摄身,心身如一。故在孟子那里,心的活动可以在人的形体上显现征兆,使形体化为精神流贯的区域。所以,"大体"心的活动往往会在"小体"五官尤其是眼睛上反映出来，内心正直，眼神自然坦荡明亮；内心不正，眼神便会混浊不明。俗话说，眼睛是心灵的窗户，也是这个意思。

7.16 （略）

7.17 男女授受不亲

淳于髡①曰："男女授受不亲②，礼与？"

孟子曰："礼也。"

曰："嫂溺，则援③之以手乎？"

曰："嫂溺不援，是豺狼也。男女授受不亲，礼也；嫂溺，援之以手者，权④也。"

曰："今天下溺矣，夫子之不援，何也？"

曰："天下溺，援之以道；嫂溺，援之以手。子欲手援天下乎？"

【注释】

①淳于髡（kūn）：姓淳于，名髡，齐国著名的辩士，曾于齐威王、齐宣王时游于齐国稷下。事迹见于《战国策·齐策》《史记·孟子荀卿列传》《史记·滑稽列传》等。　②授受不亲：即"不亲授受"，不亲自传递东西。授：给。受：取。亲：亲自。一说传递东西时身体不接触，按这种说法，亲是接触之意。　③援：救助。　④权：权变。

【译文】

淳于髡说:"男女之间不亲自传递东西,这是礼的规定吗?"

孟子说:"是的。"

淳于髡又说:"那么,如果嫂子掉到水里,能用手去救她吗?"

孟子说:"嫂子掉到水里而不去援救,就是豺狼。男女之间不亲自传递东西,这是礼的规定;嫂子掉到水里去援救,这是权变。"

淳于髡说:"如今整个天下都掉进水里,先生却不去援救,这是为什么呢?"

孟子说:"天下掉进水里,用道去援救;嫂子掉到水里,用手去援救。你难道想用手去援救天下吗?"

【解读】

本章涉及经权关系。淳于髡是齐国著名的辩士,他身"长不满七尺",生性"滑稽多辩"(《史记·滑稽列传》),"博闻强记,学无所主"(《史记·孟子荀卿列传》)。淳于髡与孟子都列于齐国的"稷下学宫",二人较为熟悉。孟子不满齐宣王伐燕,欲辞职离开齐国时,淳于髡曾来挽留,二人有过辩论。这段对话可能也在此时不久。"这段辩难之辞,通常被认为是淳于髡对儒家之礼的责难,其实并非如此。淳于髡并没有否认'男女授受不亲'为'礼',他所反对、批评的是把'礼'变成脱离社会实际,而加以拘守不变的死规定。对比孟子讲到'权',回答得很好;髡不加反驳,说明他是同意的。在他看来,礼之大者,莫过于援天下之溺;孟子既然知礼,何不援天下之溺呢?孟子又回答得好:'天下溺,援之以道。'他正是以道援天下的。这场辩论双方都得到启示。"(刘蔚华、苗润田:《稷下学史》,中国广播电视出版社1996年版,第70页)

7.18 易子而教

公孙丑曰:"君子之不教子,何也?"

孟子曰:"势不行也。教者必以正;以正不行,继之以怒。继之以怒,则反夷①矣。'夫子②教我以正,夫子未出于正也。'则是父子相夷也。父子相夷,则恶矣。古者易子而教之,父子之间不责善。责善则离,离则不祥莫大焉。"

【注释】

①夷:伤害。朱熹《集注》:"伤也。" ②夫子:此指父亲。

【译文】

公孙丑说:"君子不教育自己的儿子,为什么呢?"

孟子说:"因为情势上行不通。教育的人一定要讲正道,正道讲不通就会发怒,一发怒就会伤了感情。(儿子会说:)'您用正道教育我,自己却无法做到。'这样父子之间就伤了感情。父子之间伤了感情，就不好了。古时候人们相互交换儿子进行教育，父子之间不求全责备。求全责备会使父子疏远，父子疏远，没有比这更不好的了。"

【解读】

本章中孟子从"父子之间不责善"出发，肯定"易子而教"的合理性，认为可以避免求全责备，伤害父子间的感情。所谓"责善"即相责以善的意思，主要指对父子一方偏离善的言行做出纠正，故"父子之间不责善"，既包括"子不责父善"的孝道问题，又涉及"父不责子善"的子女教育问题。从前一个问题来看，早期儒家学者往往主张对父母的过错要进行劝谏，但又要注意劝谏的方式。如孔子说："事父母几谏，见志不从，又敬不违，劳而不怨。"（《论语·里仁》）曾子称："父母之行，若中道则从，若不中道则谏。"（《大戴礼记·曾子事父母》）"君子之孝也，以正致谏。"（《大戴礼记·曾子立孝》）《孝经》也说："父有争（注：通"诤"）子，则身不陷于不义。故当不义，则子不可不争于父。"（《谏诤章》）荀子更是明确主张："父有争（注：通"诤"）子，不行无礼；士有争友，不为不义。""从道不从君，从义不从父。"（《荀子·子道》）孟子的"子不责父善"，虽然不完全排除向父母进谏，而是包含有不求全责备的用意，但的确是弱化、偏离了早期儒学"以正致谏"的传统。我们在《孟子》一书中基本看不到关于谏诤的论述，正是这种情况的反映。就后一问题而言，"父不责子善"也只能从教育方式去理解，而不能否认父母对子女教育的义务和责任，所谓"古者易子而教之"恐怕也非常态，更多是孟子的假托，以表达其"父子之间不责善"的理念。

关于"父子之间不责善"，8.30有讨论，主要涉及"子不责父善"，可参看。

7.19　（略）

7.20　格君心之非

孟子曰："人不足与适①也，政不足间②也。唯大人为能格③君心之非。君仁，莫不仁；君义，莫不义；君正，莫不正。一正君而国定矣。"

【注释】

①人：指国君所任用之人。赵岐注："时皆小人居位，不足过责也。"朱熹《集注》："言人君用人之非，不足过谪。"与：给予。适：繁体字作"適"，同"谪"，谴责，指责。　②间：非议。朱熹《集注》："愚谓间字上亦当有'与'字。"　③大人：有德有位之人。朱熹《集注》："大德之人。"格：正。

【译文】

孟子说："国君用人，不值得多加指责，施政也不值得加以非议（最重要的是国君的心）。而只有德性完备的人才能纠正国君心中的不善。国君仁，便没有人不仁；国君义，便没有人不义；国君正，便没有人不正。一旦端正了国君，国家便安定了。"

【解读】

本章指出君心的好坏是政治成败的关键，只有德性完备的"大人"才能纠正国君思想的错误。孟子所说的"大人"是指德性完备、有较高的威望、与君主关系密切且得到君主信任的人，只有这些人能够影响国君，纠正国君的过错。孟子论政，既有讨论"政道"——国家的价值主体、权力的来源等内容，也有讨论"治道"——现实政治如何具体操作的内容，本章属于后者。

7.21 论毁誉

孟子曰："有不虞①之誉，有求全之毁。"

【注释】

①虞：预料。

【译文】

孟子说："有出乎意料的赞誉，也有过于苛求的诋毁。"

【解读】

本章论毁誉。赞誉和诋毁不一定完全符合事实,需要正确对待。朱熹《集注》引吕氏曰:"毁誉之言,未必皆实,修己者不可以是遽为忧喜。观人者不可以是轻为进退。"

7.22 (略)

7.23 好为人师

孟子曰:"人之患,在好为人师。"

【译文】

孟子说:"人们的毛病就在于喜欢做别人的老师。"

【解读】

本章论儒家重视学,主张以他人为师。"若好为人师,则自满而不复进取,此做人之大患也。"(朱熹《集注》引王勉曰)

7.24 不重师道

乐正子①从于子敖②之齐。
乐正子见孟子。孟子曰:"子亦来见我乎?"
曰:"先生何为出此言也?"

曰:"子来几日矣?"

曰:"昔者。"

曰:"昔者,则我出此言也,不亦宜乎?"

曰:"舍馆③未定。"

曰:"子闻之也,舍馆定,然后求见长者乎?"

曰:"克有罪。"

【注释】

①乐正子:孟子弟子乐正克。 ②子敖:即齐国权臣王驩,是盖邑的地方长官,因善于逢迎,成为齐王的宠臣。 ③舍馆:住所,客舍。

【译文】

乐正子跟随王驩来到齐国。

乐正子来见孟子。孟子说:"你也来看我吗?"

乐正子说:"老师为什么说这样的话呢?"

孟子问:"你来了几天了?"

乐正子说:"昨天到的。"

孟子说:"你昨天就到了,那么我说这样的话,不也是应该的吗?"

乐正子说:"住所还没有找好。"

孟子说:"你听人说过,要住所找好了,才去见长辈的吗?"

乐正子说:"我错了。"

【解读】

本章记孟子批评弟子乐正克。孟子的弟子乐正克随齐王的宠臣王驩来到齐国,这时孟子也在齐国,乐正克不是马上来拜谒孟子,而是过了一天才来,故孟子批评他不重师道。孟子独立特行,蔑视权贵,对善于逢迎的小人更是不屑一顾。王驩本是盖地大夫,地位并不高,但因阿谀逢迎,得到齐王的宠信,成为齐国炙手可热的人物。滕文公去世时,齐王派孟子为正使、王驩为副使去滕国吊唁,王驩却独断专行,事事自作主张,使孟子十分不快。后王驩升为右师,更加自以为是,在齐国大夫公行子儿子的葬礼上,人们争着上前与王驩交谈,唯独孟子对其不理不睬,两人又发生争执。乐正克与这样的人为伍,难怪孟子要对他提出批评了。

7.25　(略)

7.26　不告而娶

孟子曰:"不孝有三①,无后为大。舜不告而娶②,为无后也,君子以为犹告也。"

【注释】

①不孝有三:赵岐注:"阿意曲从,陷亲不义,一不孝也。家穷亲老,不为禄仕,二不孝也。不娶无子,绝先祖祀,三不孝也。三者之中,无后为大。"　②不告而娶:指舜不告父母而娶妻。

【译文】

孟子说:"不孝的事有三种,以没有后代为最严重。舜没有禀告父母就娶妻,是因为担心没有后代,所以君子认为如同禀告了一样。"

【解读】

本章涉及经权关系。传说舜娶尧的两个女儿时,没有向父母禀告。因为若禀告,就无法娶妻生子,这样就会"无后",成为最大的"不孝"。故孟子认为,舜的做法是合理的,因为他用灵活的权变保全了孝道。关于舜"不告而娶",《万章》篇有专门讨论。

7.27 仁义礼智乐

孟子曰:"仁之实,事亲是也;义之实,从兄是也;智之实,知斯二者①弗去是也;礼之实,节文斯二者是也;乐之实,乐斯二者,乐则生矣。②生则恶可已也,恶可已,则不知足之蹈之、手之舞之。"

【注释】

①二者:指"仁之实"与"义之实"。 ②"乐之实"三句:前一个"乐"读"yuè",指音乐;后两个"乐"读"lè",感到快乐。

【译文】

孟子说:"仁的实质,是侍奉父母;义的实质,是顺从兄长;智的实质,是明白这二者的道理而执着地坚持下去;礼的实质,就是调节、修饰这二者;乐的实质,就是对这二者感到快乐,快乐由此而生。快乐一产生就不可遏止了。快乐不可遏止,就会情不自禁地手舞足蹈起来。"

【解读】

本章论仁、义、礼、智、乐的内容及其相互关系。值得注意的是,孟子将仁、义的实质分别看作是孝与悌,并认为智、礼、乐三者是围绕着孝、悌而展开的。与别处"恻隐之心,仁也""羞恶之心,义也"(见11.6)以及"仁者,人心也"(见11.11)的主张不同,这或许是语境的差别,或许是孟子前后思想发展的反映。有学者指出,儒学内部存在"重仁派"与"重孝派"的差别,孟子曾受到"重孝派"的影响,后来又回到"重仁派"。本章几节论孝的文字,可能是孟子受"重孝派"影响时的言论(参见梁涛:《郭店竹简与思孟学派》,第八章第三节《"仁"与"孝"——思孟学派的一个诠释向度》,中国人民大学出版社2008年版,第468—508页)。

7.28 (略)

离娄下

8.1 先圣后圣,其揆一也

孟子曰:"舜生于诸冯,迁于负夏,卒于鸣条①,东夷之人也。文王生于岐周②,卒于毕郢③,西夷之人也。地之相去也,千有余里,世之相后也,千有余岁,得志行乎中国,若合符节④。先圣后圣,其揆⑤一也。"

【注释】

①诸冯、负夏、鸣条:皆古地名,地点不详。 ②岐周:岐山下周代的旧邑。地在今陕西省宝鸡市岐山县境,因周建国于此,故称。 ③毕郢:在今陕西省咸阳市东部。 ④符节:古代朝廷用作凭证的信物,用金、玉、竹、铜、木等制成,上刻文字,分为两半,使用时以两半相合为验。 ⑤揆(kuí):尺度,准则。

【译文】

孟子说:"舜出生在诸冯,迁居到负夏,最后死于鸣条,是东夷之人。文王出生在岐周,后来死于毕郢,是西夷之人。两地相距一千多里,时代相隔一千多年,他们得志时在中国的所作所为,几乎一模一样。可见,古代的圣人与后代的圣人,他们的法则是一样的。"

【解读】

本章认为圣人虽有地域、时代的不同,但他们的行为处事原则却是一致的。这个原则就是仁义,其举措则是仁政、王道。

8.2 为政之本

子产①听郑国之政,以其乘舆济人于溱洧②。孟子曰:"惠而不知为政。岁十一月,徒杠③成;十二月,舆梁④成,民未病涉也。君子平其政,行辟人⑤可也,焉得人人而济之?故为政者,每人而悦之,日亦不足矣。"

【注释】

①子产:春秋时郑国的贤相,姓公孙,名侨,字子产。颇得孔子赞许。 ②溱(zhēn)洧(wěi):郑国的两条河流。 ③徒杠:供人徒步行走的独木桥。 ④舆梁:能通车马的大桥。 ⑤行辟人:即行使人避,外出时让路人回避。辟:同"避"。

【译文】

子产主持郑国的政治,用自己的车子帮人渡过溱水和洧水。孟子说:"子产会施小恩小惠却不懂得处理政治。要是十一月修成行人的小桥,十二月修成行车的大桥,百姓就不会为渡河发愁了。做官的如果处理好政治,外出时让路人回避也是可以的，怎能一个个地帮人渡河呢？所以负责政治的人，如果要讨好每一个人，时间就太不够用了。"

【解读】

本章指出子产与其用车帮人渡河，不如修建桥梁。同理，为政与其施小恩小惠，不如抓住根本，实行仁政。

8.3 君臣之道

孟子告齐宣王曰："君之视臣如手足，则臣视君如腹心；君之视臣如犬马，则臣视君如国人；君之视臣如土芥，则臣视君如寇仇。"

王曰："礼，为旧君有服①。何如斯可为服矣？"

曰："谏行言听，膏泽下于民；有故而去，则君使人导之出疆，又先于其所往②；去三年不反，然后收其田里。此之谓三有礼焉。如此，则为之服矣。今也为臣，谏则不行，言则不听，膏泽不下于民；有故而去，则君搏执之，又极之③于其所往；去之日，遂收其田里。此之谓寇仇。寇仇，何服之有？"

【注释】

①旧君：过去曾事奉过的君主。服：服丧。 ②先：当读为"诜"。《说文》："诜，致言也。"《广雅·释诂》："诜，问也。""先于其所往"谓致言于臣所往之国，犹今之介绍推荐。《礼记·檀弓》："昔者

夫子失鲁司寇，将之荆，盖先之以子夏，又申之以冉有，以斯知不欲速贫也。"此"先"亦通"诜"，"先之""申之"，均致言之意。 ③极之：使动用法，使之极。极：困穷。《汉书·王褒传》："胸喘肤汗，人极马倦。"

【译文】

孟子告诉齐宣王："君主看待臣下如同手足，臣下看待君主就会如同腹心；君主看待臣下如同狗马，臣下看待君主就会如同路人；君主看待臣下如同泥土、草芥，臣下看待君主就会如同强盗、仇敌。"

齐宣王说："礼制规定，离职的臣子要为过去的君主服丧。君主怎样做，臣子就能为他服丧呢？"

孟子说："臣子的劝谏能听从，建议能采纳，使君主的恩泽降到百姓身上；臣子因故离去，君主派人护送他出境，并派人到他要去的地方做介绍推荐；离开三年还不回来，这才收回他的土地和房屋。这叫作'三有礼'。这样，臣子就可以为他服孝了。如今做臣子的，劝谏不被听从，建议不被采纳，以致君主的恩泽不能降到百姓身上；因故离去，君主就要捉拿他，还设法使他在要去的地方陷入困境；离开的当天，就没收他的土地和房屋。这就叫作强盗、仇敌。对于强盗、仇敌，还服什么孝呢？"

【解读】

孔子讲："君使臣以礼，臣事君以忠。"（《论语·八俗》）要求君在使用臣的时候要符合礼。但君若不符合礼，臣应该怎么办却没有讨论。孟子则明确提出，如果君不尊重臣，臣就可以敌视君，完全不必为其盲目效忠。与孔子一样，孟子也不主张臣对君的绝对服从，而持一种相对的君臣观，而且态度更为激烈。

面对孟子的陈言，齐宣王提出臣下为君上服丧的问题，孟子答以"三有礼"，并批评了当时君主对臣下的态度。从内容上看，本章应是孟子第二次离开齐国时与宣王的对话。

8.4　（略）

8.5　上行下效

孟子曰："君仁，莫不仁；君义，莫不义。"

【译文】

孟子说："国君仁，便没有人不仁；国君义，便没有人不义。"

【解读】

本章申述"上行下效"，内容又见《离娄上》7.20。朱熹《集注》引张氏曰："此章重出，然上篇主言人臣当以正君为急，此章直戒人君，义亦小异耳。"

8.6 非礼之礼

孟子曰:"非礼之礼,非义之义,大人弗为。"

【译文】

孟子说:"不符合礼的礼,不符合义的义,德性完备的人是不会遵行的。"

【解读】

本章中"非礼之礼"是指虽具有礼的形式,却不符合礼的精神的礼。"非义之义"也是这个意思。德性完备的人注重的是礼的精神实质,而不是表面形式。

8.7 (略)

8.8 不为而有为

孟子曰:"人有不为也,而后可以有为。"

【译文】

孟子说:"人要有所不为,然后才能有所为。"

【解读】

本章中此句近于老子的"无为而无不为",而又有所区别。老子的"无为而无不为",是说圣人不妄为,不有意而为,对万物不操纵,不控制,而是"辅万物之自然",辅助万物正常自然地发展,使得万物兴盛,百姓自在,这样就达到"无不为"的效果。孟子则强调人生贵在取舍,一个人不能什么都干,什么都干可能什么都干不成。

8.9 言人之不善

孟子曰:"言人之不善,当如后患何?"

【译文】

孟子说:"谈论别人的不是,招来后患怎么办?"

【解读】

本章批评"言人之不善"。孔子讲,君子要成人之美,而不要成人之恶,小人正好相反(见《论语·颜渊》)。故孟子认为,道德高尚的人应多看别人的长处,不要议论别人的不是,若引起不必要的矛盾,那就更不好了。

8.10 无过不及

孟子曰:"仲尼不为已甚者。"

【译文】
孟子说:"仲尼没有过分的言行。"

【解读】
本章赞美孔子一生坚守中道,"无过不及",言行恰到好处。这是修养很高的境界,也是人生不断追求的目标。

8.11 惟义所在

孟子曰:"大人者,言不必①信,行不必果,惟义所在。"

【注释】
①必:预期。朱熹《集注》:"必,犹期也。大人言行,不先期于信、果,但义之所在,则必从之。"

【译文】
孟子说:"德性完备的人,说话不拘泥守信,做事不预期结果,一切以义为标准。"

【解读】

本章论言、行与义的关系，主张"惟义所在"。孔子将"言必信，行必果"看作最次一等"士"的做人原则，称这种人为"硁硁然，小人哉"（《论语·子路》）。可见在孔子的眼里，"言必信，行必果"并不特别值得称赞。这是因为任何事情都不能绝对化，若一味想赢得信用的美名，不论是非好坏，一律坚守不变，有时反而会产生相反的效果。故孟子强调要"惟义所在"。"义"就是"宜"，要做到适宜，就要根据环境做出正确的选择。因为我们所处的环境总是在发展变化中，这就要求有通权达变的能力，否则言行都会陷入困境。

8.12 赤子之心

孟子曰："大人者，不失其赤子之心者也。"

【译文】

孟子说："德性完备的人，就是不丧失婴儿般淳朴之心的人。"

【解读】

孟子讲良心（见11.8），重良知、良能（见13.15）。某种意义上，孟子所谓的"大人"，就是良心得到充分扩充、发展、实现的人。本章孟子则提出，"大人"要不失其赤子之心，也就是不丧失掉纯朴、自然的天性。良心是就德性意识而言，赤子之心则是就自然天性而言，只有做到二者的统一，才能真正称为德性完备的"大人"。

8.13 （略）

8.14 深造自得

孟子曰："君子深造之以道①，欲其自得之也②。自得之，则居③之安；居之安，则资④之深；资之深，则取之左右逢其原⑤，故君子欲其自得之也。"

【注释】

①造：达致，达到。之：指示代词，指学业等达到的程度或境界，但已虚化，可以不译出，下句"欲其自得之"的"之"同。道：指方法。②自得之：赵岐注："欲使己得其原本，如性自有之然也。" ③居：据守，保存。《论语·颜渊》："居之无倦。"朱熹《集注》："居，谓存诸心。" ④资：积蓄的意思。 ⑤原：同"源"。

【译文】

孟子说："君子用正确的方法深深地达到一定境界，想要能够自己得到。自己得到，就能保存得安稳；保存得安稳，就能积蓄得深厚；积蓄得深厚，就能取之不尽，左右逢源，所以君子想能够自己得到。"

【解读】

本章是孟子的为学心得。要做到"深造自得",首先要有正确的方法,同时要用力持久,积蓄深厚,一旦豁然贯通,便会左右逢源,取之不尽,用之不竭,这样就做到了自得。孟子还有一个形象的比喻,"掘井九轫而不及泉,犹为弃井也"(见13.29)。后又发展出"能自凿井及泉而汲之,不可胜用矣"(《元史·尚野传》)的说法,都是说明"深造自得"。这个方法既体现在道德修养上,如本心、良心的发现,也适用于学习的各个领域。

8.15　（略）

8.16　以善养人

孟子曰:"以善服人者,未有能服人者也;以善养人,然后能服天下。天下不心服而王者,未之有也。"

【译文】

孟子说:"用善来使人服从,并不能使人服从;用善来养育人,才能使天下人服从。天下人不心服而能称王天下的,是从来没有的。"

【解读】

本章认为善不是说教,而必须能带来实际利益,这样才能使人心服。天下人心服，才能称王天下。本章是对"以力服人者，非心服也，力不赡也；以德服人者，中心悦而诚服也，如七十子之服孔子也"（见3.3）的补充，可参看。

8.17　（略）

8.18　（略）

8.19　人禽之辨

孟子曰："人之所以异于禽兽者几希①，庶民去之，君子存之。舜明于庶物，察于人伦，由仁义行，非行仁义②也。"

【注释】

①几希：很少，一点点。几：微；希：少。朱熹《集注》："几希，少也。"　②由仁义行，非行仁义：赵岐注："仁义生于内，由其中而行，非强力行仁义也。"朱熹《集注》："由仁义行，非行仁义，则仁义已根于心，而所行皆从此出。非以仁义为美，而后勉强行之，所谓安而行之也。"

【译文】

孟子说："人不同于禽兽的地方就那么一点点，百姓丢掉它，君子保存它。舜明察事物，洞察人伦，顺着仁义而行，而不是照着仁义去做。"

【解读】

本章中在孟子看来,人与禽兽的差别不是很大,只有那么一点点,这一点点就是善端,是仁义。人类社会之所以会有圣贤、常人、小人的差别,就在于一个人是保有还是丢弃了善端、仁义。后一段,孟子提出"由仁义行"与"行仁义",非常重要。"由仁义行"是仁义由内而外自觉地呈现、流露,而"行仁义"是将仁义看作外在的对象而去实行它。前者自主自觉,后者勉力人为;前者仁义内在,后者仁义外在。前者高于后者,故孟子认为舜是"由仁义行,非行仁义也"。

8.20　(略)

8.21　《诗》亡然后《春秋》作

孟子曰:"王者之迹①熄而《诗》亡,《诗》亡然后《春秋》②作。晋之《乘》③,楚之《梼杌》④,鲁之《春秋》,一也。其事则齐桓、晋文,其文则史⑤。孔子曰:'其义则丘窃取之矣⑥。'"

【注释】

①迹:当为"迹"之误,说详朱骏声《说文通训定声》。《说文解字》:"迹,古之遒人,以木铎记诗言。"《尚书·胤征》:"每岁孟

春，道人以木铎徇于路。"《左传·襄公十四年》："故《夏书》曰：'道人以木铎徇于路。'"杜预注："道人，行人之官也……徇于路，求歌谣之言。"　②《春秋》：共有三义：一、西周末期至东周各诸侯国编年体史书的通称，如《墨子·明鬼》称"吾见百国《春秋》"。因其为编年体，"以二始（注：指春和秋）举四时，记万事之名"，故称春秋。二、特指鲁国的国史。如下文"鲁之《春秋》"。三、孔子根据鲁国的国史加以整理删定，被后世称为"经"的《春秋》。这里用作第一义。③《乘》：晋国史书。赵岐注："'乘'者，兴于田赋乘马之事，因以为名。"　④《梼（táo）杌（wù）》：楚国史书。赵岐注："梼杌者，嚚凶之类，兴于记恶之戒，因以为名。"朱熹《集注》："梼杌，恶兽名，古者因以为凶人之号，取记恶垂戒之义也。"　⑤史：历史。赵岐注："其文，史记之文也。"　⑥其义则丘窃取之：据记载，孔子晚年编订《春秋》，在记述历史的同时，还寓褒贬于文辞之中，形成所谓的"微言大义"，如"吴楚之君自称王，而《春秋》贬之曰'子'，践土之会是晋文公召周天子，而《春秋》讳之曰'天王狩于河阳'"。"《春秋》之义行，则天下乱臣贼子惧焉"（《史记·孔子世家》）。孟子认为，孔子加《春秋》以大义，是对古代采诗制度的自觉继承，是以庶人之身行天子之事，故称"窃取之矣"。

【译文】

孟子说："天子采集歌谣的制度废止后，《诗》就告终了；《诗》告终后，《春秋》一类的史书便出现了。晋国的《乘》，楚国的《梼杌》，鲁国的《春秋》，都是这一类。它们记载的是齐桓公、晋文公的事迹，文字则是出于史官之手。

（至于孔子的《春秋》则不一样），孔子说：'《春秋》褒贬善恶的大义，则是我私下从《诗》中借来的。'"

【解读】

本章论孔子作《春秋》。孟子曾将孔子作《春秋》，与大禹抑洪水，周公兼夷狄、驱猛兽相提并论（见6.9），看作是文明史上的大事。大禹、周公乃古之圣王，诗教乃其王道政治之具体举措。据记载，古代设有采诗的专官，叫作"道人"或"行人"。每岁孟春，他们摇动木铎，将古代圣王谟训宣布到全国各地。同时采集民间诗歌，献之朝廷，"王者所以观风俗，知得失，自考正也"（《汉书·艺文志》）。然而降至东周，王道衰微，诸侯骄纵，"王者之迹熄而《诗》亡"，"诗亡"并非说《诗》三百散亡，而是说采诗制度被破坏，实际指礼崩乐坏、王道政治终结。自此以后，政治中心由天子降至诸侯，记载齐桓、晋文霸业的史书纷纷出现，此即"《春秋》作"也。然而在孟子看来，诸侯所修之《春秋》并不具有合理性，不能反映人间的公正、正义，因为修史不只是对历史事实的简单记录，还包括对历史的评价和批判。根据王道理想，只有有德的天子才有资格撰修《春秋》，才有资格对诸侯的"邪说暴行"做出评判——此所谓"《春秋》，天子之事也"。然而东周以降，周天子衰微不振，已不能担此大任，故孔子以布衣之身，行天子之权，对鲁《春秋》进行重新编订，将"春秋大义"灌注其中，通过隐约的笔法对历史事件、人物进行褒贬，致使"乱臣贼子惧"。这样，《春秋》便不再是一部普通的《史书》，而是体现王道政治理想的"大法"，孔子作《春秋》也可以与大禹、周公的功业并列了。

8.22　私淑孔子

孟子曰："君子之泽①五世②而斩③；小人之泽，五世而斩。予未得为孔子徒也，予私淑④诸人也。"

【注释】

①泽：影响。朱熹《集注》："犹言流风余韵也。"　②五世：一百五十年。世：三十年。《论语·子路》何晏《集解》引孔安国曰："三十年曰世。"　③斩：断绝。　④私淑：未得到直接的传授而私自获得。杨伯峻注："淑，借为'叔'，《说文》：'叔，取也。'"

【译文】

孟子说："君子的影响过了五代就断绝了，小人的影响过了五代也断绝了。我没能成为孔子的学生，我是私下从别人那里学习孔子学说的。"

【解读】

孟子曾说"乃所愿，则学孔子也"（见3.2），然而"自孔子卒至孟子游梁时，方百四十余年，而孟子已老"（朱熹《集注》），故孟子并没有亲自接受孔子的教诲，而是"受业于子思之门人"（《史记·孟子荀卿列传》），以"私淑诸人"的方式学习、继承了孔子的思想。

8.23　（略）

8.24　（略）

8.25　西子蒙不洁

孟子曰："西子①蒙不洁，则人皆掩鼻而过之；虽有恶人②，齐③戒沐浴，则可以祀上帝。"

【注释】

①西子：西施，越国美女。　②恶人：相貌丑陋的人。　③齐（zhāi）：繁体为"齋"，与"斋"字的繁体"斎"形近，故通"斋"。

【译文】

孟子说："如果西施沾染上污垢，人们也会掩着鼻子从她面前走过；即使是相貌丑陋的人，只要斋戒沐浴，也可以祭祀上帝。"

【解读】

内心的真诚胜过容貌的美丽，君子修身当重心而非形体。关于心与形体，《孟子》11.12、11.13、11.14有论述，并在11.15将二者关系概括为大体与小体，与本章主旨相近，可参看。

8.26 （略）

8.27 （略）

8.28 （略）

8.29 （略）

8.30 交友匡章

公都子曰："匡章，通国皆称不孝焉，夫子与之游，又从而礼貌之，敢问何也？"

孟子曰："世俗所谓不孝者五：惰其四支①，不顾父母之养，一不孝也；博弈好饮酒，不顾父母之养，二不孝也；好货财，私妻子②，不顾父母之养，三不孝也；从③耳目之欲，以为父母戮④，四不孝也；好勇斗很⑤，以危父母，五不孝也。章子有一于是乎？夫章子，子父责善而不相遇⑥也。责善，朋友之道也；父子责善，贼恩之大者。夫章子，岂不欲有夫妻子母之属⑦哉？为得罪于父，不得近，出妻屏子，终身不养焉。其设心以为不若是，是则罪之大者。是则章子而已矣。"

【注释】

①四支：即四肢。　②私：偏爱。妻子：妻子儿女。　③从：

通"纵"。　④戮：朱熹《集注》："戮，羞辱也。"　⑤很：同"狠"。　⑥不相遇：不相合。朱熹《集注》："遇，合也。相责以善而不相合，故为父所逐也。"　⑦属：亲属。赵岐注："夫章子岂不欲身有夫妻之配，子有子母之属哉？"

【译文】

公都子说："匡章这个人，一国的人都说他不孝，先生却与他交往，还对他很尊重，请问为什么呢？"

孟子说："一般人们所认为的不孝有五种：四肢懒惰，不管父母的奉养，是一不孝；下棋好饮酒，不管父母的奉养，是二不孝；喜好钱财，偏爱妻子儿女，不管父母的奉养，是三不孝；放纵声色欲望，使父母蒙受羞辱，是四不孝；逞强好斗，连累父母，是五不孝。章子有一项这样的行为吗？章子不过是由于父子之间以善相责而把关系搞坏了。以善相责，本是朋友相处的准则；父子之间以善相责，则是最伤感情的事。章子难道不想有夫妻、母子的关系吗？因为得罪了父亲，不能亲近，就赶走了妻子、疏远了子女，终身不要他们奉养。他内心认为不这样做，罪过更大。章子不过如此罢了。"

【解读】

本章论匡章"不孝"。匡章是齐国的著名将领，在齐威王时曾大败秦军，齐宣王时曾率兵取燕，他的事迹散见于《战国策》《吕氏春秋》等。据《战国策·齐策一》记载，匡章的母亲触怒匡章的父亲，父亲一怒之下将其杀死，埋在马厩下。

匡章可能为此事向父亲抗争，结果惹怒了父亲，被逐出家门，父子从此成为陌路。后匡章父亲去世，匡章不敢违背父亲的意志，没有改葬母亲，结果又背上了不孝的恶名。孟子认为，世俗所谓的不孝有五种，匡章不属于其中的任何一种。匡章的不幸，是儿子向父亲责善造成的，责善是朋友之道，不可用于父子之间。于是与匡章交游，二人互有讨论。孟子重视个人意志，取友时不是人云亦云，而是根据自己的观察、判断，体现了特立独行的精神风貌。但他将匡章的悲剧简单归于"子不责父善"，则有失片面。

8.31　（略）

8.32　尧舜与人同耳

储子^①曰："王使人瞯^②夫子，果有以异于人乎？"孟子曰："何以异于人哉？尧舜与人同耳。"

【注释】

①储子：齐国人，曾任齐相。　②瞯（jiàn）：窥视。

【译文】

储子说："齐王派人暗中观察先生，果真有与人不同之处吗？"孟子说："有什么与人不同之处呢？尧舜与人也是一样的。"

【解读】

本章可能是孟子初到齐国（齐威王执政）时的言论，也有学者认为是第二次游齐（时齐宣王执政）时的言论。这时孟子在社会上已经有一定影响，故齐王暗中派人前来观察，是否与常人有不同的地方。孟子则认为，尧舜也是人，其言谈举止与常人并无不同，关键是内在善性的扩充。

本章可与12.2章"人皆可以为尧舜"相互参看。"可以为尧舜"则"尧舜"为理想、目标，"尧舜与人同耳"则"尧舜"不悖人之常情。

8.33 齐人有一妻一妾

齐人有一妻一妾而处室者，其良人①出，则必餍酒肉而后反。其妻问所与饮食者，则尽富贵也。其妻告其妾曰："良人出，则必餍酒肉而后反；问其与饮食者，尽富贵也，而未尝有显者来，吾将瞷②良人之所之也。"

蚤③起，施④从良人之所之，遍国中无与立谈者。卒之东郭墦⑤间，之祭者，乞其余；不足，又顾而之他，此其为餍足之道也。

其妻归，告其妾，曰："良人者，所仰望而终身也，今若此！"与其妾讪⑥其良人，而相泣于中庭⑦。而良人未之知也，施施⑧从外来，骄其妻妾。

由君子观之，则人之所以求富贵利达者，其妻妾不羞也，而不相泣者，几希矣。

【注释】

①良人：丈夫。 ②瞰（kàn）：窥望。 ③蚤：同"早"。 ④施（yí）：逶迤斜行。赵岐注："施者，邪施而行，不欲使良人觉也。" ⑤墦（fán）：坟墓。 ⑥讪：毁谤。 ⑦中庭：庭中。 ⑧施施（shī）：得意的样子。

【译文】

齐国有户一妻一妾住在一起的人家。丈夫每次外出，总是酒足饭饱才回来。妻子问他一起吃喝的是什么人，说都是有钱有势的人。妻子告诉妾说："丈夫每次外出，总是酒足肉饱才回来；问他一起吃喝的是什么人，说都是有钱有势的人，可是从来没见有显贵的人来过，我打算暗中观察看他去什么地方。"

第二天一早起来，妻子偷偷跟着丈夫到他想要去的地方，全城中没有一个人站下来与他交谈的。最后走到了东门城外的一块墓地，见他走到扫墓的人那里，讨些剩余的祭品吃；没吃饱，又东张西望去别处乞讨，这就是他吃饱肚子的方法。

妻子回到家，把看到的情况告诉了妾，说："丈夫，是我们终身的依靠，没想到他竟是这个样子！"于是与妾一起咒骂丈夫，在院中相对哭泣。她们的丈夫还不知道，得意扬扬地从外面进来，向他的妻妾炫耀。

在君子看来，人们用来追求升官发财的手段，能使他们妻妾不感到羞耻而相对哭泣的，实在是很少啊。

【解读】

本章是一则诙谐幽默、耐人寻味的寓言。孟子通过这则寓言，辛辣地讽刺了那些不顾礼义廉耻，以卑鄙的手段追求富贵利达的人。文中的"齐人"虽然只是文学虚构，但这样的无耻之徒，任何时代都会有。

本章内容，后人或有怀疑。据清人笔记记载，宋代李觏喜欢喝酒骂孟子，有读书人投其所好，专门写了几首咒骂孟子的诗。其一云："乞丐何曾有二妻，邻家焉得日攘鸡；当时尚有周天子，何事纷纷说魏齐。"其中第一句即是质疑"齐人"不过一乞丐，何曾会有一妻一妾？或曰本章为寓言，"一妻一妾"乃文学描写；或说"齐人"原家境殷实，后中道衰落，也可通。

万章上

9.1　（略）

9.2　（略）

9.3　封弟有庳

万章问曰："象日以杀舜为事，立为天子则放之，何也？"

孟子曰："封之也，或曰放焉。"

万章曰："舜流共工于幽州①，放驩兜于崇山②，杀三苗于三危③，殛鲧于羽山④，四罪而天下咸服，诛不仁也。象至不仁，封之有庳⑤。有庳之人奚罪焉？仁人固如是乎？在他人则诛之，在弟则封之？"

曰："仁人之于弟也，不藏怒焉，不宿怨⑥焉，亲爱之而已矣。亲之，欲其贵也；爱之，欲其富也。封之有庳，富贵之也。身为天子，弟为匹夫，可谓亲爱之乎？"

"敢问，或曰放者，何谓也？"

曰："象不得有为于其国，天子使吏治其国，而纳其贡税焉，故谓之放。岂得暴彼民哉？虽然，欲常常而见之,故源源而来,'不及贡,以政接于有庳'⑦,此之谓也。"

【注释】

①共(gōng)工:尧臣,与驩兜、三苗、鲧并称为"四凶"。幽州:北方边远之地,有说在今北京市密云区东北。 ②驩兜:尧舜之臣。崇山:南方边远之地,有说在湖南省邵东市黄陂县南。 ③杀,《尚书》作"窜",《史记》作"迁",焦循《正义》云:"窜、杀为同音假借。"这句不能按"杀"字理解,而应按"窜"或"迁"解释。三苗:国名。三危:在今甘肃省敦煌市南。 ④殛(jí):诛杀,一说流放。鲧(gǔn):相传为禹父,尧派他治水,因治水无功受罚。羽山:在山东省烟台市蓬莱区东南。 ⑤有庳(bì):象的封地。在今湖南省永州市零陵区,一说当在舜的都城蒲阪(今山西省永济市)附近。 ⑥宿怨:朱熹《集注》:"谓留蓄其怨。"宿:保留。 ⑦以政接于有庳:两句疑是《尚书》逸文。

【译文】

万章问道:"象每天都要谋杀舜,舜做了天子后,只是流放了他,这是为什么呢?"

孟子说:"是封他做了诸侯,但也有人说是流放。"

万章说:"舜把共工流放到幽州,把驩兜迁徙到崇山,把三苗安置到三危,把鲧诛杀在羽山,将这四人治罪,天下便都归服,因为惩处的是不仁的人。象是最不仁的人,却封给他有庳。有庳的百姓有什么罪过呢?仁者难道可以这样?对别人就严加惩处,对弟弟却封他为诸侯?"

孟子说:"仁人对待弟弟,不把怒气藏在胸中,不把怨恨埋在心底,只是想要亲近他、爱护他罢了。亲近他,就想让他尊贵;爱护他,就想让他富有。把有庳封给他,就是要使他既富有又尊贵。自己当了天子,弟弟却做百姓,这样能说是亲近他、爱护他吗?"

万章又问:"请问,有人说舜流放了象,这是什么意思呢?"

孟子说:"象不能在他的封国里任意行事,天子派遣官吏治理他的国家,收取那里的贡税,所以说是流放。象怎么能暴虐他的百姓呢?虽然这样,舜还想常常见到象,所以象不断地来朝见。所谓'不必等到朝贡的日子,平时也以政事为名接见有庳国君',说的就是这件事。"

【解读】

本章涉及亲亲之爱与社会公正的问题。舜成为天子后,一方面惩处了一批恶人,但同时又封同样是恶人的象为诸侯,这是不是有失公正呢?孟子认为,舜重视亲情,从亲亲出发,每个人都希望自己的兄弟富有、尊贵。舜自己做天子,却让弟弟做普通百姓,显然不合情理。所以从亲亲的角度看,封象为诸侯是可以接受的。但象是一个恶人,封他为诸侯,对治下的百姓显然又是不公正的。为了避免这一点,舜就派官吏去治理象的国家,不让象有危害百姓的可能。孟子试图通过这种曲折的方式,以达到亲亲与公正之间的平衡。

需要说明的是,孟子生活的战国时代,反对"无故而富贵",主张"謪(shāng,度量)德而定次,量能而授官",

已成为社会的普遍呼声。不仅来自社会底层的墨家高举起"尚贤"的大旗,力行变法的法家主张"食有劳而禄有功","宗室非有军功论,不得为属籍",即使同属儒门的荀子亦提出了"虽王公、士大夫之子孙也,不能属于礼义,则归之庶人"(《荀子·王制》)的主张。前些年公布的郭店简与上博简更是反映出战国中前期社会上出现了一股宣扬"公天下",反对"家天下"的社会思潮,如《唐虞之道》提出"唐虞之道,禅而不传。尧舜之王,利天下而弗利也","高扬了儒家'祖述尧舜''爱亲尊贤''天下为公''利天下而弗利'的思想,显示了先秦儒家在战国时期崇尚'禅让'政治理想、反对父子相传之'家天下'的昂扬思想风貌"(李存山:《读楚简〈忠信之道〉及其他》,见《中国哲学》第20辑,辽宁教育出版社1999年版),体现了社会思想的进步。与荀子、《唐虞之道》的思想相比,孟子试图在社会公正与亲亲之情之间达到某种平衡,其态度是折中、调和、保守的,可能是其早期受重孝派思想影响的反映。

9.4 以意逆志

(上略)"故说诗者,不以文害辞①,不以辞害志②;以意逆志③,是为得之。如以辞而已矣,《云汉》④之诗曰:'周余黎民,靡有孑遗。'信斯言也,是周无遗民也。"

【注释】

①不以文害辞：不要拘泥于文字而误解了词句。朱熹《集注》："文，字也。辞，语也。" ②不以辞害志：不要拘泥于词句而误解了原意。志：志向，意向。 ③以意逆志：读者根据自己的理解去推测作者的原意。逆：推求，揣测。朱熹《集注》："迎也。" ④《云汉》：《诗经·大雅》中的一篇。

【译文】

"所以解说诗的人，不要因为文字而误解词句，不要因为词句而误解作者的志趣意向，要用自己的体会去揣测作者的志趣意向，这样才对。如果只看词句，那么《诗经·云汉》中说：'周朝剩下的百姓，没有一个存留。'相信这句话，就会认为周朝没有一个人存留了。"

【解读】

本章涉及孟子论诗的一个重要命题——"以意逆志"。孟子认为，在解说诗歌时，要注意文、辞、志的差别，理解的目的是把握作者的志，也就是其思想意志。志虽然是通过文、辞来表达的，但又不完全等于后者，过分拘泥于文、辞的含义，反而会影响对志的理解。所以在解说诗歌时，一方面要通过文、辞去把握作者的志，另一方面还需要"以意逆志"。对于"以意逆志"的"意"，历史上有两种不同的理解，一种是理解为说诗者的"意"，如赵岐说："人情不远，以己之意逆诗人之志，是为得其实矣。"朱熹说："言说诗之法……当以己意迎取作者之志，乃可得之。"还有一种是理解为作者的"意"。如清人吴淇说，"以古人之意，求古人之志，乃就诗论诗，犹之以人治人也"（《六朝选诗定论缘起·以意逆志》）。当代学者对此也有不少讨论。从本章孟子论诗的情况看，"意"应该是针对解释者而言，李泽厚先生说："'意'是读诗者主观方面所具有的东西，'志'是诗人的作品客观具有的……所谓'以意逆志'就是读者根据自己对作品的主观感受，通过想象、体验、理解的活动，去把握诗人在作品中所要表达的思想感情。"（李泽厚、刘纲纪：《中国美学史》第一卷，中国社会科学出版社1984年版，第194页）可以说是符合孟子思想的。"以意逆志"突出了读诗者的主体性，要求在"不以辞害志"的前提下，积极参与到诗歌的理解活动中去，深刻影响到我国古代的诗学传统。

9.5 天不言，以行与事示之

万章曰："尧以天下与舜，有诸？"

孟子曰："否。天子不能以天下与人。"

"然则舜有天下也，孰与之？"

曰："天与之。"

"天与之者，谆谆①然命之乎？"

曰："否，天不言，以行与事示之而已矣。"

曰："以行与事示之者，如之何？"

曰："天子能荐人于天，不能使天与之天下；诸侯能荐人于天子，不能使天子与之诸侯；大夫能荐人于诸侯，不能使诸侯与之大夫。昔者，尧荐舜于天，而天受之；暴②之于民，而民受之。故曰：'天不言，以行与事示之而已矣。'"

曰："敢问：'荐之于天，而天受之；暴之于民，而民受之。'如何？"

曰："使之主祭，而百神享之，是天受之；使之主事，而事治，百姓安之，是民受之也。天与之，人与之，故曰：'天子不能以天下与人。'舜相尧二十有八载，非人之所能为也，天也。尧崩，三年之丧毕，舜避尧之子于南河③之南，天下诸侯朝觐者，不之尧之子而之舜；讼狱④者，不之尧之子而之舜；讴歌者，不讴歌尧之子而讴歌舜，故曰，天也。夫然后之中国⑤，践天子位焉。而⑥居尧之宫，逼尧之子，是篡也，非天与也。《泰誓》⑦曰：'天视自我民视，天听自我民听。'此之谓也。"

【注释】

①谆谆：反复告诫、再三叮咛貌。　②暴（pù）：显现。　③南河：黄河自今潼关以下由西向东流的一段。因在尧都濮州之南，故称南河。　④讼狱：诉讼。　⑤中国：国中，指国都。　⑥而：如。　⑦《泰誓》：《尚书》篇名。下引两句是《泰誓》逸文。

【译文】

万章问:"尧把天下授予了舜,有这回事吗?"

孟子说:"没有。天子不能把天下授予人。"

万章问:"那么舜拥有天下,是谁授予他的呢?"

孟子说:"天授予他的。"

万章问:"天授予他,是谆谆告诫他的吗?"

孟子说:"不是,天不说话,只是用行为和事情来表示罢了。"

万章问:"用行动和事情来表示,又是怎么回事呢?"

孟子说:"天子能够向天推荐人,但不能强迫天把天下授予人;诸侯能够向天子推荐人,但不能强迫天子把诸侯之位授予人;大夫能够向诸侯推荐人,但不能强迫诸侯把大夫之位授予人。从前,尧把舜推荐给天,天接受了;把舜介绍给百姓,百姓接受了。所以说,天不说话,只是用行动和事情来表示罢了。"

万章问:"请问,把舜推荐给天,天接受了他;把舜介绍给百姓,百姓接受了他,这是怎么回事呢?"

孟子说:"叫舜主持祭祀,百神都来享用,这就是天接受了他;叫舜主持政事,政事治理得很好,百姓很满意,这就是百姓接受了他。天授予他,百姓授予他,所以说:'天子不能把天下授予人。'舜帮助尧治理天下二十八年,这不是人力所能左右的,而是天意。尧去世后,三年之丧结束,舜避开尧的儿子,前往南河的南面,天下诸侯朝见天子的,不去朝见尧的儿子而去朝见舜;诉讼的,不去见尧的儿子而去见舜;歌功颂德的,不去歌颂尧的儿子而歌颂舜,所以说,这是天意。这样,舜才回到国都,登上天子之位。要是住在尧的宫中,逼迫尧的儿子,这就是篡夺了,不是天授予的。《尚书·泰誓》中说:'上天看见的,来自我们老百姓看见的;上天听到的,来自我们老百姓听到的。'说的就是这个意思。"

【解读】

本章及以下两章讨论尧舜禅让。孟子在齐国时,发生了燕王哙让国于相子之的事件。本来宣传禅让是战国时期颇为流行的思潮,这在近些年出土的郭店简《唐虞之道》、上博简《容成氏》《子羔》等篇中都有反映(参见梁涛:《战国时期的禅让思潮与"大同""小康"说》,载《中国哲学与文化》第6辑,2009年)。然而燕王哙让国失败,给当时的禅让思潮一个沉重打击,迫使学者对禅让的问题做出重新思考,本章孟子与万章的对话,可能就发生在这一背景下。孟子认为"天子能荐人于天,不能使天与之天下",从这一点看,最高权力是掌握在天的手里,给谁不给谁应由天说了算,而不能由天子私自决定。但"天不言,以行与事示之而已矣",天是根据人们的行为和事件表示天命授予的。所以舜的天子之位既是天赋予的,也是人民给予的。天只是形式,人民的意志、意愿才是实质内容,正可谓"天视自我民视,天听自我民听"。孟子认为"天子不能以天下与人",而应经过天与人民的认可,表明天下并非天子个人的私有物,这种区分的内在含义,在于肯定天下非天子个人的天下,而是天下之人或天下之民的天下。故天子不过是受"天"与"民"委托的管理者,只具有管理、行政权,而不具有对天下的所有权。所以在燕王哙让国失败之后,孟子虽然一定程度上改变了对禅让的态度，但仍坚守"天下为公"的理念。从孟子的思想出发，也可以说，燕王哙让国的失败，恰恰是因为其没有听取燕国百姓的意见，是其私自主张的结果。

9.6 （略）

9.7 先知觉后知，先觉觉后觉

（上略）"'……天之生此民也，使先知觉后知，使先觉觉后觉也。予，天民①之先觉者也。予将以斯道觉斯民也。非予觉之，而谁也？'思天下之民，匹夫匹妇有不被尧舜之泽者，若己推而内②之沟中。"

【注释】

①天民：承担天之责任、使命之人。即"天将降大任于是人也"之人。 ②内：通"纳"。

【译文】

"'……上天降生百姓，是要使先知者开导后知者，使先觉者启发后觉者。我，是上天生民中的先觉者。我要用这道来开导这些百姓。我不开导他们，又有谁呢？'想到天下百姓有一男一女没有得到尧舜之道的恩泽，就像是自己将他们推进沟中一样。"

【解读】

本章提出"予,天民之先觉者也""将以斯道觉斯民也"的士人的担当精神,在历史上产生过深远影响。范仲淹主张"先天下之忧而忧,后天下之乐而乐",张载提出"为天地立心,为生民立命,为往圣继绝学,为万世开太平",都与孟子存在渊源关系。

9.8(略)

9.9(略)

万章下

10.1 孔子集大成

孟子曰:"伯夷,目不视恶色,耳不听恶声。非其君不事,非其民不使。治则进,乱则退。横政①之所出,横民之所止,不忍居也。思与乡人处,如以朝衣朝冠坐于涂炭也。当纣之时,居北海之滨,以待天下之清也。故闻伯夷之风者,顽夫②廉,懦夫有立志。

"伊尹曰:'何事非君?何使非民?'治亦进,乱亦进,曰:'天之生斯民也,使先知觉后知,使先觉觉后觉。予,天民之先觉者也。予将以此道觉此民也。'思天下之民,匹夫匹妇有不与被尧舜之泽者,如己推而内之沟中——其自任以天下之重也。

"柳下惠不羞汙君,不辞小官。进不隐贤,必以其道。遗佚而不怨,阨穷而不悯。与乡人处,由由然不忍去也。'尔为尔,我为我,虽袒裼裸裎于我侧,尔焉能浼③我哉?'故闻柳下惠之风者,鄙夫④宽,薄夫⑤敦。

"孔子之去齐,接淅⑥而行;去鲁,曰:'迟迟吾行也,去父母国之道也。'可以速而速,可以久而久,可以处而处,可以仕而仕,孔子也。"

孟子曰:"伯夷,圣之清者也;伊尹,圣之任者也；柳下惠，圣之和者也；孔子，圣之时者也。孔子之谓集大成。集大成也者，金声而玉振⑦之也。金声也者，始条理也；玉振之也者，终条理也。始条理者，智之事也；终条理者，圣之事也。智，譬则巧也；圣，譬则力也。由⑧射于百步之外也，其至，尔力也；其中，非尔力也。"

【注释】

①横政：残暴的政治。横：横逆，残暴。 ②顽夫：贪婪的人。顽：通"贪"。 ③浼（měi）：玷污。 ④鄙夫：狭隘的人。鄙：狭陋。 ⑤薄夫：刻薄的人。 ⑥接淅：捧着已经淘湿的米，指行色匆忙。朱熹《集注》云："接，犹承也。淅，渍米水也。渍米将炊，而欲去之速，故以手承水取米而行，不及炊也。" ⑦金声玉振：谓以钟发声，以磬收韵，奏乐从始至终。金：金属制的乐器，如钟之类；玉：玉或石制的乐器，如磬之类。 ⑧由：同"犹"。

【译文】

孟子说："伯夷，眼睛不看丑恶的事物，耳朵不听丑恶的声音。不是他认可的君主不事奉，不是他认可的百姓不使唤。世道太平就出仕，世道昏乱就隐居。施行暴政的国家，住有暴民的地方，他都不愿意居住。他觉得与乡下人相处，就好比穿着礼服、戴着礼帽坐在泥土灰炭上一样。纣王当政时，他隐居在北海之滨，等待天下清明。所以，听到伯夷的风范，贪婪的人会变得廉洁，懦弱的人会立定志向。

"伊尹说：'什么君主不能事奉？什么百姓不能使唤？'世道太平就出仕，世道混乱也出仕，他说：'上天降生这些民众，就是要使先知者开导后知者，先觉者启发后觉者。我，是上天生民中的先觉者。我要用尧舜之道来开导这些民众。'想到天下的民众中，如果有一男一女没有受到尧舜之道的恩泽，就像是自己把他们推入沟中一样——他就是这样承担起天下的重任。

"柳下惠不以事奉坏的君主为耻，不嫌弃做小官。出仕不隐藏自己的才能，一定按原则办事。遭到遗弃而不怨恨，困于贫穷而不忧伤。与乡下人相处，悠然自得不忍离去。（他说：）'你是你，我是我，即使你在我身旁赤身露体，又怎能玷污我呢？'所以，听到柳下惠的风范，狭隘的人会变得宽容，刻薄的人会变得厚道。

"孔子离开齐国时，把已浸在水中的米捞起来就走；离开鲁国时，却说：'我们慢慢地走吧，这是离开祖国的态度。'该快就快，该久就久，该闲居就闲居，该出仕就出仕，这就是孔子。"

孟子说："伯夷，是圣人中的清高者；伊尹，是圣人中的尽责者；柳下惠，是圣人中的随和者；孔子，是圣人中的合时宜者。孔子可说是集大成了。所谓集大成，好比奏乐时敲钟开头，击磬收尾。敲钟起音，是节奏条理的开端；击磬收音，是节奏条理的终结。节奏条理的开端，在于智；节奏条理的终结，在于圣。智好比技巧，圣好比力气。就像在百步之外射箭，射得到，是靠你的力气；射得中，则不只是靠你的力气了。"

【解读】

本章以伯夷、伊尹、柳下惠与孔子为例,讨论士人的出仕之道,而肯定孔子"集大成"。伯夷、伊尹、柳下惠均恪守自己的出仕之道,伯夷注重洁身自好,伊尹勇于责任担当,柳下惠善于与世俯仰,分别是圣人中的"清""任""和"者,但他们固执一偏,容易走向极端,故孟子曾批评伯夷偏颇狭隘,柳下惠玩世不恭(3.9)。孟子认为,孔子超出前人的地方在于他是"圣之时",能与时偕行,不固执一偏,又兼具各种美德,所以是集大成者。孟子以奏乐为喻,奏乐有始有终,旋律随乐曲的进行而变化,不机械单调,最能说明集大成。孟子又以射箭为喻,射箭是"巧"与"力"的结合,缺一不可;"巧"好比"智","力"好比"圣",唯有孔子兼备二者,其他圣贤则往往流于一偏。

10.2　(略)

10.3　论交友

万章问曰:"敢问友?"

孟子曰:"不挟①长,不挟贵,不挟兄弟②而友。友也者,友其德也,不可以有挟也。孟献子③,百乘之家也,有友五人焉:乐正裘、牧仲④,其三人,则予忘之矣。献子之与此五人者友也,无献子之家⑤者也。此五人者,亦⑥有献子之家,则不与之友矣。非惟百乘之家为然也，虽小国之君亦有之。费惠公⑦曰：'吾于子思，则师之矣；吾于颜般⑧，则友之矣；王顺、长息⑨，则事我者也。'非惟小国之君为然也，虽大国之君亦有之。晋平公之于亥唐也⑩，入云则入，坐云则坐，食云则食；虽蔬食菜羹，未尝不饱，盖不敢不饱也。然终于此而已矣。弗与共天位也，弗与治天职也，弗与食天禄也，士之尊贤者也，非王公尊贤也。舜尚见帝⑪，帝馆甥于贰室⑫，亦飨舜，迭为宾主，是天子而友匹夫也。用下敬上，谓之贵贵；用上敬下，谓之尊贤。贵贵尊贤，其义一也。"

【注释】

①挟：依恃，倚仗。朱熹《集注》："挟者，兼有而恃之之称。" ②兄弟：指有权势的兄弟。 ③孟献子：鲁国大夫。 ④乐正裘、牧仲：赵岐注："皆贤人无位者也。" ⑤无献子之家：献子没有想到自己是个大夫。家：指大夫的身份。 ⑥亦：假设连词，犹"若"。 ⑦费（bì）惠公：战国时小国费的国君。 ⑧颜般：古代贤者。《汉书·古今人表》作颜敢，列为第四等中上。 ⑨王顺、长息：《汉书·古今人表》中与颜敢同列第四等中上，排在颜敢之后。王顺作王慎。 ⑩晋平公：春秋时晋国国君，姓姬名彪。亥唐：晋国人。 ⑪尚：同"上"。帝：尧。舜当时还是平民，故他见尧帝称"上"。 ⑫甥：指舜。古人称妻父为外舅，故岳父亦可称女婿为甥。贰室：副宫。

【译文】

万章问道:"请问如何交友?"

孟子说:"不倚仗年纪大,不倚仗地位高,不倚仗兄弟的关系去交友。交友,是和他的品德交朋友,所以不可以有所倚仗。孟献子是拥有百辆车马的大夫,他有五个朋友,就是乐正裘、牧仲,其他三人我忘了。孟献子与这五个人交往,并没有想到自己是个大夫;这五个人,若是想到孟献子是个大夫,就不同他交往了。不仅拥有百辆车马的大夫是这样,小国的国君中也有这样交友的。费惠公说:'我对于子思,把他当作老师;对于颜般,把他当作朋友;王顺、长息不过是侍奉我的人罢了。'不仅小国的君主是这样,大国的国君中也有这样交友的。晋平公对于亥唐,亥唐叫他进就进,叫他坐就坐,叫他吃饭就吃饭;哪怕是粗茶淡饭,也不曾不吃饱过,因为不敢不吃饱。不过也仅此而已。不与他共居官位,不与他共理政事,不与他共享俸禄,这是士人尊贤的方式,而不是王公尊贤的方式。舜上谒尧帝,尧帝安排这位女婿住在副宫,设宴款待舜,两人互为宾主,这是天子与百姓交朋友。以地位低的尊敬地位高的,叫作尊敬尊者;以地位高的尊敬地位低的,叫作尊敬贤人。尊敬尊者和尊敬贤人,道理是一样的。"

【解读】

曾子说:"君子以文会友,以友辅仁。"(《论语·颜渊》)认为交友的目的在于辅助仁德。孟子继承了这一思想,提出"友其德"。他特别强调人格的平等,反对依仗任何外在的条件去交友。认为诸侯、天子都可以与贤者交友，诸侯与贤者交友，可以与其共理政事；天子与贤者交友，则可以禅让天下，尧舜就是榜样。诸侯、天子与贤者身份、地位不同，但都应该相互尊重，都应该以友相待，后者尊重前者是尊尊，前者尊重后者是尊贤，精神实质则是一样的。

10.4 交往之道

万章曰："敢问交际①何心也？"

孟子曰："恭也。"

曰："'却之却之②为不恭'，何哉？"

曰："尊者赐之，曰：'其所取之者，义乎，不义乎？'而后受之。以是为不恭，故弗却也。"

曰："请无以辞却之，以心却之，曰：'其取诸民之不义也。'而以他辞无受，不可乎？"

曰："其交也以道，其接③也以礼，斯孔子受之矣。"

万章曰："今有御人④于国门之外者，其交也以道，其馈也以礼，斯可受御与？"

曰："不可。《康诰》⑤曰：'杀越人于货⑥，闵⑦不畏死，凡民罔不譈⑧。'是不待教而诛者也。殷受夏，周受殷，所不辞也。于今为烈⑨，如之何其受之？"

曰："今之诸侯取之于民也，犹御也。苟善其礼际⑩矣，斯君子受之，敢问何说也？"

曰:"子以为有王者作,将比⑪今之诸侯而诛之乎?其教之不改而后诛之乎?夫谓非其有而取之者盗也,充类至义⑫之尽也。孔子之仕于鲁也,鲁人猎较⑬,孔子亦猎较。猎较犹可,而况受其赐乎?"

曰:"然则孔子之仕也,非事道与?"

曰:"事道也。"

"事道奚猎较也?"

曰:"孔子先簿正祭器⑭,不以四方之食供簿正⑮。"

曰:"奚不去也?"

曰:"为之兆⑯也。兆足以行矣而不行,而后去,是以未尝有所终三年淹⑰也。孔子有见行可之仕⑱,有际可之仕⑲,有公养之仕⑳。于季桓子㉑,见行可之仕也;于卫灵公㉒,际可之仕也;于卫孝公㉓,公养之仕也。"

【注释】

①交际:往来应酬。朱熹《集注》:"际,接也。谓人以礼仪、币帛相交接也。" ②却之:不接受对方的礼物而退还回去。朱熹《集注》:"不受而还之也。" ③接:接见,接待。 ④御人:以暴力拦路抢劫行人。御:伏击。下文"受御"的"御"指抢劫的财物。 ⑤《康诰》:《尚书》篇名。 ⑥越:劫夺,抢劫。于:连词,犹"与"。 ⑦闵:通"暋",今本《康诰》作"暋",强悍。 ⑧譈(duì):通"憝",今本《康诰》作"憝",怨恨。 ⑨烈:厉害,猛烈。 ⑩礼际:以礼应接,按礼节交往。 ⑪比:等同。 ⑫充类至义:充其类、极其义,即类推究义的意思。 ⑬猎较:打猎时争夺猎物,以所得用作祭祀。赵岐注:

"猎较者，田猎相较夺禽兽，得之以祭，时俗所尚，以为吉祥。" ⑭簿正祭器：用文书规定祭器祭品，使有定数。簿（bù）：册籍，记载用的本子。正：决定，确定。 ⑮簿正：这里用作名词，指簿书上所规定的祭品。 ⑯兆：征兆，用作动词，指占验事情的结果。朱熹《集注》："犹卜之兆，盖事之端也。孔子所以不去者，亦欲小试行道之端，以示于人，使知吾道之果可行也。"赵岐注则训兆为"始"。 ⑰淹：停留。 ⑱见行可之仕：见道可行而出仕。朱熹《集注》："见行可，见其道之可行也。公养，国君养贤之礼也。" ⑲际可之仕：礼遇周到而出仕。朱熹《集注》："际可，接遇以礼也。" ⑳公养之仕：国君养贤而出仕。朱熹《集注》："公养，国君养贤之礼也。" ㉑季桓子：鲁国的正卿。 ㉒卫灵公：卫国国君，公元前534年至前493年在位。㉓卫孝公：不见于史书记载，可能是卫出公辄之误。辄是卫灵公之孙，继灵公即位。

【译文】

万章问道："请问与人交往应抱什么态度？"

孟子说："恭敬。"

万章问："（俗话说，）'一再拒绝别人的礼物是不恭敬的'，为什么呢？"

孟子说："尊者赠送礼物时，你心里却想：'他所取得的这些东西是符合义的呢，还是不符合义？'然后才接受。这样是不恭敬的，所以不拒绝。"

万章问："不用言语拒绝，而在心里拒绝，心想：'这是他从百姓那里取来的不义之财。'然后以别的理由不接受，不可以吗？"

孟子说："他按规矩与我交往，也按礼节款待我，那么，就是孔子也会接受的。"

万章问："如果城门外有个拦路抢劫的人，他按规矩与我交往，也按礼节送我礼物，这样就可以接受他抢来的东西吗？"

孟子说："不行。《尚书·康诰》中说：'杀人抢劫财物，强横不怕死的，百姓没有不痛恨。'这种人不必等待教化就可以处死。殷朝继承了夏朝这条法律，周朝继承了殷朝这条法律，都不愿更改。现在杀人抢劫更为严重，怎么还能接受强盗的礼物呢？"

万章问："现在的诸侯从百姓那里夺取财物，就像拦路抢劫一样。如果他们按照礼节交往，这样君子也就可以接受他们的礼物，请问这又该怎么解释呢？"

孟子说："你认为如果有圣王出现，会将现在的诸侯等而同之全部杀光呢，还是把经过教化仍不悔改的杀掉呢？把不归他所应有而取得的称作是抢劫，这是把'抢劫'的含义扩大到尽头。孔子在鲁国做官时，鲁国人争夺猎物，孔子也去争夺猎物。争夺猎物尚且可以，何况接受别人赠送的礼物呢？"

万章问："那么孔子出仕，不是为了行道吗？"

孟子说："是为了行道。"

万章问："既然行道，何必去争夺猎物呢？"

孟子说："孔子先根据文书规定祭器祭品，不用四方珍奇的猎物充当文书所规定的祭品。"

万章问："孔子为什么不辞官离去呢？"

孟子说:"为了证明自己的主张可以行得通。尝试了可以行得通而君主却不实行,然后才离去,所以孔子没有在一个地方待满三年的。孔子有见可能行道而出仕的,有礼遇周到而出仕的,有国君养贤而出仕的。对于季桓子,是见可能行道而出仕;对于卫灵公,是礼遇周到而出仕;对于卫孝公,是国君养贤而出仕。"

【解读】

本章论与人交往,重点在士人的出仕之道。战国时期士人选择出仕已是较为普遍的现象,但当时的诸侯多是不义之君,他们的财物也多是通过不义的手段获得的。那么,士人是否还应该出仕呢?是否可以接受诸侯的礼聘呢?孟子认为,与人交往重要的是恭敬之心。只要他人以礼相待,他们的礼聘就是可以接受的。由此引出两个问题,如果强盗、诸侯也以礼相待,他们的礼聘也是可以接受的吗?孟子认为,对于强盗、诸侯还是要区别对待的,强盗的礼物当然不可接受,诸侯中虽多有不义之君,但假如有圣王出现,也只能将其中罪大恶极者绳之以法。将诸侯与强盗完全等同起来,那等于是将"抢劫"的含义做了无限的放大。孔子一生积极出仕,有"见行可之仕""际可之仕""公养之仕",所以士人既要在出仕时坚守"义"的原则,也要避免像陈仲子洁身自好而走向一偏。本章个别地方不好理解,有人认为"此必有断简或阙文者",但整体内容是清楚的。

10.5 出仕之道

孟子曰:"仕非为贫也,而有时乎为贫;娶妻非为养也,而有时乎为养。为贫者,辞尊居卑,辞富居贫。辞尊居卑,辞富居贫,恶乎宜乎?抱关击柝①。孔子尝为委吏②矣,曰:'会计当而已矣。'尝为乘田③矣,曰:'牛羊茁壮长而已矣。'位卑而言高,罪也;立乎人之本朝④而道不行,耻也。"

【注释】

①抱关:看门。击柝(tuò):打更。 ②委吏:管理粮仓的小官。 ③乘田:主管畜牧的小吏。 ④本朝:即朝廷。

【译文】

孟子说:"出仕不是因为贫穷,但有时也是因为贫穷;娶妻不是为了奉养父母,但有时也是为了奉养父母。因为贫穷而出仕,就不应该做大官而做小官,谢绝厚禄而取薄俸。不做大官而做小官,谢绝厚禄而取薄俸,那么干什么合适呢?做个守门、打更的人。孔子曾做过管理仓库的小吏,说:'账目清楚就可以了。'曾做过管理牲畜的小吏,说:'牛羊肥壮就可以了。'地位低下而言论高远,是罪过;立于朝廷之上却不能行道,是耻辱。"

【解读】

本章中儒家主张出仕是为了行道,但也不排除有时是为了生计。若是为生计出仕,就不应谋取高官厚禄,同时要尽心尽责。

10.6 (略)

10.7 不见诸侯

万章曰:"敢问不见诸侯,何义也?"

孟子曰:"在国曰市井之臣,在野曰草莽之臣,皆谓庶人。庶人不传质①为臣,不敢见于诸侯,礼也。"

万章曰:"庶人,召之役,则往役;君欲见之,召之,则不往见之,何也?"

曰:"往役,义也;往见,不义也。且君之欲见之也,何为也哉?"

曰:"为其多闻也,为其贤也。"

曰:"为其多闻也,则天子不召师,而况诸侯乎?为其贤也,则吾未闻欲见贤而召之也。缪公亟见于子思,曰:'古千乘之国以友士,何如?'子思不悦,曰:'古之人有言曰,事之云乎,岂曰友之云乎?'子思之不悦也,岂不曰:'以位,则子,君也;我,臣也,何敢与君友也?以德,则子事我者也,奚可以与我友?'千乘之君,求与之友而不可得也,而况可召与?

齐景公田，招虞人以旌，不至，将杀之。'志士不忘在沟壑，勇士不忘丧其元。'②孔子奚取焉？取非其招不往也。"

曰："敢问招虞人何以？"

曰："以皮冠③。庶人以旃④，士以旂⑤，大夫以旌⑥。以大夫之招招虞人，虞人死不敢往；以士之招招庶人，庶人岂敢往哉？况乎以不贤人之招招贤人乎？欲见贤人而不以其道，犹欲其入而闭之门也。夫义，路也；礼，门也。惟君子能由是路，出入是门也。《诗》云⑦：'周道如底⑧，其直如矢；君子所履，小人所视⑨。'"

万章曰："孔子，君命召，不俟驾而行。然则孔子非与？"

曰："孔子当仕⑩，有官职，而以其官召之也。"

【注释】

①传质：致送礼品。质：同"贽"，初次见人时所执的礼物。②"齐景公田"一段：参见《滕文公下》6.1章。③皮冠：打猎时戴的皮帽子。④旃（zhān）：赤色、无饰、曲柄的旗。⑤旂（qí）：古代画有两龙并在竿头悬铃的旗。⑥旌：古代用牦牛尾或兼五彩羽毛饰竿头的旗子。⑦《诗》云：以下四句出自《诗经·小雅·大东》。⑧底：通"砥"，磨刀石。⑨视：效法。⑩当仕：值仕，正在出仕。当：如《礼记·曲礼上》"当食不叹"之"当"，值、处在之意。

【译文】

万章说:"请问,士人不去谒见诸侯,这是什么道理呢?"

孟子说:"(无职位的士人,)在都市里叫作市井之臣,在郊野叫作草莽之臣,都算是百姓。百姓没有向诸侯传送见面礼而成为臣属,就不敢谒见诸侯,这是礼的规定。"

万章问:"百姓,召他服役,就去服役;国君要见士人,召唤他,却不去谒见,这是为什么呢?"

孟子说:"百姓去服役,合乎义;士人去谒见,不合乎义。况且国君要见他,是因为什么呢?"

万章说:"因为他见闻广博,因为他贤能。"

孟子说:"因为他见闻广博,那么连天子也不能召见老师,何况诸侯呢?因为他贤能,那么我还不曾听说过,要见贤人竟可以召唤他来的。鲁缪公多次去见子思,说:'古代拥有千辆兵车的国君与士人交朋友,是怎么做的?'子思不高兴,说:'古人说过,国君只能把士人当老师,怎么能说要与他交朋友呢?'子思的不高兴,难道不是说:'论地位,你是国君,我是臣子,我怎么敢与你交朋友呢?论德行,你应该像对待老师一样侍奉我,怎么可以与我交朋友呢?'拥有千辆兵车的国君想要与他交朋友尚且办不到,更何况要召见他呢?齐景公打猎,拿旌旗召唤看护园囿的小吏,小吏没有来,齐景公要杀掉他。(孔子得知后说:)'志士不怕弃尸山沟,勇士不怕丢掉头颅。'孔子是取他哪一点呢?就是取他对于不合乎礼仪的召唤不接受。"

万章说:"请问,召唤看护园囿的小吏应该用什么呢?"

孟子说:"用皮帽子。召唤百姓用旗旗,召唤士人用旂旗,召唤大夫用旌旗。用召唤大夫的旌旗去召唤看护园囿的小吏,小吏是死也不肯去的;用召唤士人的旂旗去召唤百姓,百姓难道肯去吗?何况用召唤不贤之人的礼仪去召唤贤人呢?想见贤人却不按正确的方式,那就像请人进屋却把门关上一样。义,好比是路;礼,好比是门。只有君子能沿着这条路,出入这扇门。《诗经》中说:'大道平如磨刀石,又如箭矢一般直;君子上面走,百姓来效法。'"

万章问:"孔子,国君召见,不等车马驾好就动身。那么,孔子错了吗?"

孟子说:"孔子正在做官,有职务在身,而国君是按他的官职召见他的。"

【解读】

本章主要是谈庶人谒见国君,以及国君召见贤人、臣子之礼。孟子认为,庶人如"不传质为臣",就不应去谒见国君,这是礼的规定,目的是避免逢迎巴结,维护人格尊严。国君可以召唤百姓服役,百姓应该积极应召,这是他应尽的义务;但国君不能召见百姓中的贤者。孟子强调君主与庶人应平等相待,"以位,则子,君也;我,臣也","以德,则子事我者也",这种"以德抗位"的思想在历史上产生过深远的影响。孟子认为,国君召唤臣子,臣子应召,这是政治的要求,是合理的。但国君召唤臣子,应用相应的礼仪;如果不以相应的礼仪，即使有杀头的危险，也不应应召。这是因为，义是人与人交往的正路，礼是人们出入的大门。只有有德的君子，才能出入礼的大门，行走在义的大路。

关于"不见诸侯"，《孟子》6.1、6.7章曾有讨论，可参看。

10.8 知人论世

孟子谓万章曰："一乡之善士，斯①友一乡之善士；一国之善士，斯友一国之善士；天下之善士，斯友天下之善士。以友天下之善士为未足，又尚②论古之人。颂③其诗，读其书，不知其人，可乎？是以论其世也。是尚友也。"

【注释】

①斯：连词，犹"乃"。 ②尚：通"上"。 ③颂：通"诵"。

【译文】

孟子对万章说："一乡中的善士，与这一乡的善士交友；一国中的善士，与这一国的善士交友；天下的善士，与天下的善士交友。与天下的善士交友还不能满足，就上溯历史评论古代的人。吟诵他们所写的诗，研读他们所著的书，不了解他们的为人，可以吗？所以要讨论他们所处的时代。这就是上溯历史与古人交友。"

【解读】

本章论与品德高尚的人交友,并提出知人论世的文学评论方法。孟子主张善士应该与善士为友,互相切磋砥砺。但交友的范围不应限于一乡、一国和天下,还应同古代的善士为友。具体方法就是吟诵古人的诗歌,拜读古人的书籍,同时还要知其人、论其世,也就是了解古人的思想生平和所处的时代环境,这样才能更好地理解古人的作品,进而全面了解古人的精神风貌和为人处世,从而更好地与古人为友。明代郝敬对此有精彩解说:"惟好善之心,无远近新故。由乡国天下,推至上古。心苟虚受,百世如在。……尚论古人,不越载籍,而诗书为要。……诗书非古人,而因诗书可见古人。……论世知人,即诗书所言,神游古人之地,较量体验,如亲承謦欬,冥识其丰采,而洞悉其底里者。"(《孟子说解》卷十)

本章不是专门谈论文艺作品,但因涉及知人论世的文学评论方法,因而受到后世学者的重视。从文学的角度看,孟子提出知人论世,认识到文艺作品与作者所处的时代及思想生平是分不开的,不了解作者的时代和思想生平就不可能真正了解其作品。后来学者在此基础上又强调,读者要将自己的想象、情感、体验加入理解活动中,"神游古人之地",设身处地于古人的历史情境,"冥识"古人之风采。这样,学者往往又将"知人论世"与"以意逆志"联系在一起。如清代焦循说:"正惟有世可论,有人可求,故吾之意有所措,而彼之志有可通。今不问其世为何世,人为何人,而徒吟哦上下,去来推之,则其所逆,乃在文辞而非志也。……夫不论其世,欲知其人,不得也。不知其人,欲逆其志,亦不得也。……故必论世知人,而后逆志之说可用之。"(《孟子正义·万章章句上》)知人论世使以意逆志成为可能,不知人论世,不了解诗的作者的时代和思想生平,所谓"以意逆志"容易陷入主观臆断。

10.9 卿之职责

齐宣王问卿。

孟子曰:"王何卿之问也?"

王曰:"卿不同乎?"

曰:"不同。有贵戚之卿①,有异姓之卿②。"

王曰:"请问贵戚之卿。"

曰:"君有大过则谏,反复之而不听,则易位。"

王勃然变乎色。

曰:"王勿异也。王问臣,臣不敢不以正③对。"

王色定,然后请问异姓之卿。

曰:"君有过则谏,反复之而不听,则去。"

【注释】

①贵戚之卿:与国君有血缘关系的卿大夫。赵岐注:"谓内外亲族也。" ②异姓之卿:与国君没有血缘关系的卿大夫。赵岐注:"谓有德命为王卿也。" ③正:真实。

【译文】

齐宣王询问卿的职责。

孟子说:"大王询问什么卿呢?"

宣王问:"卿难道还有不同吗?"

孟子说:"有不同。有贵戚之卿,有异姓之卿。"

宣王说:"请问贵戚之卿。"

孟子说:"国君有了重大过错,就劝谏,反复劝谏还不听,就另立国君。"

宣王突然变了脸色。

孟子说:"大王不要诧异。大王问我,我不敢不以实话回答。"

宣王脸色恢复正常,然后问异姓之卿。

孟子说:"国君有过错,就要劝谏,反复劝谏而不听,就离去。"

【解读】

本章论卿的职责与权利。孟子认为,由于亲疏远近的不同,"贵戚之卿"与"异姓之卿"的职责和权利是不同的。"贵戚之卿"与国君有血缘关系,负有延续祖宗基业的责任,对国君的过错应反复劝谏,在极端情况下甚至可以另立国君;"异姓之卿"没有延续祖宗基业的责任,进谏没有被接受,就可以离去。

告子上

11.1 人性善恶

告子曰:"性犹杞柳①也,义犹桮棬②也;以人性为仁义,犹以杞柳为桮棬。"

孟子曰:"子能顺杞柳之性而以为桮棬乎?将戕贼杞柳而后以为桮棬也?如将戕贼杞柳而以为桮棬,则亦将戕贼人以为仁义与?率天下之人而祸仁义者,必子之言夫!"

【注释】

①杞(qǐ)柳:树名,枝条柔韧,可以编制箱筐等器物。 ②桮(bēi)棬(quān):即"杯棬",木制饮器。桮:同"杯"。

【译文】

告子说:"人性好比杞柳,仁义好比杯盘;用人性成就仁义,就好比将杞柳做成杯盘。"

孟子说:"你是顺着杞柳的本性去制作杯盘呢,还是要残害了杞柳的本性去制作杯盘?如果是残害了杞柳的本性去制作杯盘,那么也要残害了人的本性去成就仁义吗?率领天下的人损害仁义的,一定是你这种言论!"

【解读】

本章及以下三章记孟子与告子的辩论。告子为战国时期思想家，一般认为是墨子的弟子。关于孟、告之辩的地点，学者多认为是"发生在齐国。其时间亦当在孟子来齐之初。因为告子亦为稷下早期学者，他的人性论和另外几种人性理论在当时较有影响，重视人性之辨的孟子一到齐国稷下，就不可能不对这个问题表明自己的态度"（张秉楠：《稷下钩沉》，上海古籍出版社1991年版，第289页）。另据学者考证，孟、告之辩时，告子已年近八十，而孟子只有四十出头，故这场先秦思想史上的著名辩论是在壮年的孟子与暮年的告子之间展开的（梁涛：《郭店竹简与思孟学派》，第六章第一节《孟子"四心"说的形成及其意义》，中国人民大学出版社2008年版，第301—319页）。

本章中告子反对将人性等同于仁义，认为二者好比杞柳与杯盘的关系，前者是材料，后者是成品。孟子则认为，从人性到仁义固然需要经过后天的培养，但人性中本来就有仁义之端，后天的培养不过是将仁义之端"扩而充之"，发展壮大而已。这就好比是顺着杞柳的本性制成杯盘，而不是伤害杞柳的本性制成杯盘。如果认为必须伤害人性才能成就仁义，这就等于承认仁义是违背人性的，实际是否定了仁义，这种主张和言论必定会祸乱天下。孟子曾论后天的积习应"以利为本"（见8.26），可与本章参看。

11.2 人无有不善

告子曰:"性犹湍水①也,决②诸东方则东流,决诸西方则西流。人性之无分于善不善也,犹水之无分于东西也。"

孟子曰:"水信③无分于东西,无分于上下乎?人性之④善也,犹水之就下也。人无有不善,水无有不下。今夫水,搏⑤而跃之,可使过颡;激⑥而行之,可使在山。是岂水之性哉?其势则然也。人之可使为不善,其性亦犹是也。"

【注释】

①湍水:急流。 ②决:谓掘堤放水。 ③信:确实。 ④之:犹"为""是"。 ⑤搏:击。 ⑥激:阻遏。

【译文】

告子说:"人性好比湍急的流水,东面开个缺口就向东流,西边开个缺口就向西流。人性没有善、不善之分,就像流水没有东、西之分。"

孟子说:"流水确实没有东西之分,难道也没有上下之分吗?人性表现为善,就像水性趋向下。人性没有不表现出善的,水性没有不趋向下的。水,拍打使它飞溅起来,也能高过额头;阻挡使它倒流,可以流到山上。这难道是水的本性吗？是形势造成的。人可以让他干坏事，这时他的性也是形势造成的。"

【解读】

本章继续论人性善恶。告子以流水为喻，说明人性不分善恶，就像流水不分东西。孟子认为，流水固然不分东西，但却有向上向下之分。人性也有善的倾向，其不善是外部的环境、形势造成的。

11.3 生之谓性

告子曰："生之谓性。"

孟子曰："生之谓性也，犹^①白之谓白与？"

曰："然。"

"白羽之白也，犹^②白雪之白；白雪之白，犹白玉之白欤？"

曰："然。"

"然则犬之性犹牛之性，牛之性犹人之性与？"

【注释】

①犹：表示类比，好比。　②犹：表示推理，如同。下面"犹"同。

【译文】

告子说："生而具有的叫作性。"

孟子说:"生而具有的叫作性,就好比白色的东西叫作白吗?"

告子说:"是的。"

孟子说:"白色羽毛的白,如同白雪的白;白雪的白如同白玉的白吗?"

告子说:"是的。"

孟子说:"那么,狗的性如同牛的性,牛的性如同人的性吗?"

【解读】

本章中生之谓性乃古代人性论的大传统,它既表示"性"字是源自"生"字,也说明古人是从"生"来理解"性",而如何从"生"来理解"性",不同思想家的见解与看法则可能存在一定的差别。所以,"生之谓性"只是一形式命题,要使其成为一个有效命题,还需对"生""性"关系做进一步限定和说明。这样,由"生之谓性"便衍生出以下命题形式:第一,"生之所以然者谓之性"(《荀子·正名》),或"生之自然之资谓之性"(《春秋繁露·深察名号》),指生命物之所以如此生长的根据、原因或生而所具的自然本质为性,这是对性的实质规定,唯有具有了此规定,以上命题才能成为一个有效命题,才能对不同事物做出区分与规定。其所谓性是指事物的不同属性。第二,"生之然之谓性",或"性,生而然者也"(《论衡·本性》),指生而所具的生理欲望或生理现象为性,这是对性的形式规定。告子虽提出"生之谓性",但缺乏实质的规定，又认为"食色，性也"，故接近于第二种命题表达形式。所以孟子对告子的驳难，实际是针对其对"生之谓性"具体理解的驳难，其发问、推论方式也是针对这种具体理解提出的。在孟、告的辩论中，关键的是"生之谓性也，犹白之谓白欤"一句，这句既是孟子的设问，又是以下推论的前提，后面的结论均是由此推导出来的。孟子之所以有此设问，又与告子对"生之谓性"的理解密切相关。盖因为告子是从"生之然之谓性"，而不是从"生之所以然者之谓性"来理解"生之谓性"，"生之然"或生而即有的生理欲望只是生命物的生理现象、外在表现，并不足以概括其全部的特质、特征，所以还需要由"生之然"进一步推论其"所以然"，由生理现象推论其背后的原因、根据，这便是"生之所以然者之谓性"命题的含义所在。告子的思想缺乏这一层面，其对"性"的理解显然是不够全面的。孟子曾与其就人性善恶进行辩论，对这一点显然有所了解。所以孟子可能已注意到"生之谓性"只是一形式的命题，并不能反映一个人的完整观点，还需做进一步的说明，所以要问：你是在什么意义下来理解"生之谓性"的？"生之谓性也，犹白之谓白欤"一句的"犹"，是"好比"的意思，它表示一种比喻，而不是类推。它是说，你所说的"生之谓性"好比"白之谓白"吗？因告子主张"食色，性也"，从自然欲望、生理现象来理解性，凡生而所具的"食色"等生理欲望表现都可称为性，正好比凡具有白色外表或属性的都可称为白一样。孟子的这个比喻式判断本身并没有什么问题，只不过它不是孟子个人的主张，而是对告子观点的比喻式说明，意在使其观点明确起来。由于告子是在"生之然之谓性"，而不是"生之所以然者之谓性"的意义上理解"生之谓性"，故回答曰"然"。因为若是在第一个命题即"生之所以然者之谓性"的意义上，"生之谓性"与"白之谓白"是不等值的，二者不可以进行类推；但若是在第二个命题即"生之然之谓性"的意义上，"生之谓性"与"白之谓白"又是等值的，二者可以进行类推，孟子的设问与告子答曰"然"皆由此而来。

下一句"白羽之白也，犹白雪之白；白雪之白，犹白玉之白欤"中的"犹"，是"如同"的意思，表示类推。该句中的两个类推是由"白之谓白"而来，而不是由"生之谓性，犹白之谓白"而来。再下一句"然则犬之性犹牛之性，牛之性犹人之性与"，虽是由上一句"白羽之白也，犹白雪之白……"顺带而出，但其推理的根据则是"生之谓性，犹白之谓白"，告子既承认这一根据，则必然推出"犬之性犹牛之性，牛之性犹人之性"的结论。所以孟子这里实际使用的是归谬法，是从告子自己认可的主张推出告子自己也无法接受的结论，以批驳其仅仅从"生之然"、从生理欲望来理解性。焦循在赵岐"凡物生同类者皆同性"一句下注曰："赵氏盖探孟子之旨而言之，非告子意也。"认为"凡物生同类者皆同性"实际是孟子的主张，告子的"生之谓性"反倒不包含这一层含义，无疑是很有见地的。

以往学者在论及孟、告之辩时，往往要联系孟子的性善论，认为孟子是从性善论来批驳告子的性无善恶论。不过，从当时的具体语境来看，孟、告之辩的焦点并不在于人性善恶的问题，而在于如何看待、理解"生之谓性"。孟子强调的是，不能从"白之谓白"的意义上理解"生之谓性"，即不能仅仅从生理欲望来理解性，认为这样势必会混同犬性、牛性、人性，因犬、牛、人均有"食色"等生理欲望，但并不意味着他们有相同的性。所以，还要从"生之然"进一步推求其"生之所以然"，以确立人之为人的独特性及价值和尊严。至于人之为人的独特性在于其有善性，虽可能已蕴含在孟子的思想中，但却并不是其驳倒告子的必要条件。另，有学者认为孟子在与告子的辩论中推理有误（牟宗三：《圆善论》，见《牟宗三先生全集》22卷，台湾联经出版公司2003年版，第7—8页；王邦雄、曾昭旭、杨祖汉：《孟子义理疏解》贰《心性论》，台北鹅湖出版社1982年版，第29—31页。其"心性论"部分由杨祖汉先生撰写），非是。

11.4　仁内义外

告子曰："食色，性也。仁，内也，非外也；义，外也，非内也。"

孟子曰："何以谓仁内义外也？"

曰："彼长而我长之①，非有长于我也；犹彼白而我白之，从其白于外也，故谓之外也。"

曰："异于②白马之白也，无以异于白人之白也；不识长马之长也，无以异于长人之长欤？且谓长者义乎？长之者义乎？"

曰："吾弟则爱之，秦人之弟则不爱也，是以我为悦者也，故谓之内。长楚人之长，亦长吾之长，是以长为悦者也，故谓之外也。"

曰："耆秦人之炙③，无以异于耆吾炙，夫物则亦有然者也，然则耆炙亦有外欤？"

【注释】

①彼长而我长之：前一"长"为形容词，年长；后一"长"用作动词，尊敬。　②异于：当为衍文，或说当断为"异。于白马之白也"。　③耆：同"嗜"。炙：烤肉。

【译文】

告子说："饮食、男女，是人的本性。仁是内在的，不是外在的；义是外在的，不是内在的。"

孟子说："为什么说仁是内在的，义是外在的呢？"

告子说："他年长，我便尊敬他，不是我预先就有尊敬他的念头；就像这件东西是白色的，我便说它是白的，是根据它的外表的白色做的判断，所以说义是外在的。"

孟子说："白马的白，与白人的白没有什么不同；但不知道对老马的尊敬，与对长者的尊敬是不是也没有什么不同呢？而且你说的义，是在于长者呢，还是在于尊敬长者的人呢？"

告子说："我的弟弟就喜爱，秦国人的弟弟则不喜爱，这是我乐意的缘故，所以说仁是内在的。尊敬楚国人的长者，也尊敬我自己的长者,这是为了使长者满意,所以说义是外在的。"

孟子说:"喜欢吃秦国人的烤肉,与喜欢吃自己的烤肉没有什么不同,其他事物也有这种情况。那么,喜欢吃烤肉也是外在的吗?"

【解读】

本章中"仁内义外"是当时学术界普遍关注的问题,除《孟子·告子》外,《管子·戒篇》《墨子·经下》都谈到"仁内义外"。而近年出土的郭店竹简多有"仁内义外"的论述,表明"仁内义外"曾经是孟子以前儒家学者普遍接受的观点。告子对"仁内义外"说的理解较为特殊,他一方面从亲亲来理解仁,认为自己对亲人的爱是发自内心的,是内的。同时他把义理解为对他人的义务,认为这种义是外在的。在他看来,因为一个人年长,我便尊敬他,这种尊敬不是发自内心,就像我们称一个东西为白色的,是因为它的外表是白色的,所以说是外在的。对于告子的这一看法,孟子进行了批驳,认为告子用外表的白色来说明"义外"是不恰当的,白马的白和白人的白可能没有什么不同,但对马和人的怜悯心则是不同的,如果告子主张"义外",那么,他所说的义是存在于老者那里,还是存在于尊敬老者的人那里呢?显然,孟子的意思是说,如果说义是外的,那么,对马的怜悯心难道不是来自于人而是取决于马吗?对于孟子的质疑,告子则指出"吾弟则爱之,秦人之弟则不爱也",表明自己所说的"仁内义外"是针对人而言，不应轻易和禽兽联系在一起。同样是针对人，爱也是不同的，我的兄弟便爱他，这是我发自内心的，所以说是"内"的；而尊敬楚国的长者，也尊敬乡里的长者，这是因为他是长者，不一定是发自我内心的，所以说是"外"的。对于告子的这一看法，孟子以"嗜炙"之心进行了批驳。他认为喜欢吃秦人的烤肉和吃自己的烤肉没有什么差别，这说明喜欢吃肉之心是内在的。由此类推，仁、义也是内在的，而不可能是外在的。如果认为仁、义是外在的，岂不是认为喜欢吃肉之心也是由外在的烤肉引起的？

可以看到，孟子的这个比喻论证并不具有很强的说服力，因为喜欢吃肉也与外在的烤肉有关，而且喜欢吃秦人的烤肉，也喜欢吃自己的烤肉，前提条件必须是两种肉没有差别。否则，"嗜炙"之心便会不一样，而告子主张"义外"，正是针对不同的对象——"秦人之弟"与"吾弟"——而言的。所以，孟子的论证并不能完全驳倒告子。

11.5 义内与义外

孟季子①问公都子曰："何以谓义内也？"

曰："行吾敬，故谓之内也。"

"乡人长于伯兄一岁，则谁敬？"

曰："敬兄。"

"酌②则谁先？"

曰："先酌乡人。"

"所敬在此,所长在彼,果在外,非由内也。"

公都子不能答,以告孟子。

孟子曰:"敬叔父乎,敬弟乎?彼将曰:'敬叔父。'曰:'弟为尸③,则谁敬?'彼将曰:'敬弟。'子曰:'恶在其敬叔父也?'彼将曰:'在位故也。'子亦曰:'在位故也。庸④敬在兄,斯须⑤之敬在乡人。'"

季子闻之,曰:"敬叔父则敬,敬弟则敬,果在外,非由内也。"

公都子曰:"冬日则饮汤,夏日则饮水,然则饮食亦在外也?"

【注释】

①孟季子:其人不可详考。朱熹称其"盖闻孟子之言而未达,故私论之"。 ②酌:斟酒。 ③尸:古代祭祀时代死者受祭的人,一般由死者的晚辈充任。 ④庸:副词,平时,平常。 ⑤斯须:须臾,片刻。《礼记·祭义》:"礼乐不可斯须去身。"郑玄注:"斯须,犹须臾也。"

【译文】

孟季子问公都子说:"为什么说义是内在的呢?"

公都子说:"它表达我内心的敬意,所以说是内在的。"

孟季子问:"乡人比兄长大一岁,那么尊敬谁呢?"

公都子说:"尊敬兄长。"

孟季子问:"饮酒给谁先斟呢?"

公都子说:"先给乡人斟。"

孟季子说:"内心敬爱的是兄长,行礼敬重的是乡人,可见义果然是外在的,不是发自内的。"

公都子不能回答,便将这件事告诉了孟子。

孟子说:"(你反问他:)'尊敬叔父呢,还是尊敬弟弟?'他会说:'尊敬叔父。'你再问:'如果弟弟做了受祭的尸,那该尊敬谁?'他会说:'尊敬弟弟。'你再问:'对叔叔的尊敬到哪里去了呢?'他会说:'这是因为弟弟处在尸的位置上。'你也说:'乡人处在客人的位置上,(所以要先给他斟酒。)平时的尊敬在兄长,此刻的尊敬在乡人。'"

孟季子听说了这话,说:"该尊敬叔父时就尊敬叔父,该尊敬弟弟时就尊敬弟弟,义果然在外,不是发自内的。"

公都子说:"冬天喝热汤,夏天饮凉水,那么,饮食也是外在的吗?"

【解读】

本章继续讨论"义内""义外"。公都子受老师孟子的影响,主张"义内"说,故孟季子让他解释,什么是"义内"。公都子认为对人尊敬是从我内心发出的,所以说是"内"。而孟季子则以平时内心尊敬自己的兄弟,而在一块饮酒时却要先给同乡年长者斟酒为例,说明"义"并不都是从内心发出来的,有时也可以是由外在原因决定的,故说是"义外"。对于孟季子的质问,公都子无法回答,只好向孟子请教。孟子的回答是,先向年长的乡人敬酒,是因为乡人处在受恭敬的地位——"在位故也"。这就像本来内心对叔父的尊敬胜过兄弟，但当兄弟作为受祭的尸主时，则需尊敬兄弟一样。孟子这个论证同样缺乏说服力，因为"在位故也"正好说明义是由外在原因决定的，实际是"义外"说。孟子这样回答，可能是为了解释孟季子"所敬在此，所长在彼"的疑问，但这实际上已承认了义是外在的。对于孟季子来说，他当然不只是想要知道为什么会"所敬在此，所长在彼"，而是想要知道如何能从"义内"说明"所敬在此，所长在彼"。孟子的这个回答显然难以让人满意，且有帮对方论证的嫌疑。所以在听了公都子的转述后，孟季子马上表示"果在外，非在内也"，认为孟子实际是论证了自己的观点。对此，公都子只好重弹"饮食亦在外乎"的老调，但上一章已说过，这样的论证是缺乏说服力的。

　　从以上两章的内容来看，孟子在与告子辩论时，尚无力对其"仁内义外"说做出有力反驳，这是因为告子的"仁内义外"说本身就是植根于早期儒学理论的内在矛盾之中。孔子创立儒学，既重视仁，也突出义。他以仁表达内在自觉，以义表示外在义务。所以在孔子那里，仁、义本来就有内、外的侧重。而且孔子言仁，是以血缘宗法的孝悌为基点，通过层层外推，上升为君臣间的"忠"、朋友间的"信"，最后达到普遍意义的"泛爱众"，实现"亲亲"与"爱人"的统一。但是，"亲亲"与"爱人"之间又存在着矛盾、对立的一面，对"亲亲"的过分强调，就可能意味着对"爱人（他人）"的漠视。如果说，在孔子的时代，由于宗法血缘关系在社会中占据主导地位，内在自觉和外在义务还不至于发生对立和冲突，二者借助血缘亲情达到一种和谐与统一的话，那么，随着生产的发展，交往的扩大，血缘关系的瓦解，人们之间的关系变得复杂、多样。正是在这种背景下，出现了所谓的"仁内义外"的讨论。从郭店竹简的资料来看，儒家所主张的"仁内义外"，是强调"仁内"与"义外"的统一，认为道德实践需要从"仁内"与"义外"两个方面入手。告子的"仁内义外"说则与此不同，他强调的是"仁内"与"义外"的对立，认为对家族以内人的爱是自觉的，是发自内心的；而对家族以外人的爱是不自觉的，是由外部规定的。告子的这种看法同他把仁理解为亲亲有关，从亲亲出发，自然是"吾弟则爱之，秦人之弟则不爱也"；亲亲是人人具有的内在自然情感，所以说它是"内"的。同时，他又把义理解为对长者（或他人）的义务，这种义务是由我与他人之间的身份关系决定的，从这一点看，它是"外"的。告子对仁、义的这种理解，不一定符合孔子以来儒家的思想，但它却将其中隐含的内在矛盾揭示出来，使孟子意识到必须突破宗法血亲的狭小藩篱，为儒学理论寻找新的理论基石。而正是在这一背景下，孟子提出他著名的"四心"说，把仁的基点由血亲孝悌转换到"恻隐""羞恶""辞让""是非"等更为普遍的道德情感中去，把儒学理论推向一个新的发展阶段（参见梁涛：《郭店竹简与思孟学派》，第六章第一节《孟子"四心"说的形成及其意义》，中国人民大学出版社2008年版，第301—319页）。

11.6 仁义礼智，我固有之

公都子曰："告子曰：'性无善无不善也。'或曰：'性可以为善，可以为不善。是故文武兴，则民好善；幽厉①兴，则民好暴。'或曰：'有性善，有性不善。是故以尧为君而有象；以瞽瞍为父而有舜；以纣为兄之子，且以为君，而有微子启、王子比干②。'今曰'性善'，然则彼皆非欤？"

孟子曰："乃若其情③，则可以为善矣，乃所谓善也。若夫为不善，非才④之罪也。恻隐之心，人皆有之；羞恶之心，人皆有之；恭敬之心，人皆有之；是非之心，人皆有之。恻隐之心，仁也；羞恶之心，义也；恭敬之心，礼也；是非之心，智也。仁义礼智，非由外铄⑤我也，我固有之也，弗思耳矣。故曰，'求则得之，舍则失之。'或相倍蓰而无算者，不能尽其才者也。《诗》曰⑥：'天生蒸民⑦，有物有则⑧。民之秉夷⑨，好是懿德⑩。'孔子曰：'为此诗者，其⑪知道乎！故有物必有则；民之秉夷也，故好是懿德。'"

【注释】

①幽厉：指周幽王、周厉王，周代两个暴君。 ②微子启：纣王的庶兄，商纣王时的贤者。王子比干：纣王叔父，因劝谏而被纣王剖心而死。 ③乃若：发语辞，表示转折，犹"至于"。其：指性，也就是才，

具体讲就是恻隐、羞恶、恭敬、是非之心。情：实情。 ④才：《说文解字》："草木之初也"，引申为人初生时的材质。 ⑤铄：通"效"，授予。《左传·昭公二十六年》："而后效官。"杜预注："效，授也。"朱骏声《说文通训定声·补遗》："铄又为效。《孟子》'非由外铄我也'，按授也。"一说渗入。朱熹《集注》："铄，以火销金之名，自外以至内也。" ⑥《诗》曰：以下四句出自《诗经·大雅·烝民》。 ⑦蒸民：众民。蒸：《诗经》作烝，众也。 ⑧物：事。则：法。 ⑨秉：执。夷：《诗经》作"彝"，常，指常法。 ⑩懿德：美德。懿：美。 ⑪其：副词，表推测、估计，大概，或许。

【译文】

公都子说："告子说：'性无所谓善，也无所谓不善。'也有人说：'性可以为善，也可以为不善。所以文王、武王兴起，百姓就变得善良；幽王、厉王兴起，百姓就变得凶暴。'又有人说：'有的人性善，有的人性不善。所以，有尧这样的君主，却有象这样的坏人；有瞽瞍这样的父亲，却有舜这样好的儿子；有纣这样的侄子，而且做了君主，却有微子启、王子比干这样的贤人。'现在您说'性善'，那么他们说的都错了吗？"

孟子说："至于人性的实情，可以表现为善，这就是我说的善。至于它表现为不善，那就不是才的过错了。恻隐之心，每个人都有；羞恶之心，每个人都有；恭敬之心，每个人都有；是非之心，每个人都有。恻隐之心，就是仁；羞恶之心，就是义；恭敬之心，就是礼；是非之心，就是智。仁义礼智,不是由外部授予我的,而是我本来就具有的,只是不自觉罢了。所以说,'追求便会得到,舍弃就会失去。'人与人相比,有相差一倍、五倍甚至无数倍的,这是不能充分实现他们的才的缘故。《诗经》说:'天生众民,有事便有法则。百姓禀受常性,所以爱好这美德。'孔子说:'作这首诗的,大概是懂得道啊!所以有事便有法则;百姓禀受了常性,所以爱好这美德。'"

【解读】

本章及下面两章正面阐述性善。据公都子介绍,当时社会上流行三种不同的人性主张,分别是告子的"性无善无不善"说,无名氏的"性可以为善,可以为不善"说,以及同为无名氏的"有性善,有性不善"说。其观点虽有不同,但都只是对性的一种外在概括和描述,不足以突出人的道德主体性,无法确立人生的信念和目标,不能给人以精神的方向和指导。故孟子"道性善",不采取以上的进路,而是提出了自己对于性与善的理解。本章中重要的是"乃若其情,则可以为善矣,乃所谓善也"几句,其中"乃若其情"的"其",当是指人性而言,但不是指一般的人性,而应是指下文的"恻隐""羞恶""恭敬""是非"之心或仁、义、礼、智。"乃若其情"的"情"应训为"实",指实情。"则可以为善矣,乃所谓善也"两句中,分别出现两个"善"字,但具体所指又有所不同。其中前一个"善"指具体的善行,如乍见孺子将入于井,必生"怵惕恻隐之心",而援之以手;见长者必生"恭敬心",为其"折枝"等等;后一个"善"是就人性自身而言,是对"其"也就是"性"所做的判断和说明。这三句话是说,至于恻隐、羞恶、恭敬、是非之心的实情,可以表现为具体的善行,这就是所说的善。但是孟子只强调"可以",认为只要"可以为善",就算是善;假如因为种种原因而没有表现出善,仍不影响内在禀赋本身仍为善。所以孟子实际是即心言性,认为恻隐、羞恶、恭敬、是非之心可以表现为具体的善行,所以是善的,并进一步由心善肯定性善。孟子关于性善论的阐发,除下面两章外,还散见于《孟子》一书各章,本书导读部分有集中讨论,可参看。

11.7 理义悦心

孟子曰:"富岁,子弟多赖①;凶岁,子弟多暴,非天之降才尔殊也,其所以陷溺其心者然也。今夫麰麦②,播种而耰③之,其地同,树之时又同,浡然而生,至于日至④之时,皆熟矣。虽有不同,则地有肥硗⑤,雨露之养,人事之不齐也。故凡同类者,举相似也,何独至于人而疑之?圣人,与我同类者。故龙子⑥曰:'不知足而为屦⑦,我知其不为蒉⑧也。'屦之相似,天下之足同也。口之于味,有同耆也;易牙⑨先得我口之所耆者也。如使口之于味也,其性与人殊⑩,若犬马之与我不同类也,则天下何耆皆从易牙之于味也?至于味,天下期于易牙,是天下之口相似也。惟耳亦然。至于声,天下期于师旷⑪,是天下之耳相似也。惟目亦然。至于子都⑫,天下莫不知其姣也;不知子都之姣者,无目者也。故曰,口之于味也,有同耆焉;耳之于声也,有同听焉;目之于色也,有同美焉。至于心,独无所同然乎?心之所同然者何也?谓理也,义也。圣人先得我心之所同然耳,故理、义之悦我心,犹刍豢⑬之悦我口。"

【注释】

①赖:赵岐注:"善。"《吕氏春秋·离俗》:"故如石户之农、北人无择、卞随、务光者,其视天下若六合之外,人之所不能察;其视富贵也,苟可得已,则必不之赖。"高诱注:"不之赖,不赖之也。赖,利也,一曰善也。"或说通"懒"。 ②今:句首语气助词。 麰(móu)麦:大麦。 ③櫌(yōu):平地的农具,这里用作动词。 ④日至:这里指夏至。 ⑤硗(qiāo):土地瘠薄。 ⑥龙子:古贤人,事迹不可详考。 ⑦屦(jù):用麻、草编织的单底鞋。 ⑧蒉:草编的筐。 ⑨易牙:齐桓公的宠臣,传说他擅长烹饪。 ⑩与人殊:杨伯峻认为省一"人"字,当为"人与人殊"。 ⑪师旷:春秋时晋平公的乐师,生而目盲,善辨音律。 ⑫子都:传说是古代的美男子。 ⑬刍豢:牛羊犬豕之类的家畜,这里泛指肉类食品。朱熹《集注》:"草食曰刍,牛羊是也;谷食曰豢,犬豕是也。"

【译文】

孟子说:"丰年,年轻人大多善良;荒年,年轻人大多凶暴，不是天降的才有什么不同，而是外部环境影响他们的心使然。以大麦而论，播种后用土把种子覆盖好，同样的土地，同样的播种时间，它们蓬勃地生长，到了夏至时，全都成熟了。即便有收获多少的不同，那也是由于土地有肥瘠、雨水有多少、人工有勤惰而造成的。所以凡是同类，大体都是相似的，为什么唯独对于人却要怀疑呢？圣人与我们是同类的。所以龙子说：'即便不知道脚的大小去编一双草鞋，我也知道一定不会编成草筐。'草鞋的相似，是因为天下人脚的形状是大致相同的。口对于味道，有相同的嗜好，易牙就是先掌握了我们的共同嗜好的人。假使口对于味道，人人生来就不同，如狗、马与我们不是同类一样，那么，为什么天下人都喜欢易牙烹调出来的味道呢？说到口味，天下的人都期望做到易牙那样，说明天下人的味觉是相似的。对耳朵来说也是这样。一提到音乐，天下的人都期望做到师旷那样，这说明天下人的听觉都是相近的。对眼睛来说也是这样。一提到子都，天下人没有不认为他漂亮的。不认为子都漂亮的，是不长眼的人。所以说，口对于味道，有相同的嗜好；耳朵对于声音，有相同的听觉；眼睛对于容貌，有相同的美感。至于心，难道偏偏就没有相同之处吗？心的相同之处是什么？就是理，就是义。圣人不过就是先掌握了我们内心的相同之处罢了。所以理、义愉悦我们的心，就像猪肉、牛肉愉悦我们的口一样。"

【解读】

本章继续讨论性善，重在说明人的表现为什么会有善与不善的差别。上一章孟子提出人有内在的善性"才",也就是恻隐、羞恶、恭敬、是非之心,并引《诗经》"天生蒸民,有物有则",提示此"才"应是天的赋予。本章则明确提出"非天降才殊也",认为天平等地降给每个人"才"。那么,人为什么在实际生活中的表现又是不同的,为什么存在贤与不肖的差别?这就与"才"的特点密切相关了。《孟子》书中的"才"有才能与材质的不同含义,本章的"才"不是才能之"才",而是材质之"才"。具体讲,就是指四端之心或善性。"才"之本意是初生之幼苗,《说文解字》云:"才,草木之初也。从丨上贯一。将生枝叶也。一,地也。凡才之属皆从才。"段玉裁注:"引申为凡始之称……一谓上画也,将生枝叶谓下画。才有茎出地而枝叶未出,故曰将。"孟子以"才"称善性,表示此善性非静态的本质,而是动态的活动,有一个成长、发展的过程。所以尽管天赋予人"才",但仍需要后天的养护与培养,由于环境和个人努力的不同,人与人之间便有贤与不肖的差别,这就像播下相同的种子,收获的大麦却有多少的差别一样。

  本章孟子还提出,"凡同类者,举相似也",例如易牙调制的美味人人都喜欢,师旷演奏的音乐大家都欣赏,美男子子都人人都赞美,说明口有"同耆",耳有"同听",目有"同美",易牙、师旷不过是"先得我口之同耆者"、耳之"同听者"。同样的道理,心亦有"同然"者,心之"同然"就是理,就是义。圣人就是"先得我心之所同然"者,他们充分实现了自己的"才",扩充了自己的善性,是人伦的楷模,是我们学习的榜样。

11.8 苟得其养，无物不长

孟子曰："牛山①之木尝美矣，以其郊②于大国也，斧斤伐之，可以为美乎？是其日夜之所息，雨露之所润，非无萌蘖③之生焉，牛羊又从而牧之，是以若彼濯濯④也。人见其濯濯也，以为未尝有材焉，此岂山之性也哉？虽存乎人者⑤，岂无仁义之心哉？其所以放其良心者，亦犹斧斤之于木也，旦旦而伐之，可以为美乎？其日夜之所息⑥，平旦之气⑦，其好恶与人相近也者几希⑧，则其旦昼⑨之所为，有梏亡⑩之矣。梏之反覆，则其夜气⑪不足以存；夜气不足以存，则其违禽兽不远矣。人见其禽兽也，而以为未尝有才焉者，是岂人之情也哉？故苟得其养，无物不长；苟失其养，无物不消。孔子曰：'操则存，舍则亡；出入无时，莫知其乡⑫。'惟心之谓与？"

【注释】

①牛山：山名。在今山东省淄博市临淄区之南。赵岐注："牛山，齐之东南山也。" ②郊：此用作动词，意为临近。 ③萌蘖（niè）：植物的萌芽。朱熹《集注》："萌，芽也。蘖，芽之旁出者也。" ④濯（zhuó）濯：光秃貌。赵岐注："无草之貌。" ⑤虽：通"唯"，语首助词。存：赵岐注："在也。" ⑥息：滋息，生长。 ⑦平旦之气：谓清晨未受外物扰乱时的精神、心理状态。平旦：清晨。赵岐注："平旦

之志气，其好恶，凡人皆有与贤人相近之心。"孙奭疏："人之平旦之气，尚未有利欲汨之，则气犹静，莫不欲为之善也，而恶为之恶也。"朱熹《集注》："平旦之气，谓未与物接之时，清明之气也。"　⑧几希：赵岐注："几，岂也。岂希，言不远也。"一些学者据此将此句译为：其好恶几乎人人差不多。但《孟子》书中"几希"共出现四次，其他三次都做"很少、不多"讲，这里也不应例外。朱熹注为"不多也"，今从之。⑨则：连词，表转折，犹"然而"。旦昼：第二天白天。焦循《正义》："旦昼，犹云明日。"　⑩有：通"又"。梏（gù）：通"搅"。赵岐注："有梏乱之。"焦循《正义》："字书捁从手，即古文搅字。谓搅扰也。捁、牿、梏同。赵氏读梏为搅，故训为乱。"一说因受束缚而致丧失。孙奭疏："梏，手械也。利欲之制善，使不得为，犹梏之制手也。"　⑪夜气：孟子的哲学概念，指晚上静思产生的良知、善念。　⑫乡：通"向"。

【译文】

孟子说："牛山的树木曾经很茂盛，因为长在都市的郊外，经常被刀斧砍伐，它还能够茂盛吗？虽然它日夜都在生长，雨露也在不断滋养着它，并非没有新枝嫩芽长出来，但又有人赶着牛羊来放牧，因此就变得光秃秃的了。人们见它光秃秃的，便以为它从来没有生长过材木，这难道是山的本性吗？就说在人的身上吧，难道就没有仁义之心吗？他们之所以丧失了良心，也就像刀斧砍伐树木一样，天天砍伐，它能茂盛吗？他日夜所滋生，清晨时的清明之气，所产生的好恶与贤人相近的也有那么一点点，然而白天的所为，又将它扰乱、丧失了。反复地扰乱，那他夜里的清明之气就不足以保存；夜里的清明之气不足以保存，那他就与禽兽相差不远了。人们见他像禽兽，就以为他不曾有过才，这难道是人的实情吗？所以，如能得到培养，没有东西不会生长；如果失去培养，没有东西不会丧失。孔子说："把握就存在，舍弃就消亡；出入无定时，不知它方向。'说的就是人心吧？"

【解读】

本章继续讨论性善，重在说明人的善性为什么会丧失。前章孟子提出天平等地赋予每个人"才"，也就是善性，但生活中为什么会有不善之人呢？孟子以牛山为例，山的本性本来可以生长树木，但因为牛山处在齐国都城的郊外，经常遭人用刀斧砍伐，还被人放牧牛羊，于是渐渐地变得光秃秃的了。但光秃秃并非山的本性，而是人为砍伐的结果。同样，人本来生而具有仁义之心，有良心，但由于不注意保护、培养，一点点地丧失，便与禽兽差不多了。但这并非人的本性，而是后天戕害的结果，不能因此否认人生而具有的"才"。孟子所说的"仁义之心"、"良心"和"才"，都是指同一个东西，都是指善性，指先天的道德禀赋，是同一个事物的不同名称。

本章孟子还提到"平旦之气""夜气"，较为神秘，一直是《孟子》书中的难点，需要做些说明。孟子所说的"平旦之气""夜气"应是精神之气，而非物质之气，是指内在精神的状态和活动。不过，它特别强调的是早晨和夜晚的精神状态和活动。《孙子兵法·军争》："三军可夺气，将军可夺心。是故朝气锐，昼气惰，暮气归。故善用兵者，避其锐气，击其惰归，此治气者也。"这里的"朝气""昼气""暮气"就是指人一天早、中、晚的精神状态和活动。孟子为什么特别重视"平旦之气""夜气"呢？这是因为，此时"是人的善端最易显露的时候，也是当一个人的生理处于完全休息状态，欲望因尚未与物相接而未被引起的时候；此时的心，也是摆脱了欲望的裹挟而成为心的直接独立的活动，这才是心自己的活动；这在孟子便谓之'本心'"（徐复观：《中国人性论史·先秦卷》，台湾商务印书馆1969年版，第173页）。与之相对，人心的"陷溺"，往往与"其旦昼之所为，有梏亡之矣"有密切的关系。"所谓'旦昼之所为'，应是指人与外在世界的频繁接触与交际而言。换言之，在人与世界的频繁接触中，外在世界也以各式各样的声色之美，财货之富，耸动着我们的欲望，使我们在频频向外索讨的盲目追逐中，渐渐背叛了本心良知的召唤。"（袁保新：《孟子三辨之学的历史省察与现代诠释》，台北文津出版社1992年版，第70页）至于"平旦之气""夜气"是指什么样的精神活动，由于论述简略，后人多有争论。从本章的内容看，应是指仁义之心、良心的精神活动，是德气，而非情气、血气。"平旦之气""夜气"不过是指仁义之心、良心在清晨和夜晚的呈现、活动而已。

11.9　一曝十寒

孟子曰："无或①乎王之不智也。虽有天下易生之物也，一日暴②之，十日寒之，未有能生者也。吾见亦罕矣，吾退而寒之者至矣，吾如有萌焉何哉③？今夫弈之为数④，小数也；不专心致志，则不得也。弈秋，通国之善弈者也。使弈秋诲二人弈，其一人专心致志，惟弈秋之为听。一人虽听之，一心以为有鸿鹄⑤将至，思援弓缴⑥而射之，虽与之俱学，弗若之矣。为是其智弗若与？曰：非然也。"

【注释】

①或：同"惑"。赵岐注："怪也。" ②暴（pù）：同"曝"，晒。 ③吾如有萌焉何哉：即"吾有如萌焉何哉"。有：通"又"。如……何：对……怎么样。 ④弈：围棋。数：技艺。 ⑤鸿鹄：天鹅。 ⑥缴（zhuó）：拴在箭上的生丝绳，亦指箭。

【译文】

孟子说："大王的不明智不足为怪。即使有天下最容易生长的东西，晒它一天，又冻它十天，没有能够生长的。我和大王相见的时候太少了，我一离开，那些'冻'他的奸邪之人就到了，我对他刚有的一点善心萌芽又能怎样呢？围棋这种技艺，是种小技艺；如果不专心致志，就学不好。弈秋，是全国的下棋高手。让弈秋教两个人下棋，其中一人专心致志，只听弈秋的讲授。另外一人虽然在听，但一心认为有天鹅要飞来，想着要拿弓箭去射它，虽然和别人一起学习，却比不上人家。是因为他的智力不如人家吗？当然不是的。"

【解读】

本章论对君王的教育和影响,与6.6主张在君王旁多置"善士"的思想相近。孟子首先以"易生之物"为例,说明对君王的教育和影响需持之以恒,而不可"一曝十寒"。又以下棋为例,说明君主自己也需要专心致志,若一心二用是难有成效的。

11.10 舍生取义

孟子曰:"鱼,我所欲也,熊掌亦我所欲也;二者不可得兼,舍鱼而取熊掌者也。生亦我所欲也,义亦我所欲也;二者不可得兼,舍生而取义者也。生亦我所欲,所欲有甚于生者,故不为苟得也;死亦我所恶,所恶有甚于死者,故患有所不辟①也。如使人之所欲莫甚于生,则凡可以得生者,何不用也?使人之所恶莫甚于死者,则凡可以辟患者,何不为也?由是则生而有不用也,由是则可以辟患而有不为也,是故所欲有甚于生者,所恶有甚于死者。非独贤者有是心也,人皆有之,贤者能勿丧耳。

"一箪食,一豆②羹,得之则生,弗得则死,嘑尔③而与之,行道之人弗受;蹴尔④而与之,乞人不屑也。万钟则不辩礼义而受之,万钟于我何加焉?为宫室之美、妻妾之奉,所识穷乏者得⑤我欤?乡为身死而不受,今为宫室之美为之;乡为身死而不受,今为妻妾之奉为之;乡为身死而不受,今为所识穷乏者得我而为之,是亦不可以已乎?此之谓失其本心。"

【注释】

①辟:同"避"。 ②豆:古代食器,形似高足盘。 ③嘑(hū)尔:呵斥貌。赵岐注:"嘑尔,犹呼尔,咄(duō)啐(cuì)之貌也。" ④蹴(cù)尔:践踏貌。赵岐注:"蹴,蹋也。以足践蹋与之乞人,不洁之。" ⑤得:通"德",此处作动词。

【译文】

孟子说:"鱼,是我想要的,熊掌,也是我想要的;如果二者不能同时得到,就放弃鱼而选取熊掌。生命,是我想要的,道义,也是我想要的;如果二者不能同时得到,就舍弃生命而选择道义。生命是我想要的,但想要的有超过生命,所以就不会干苟且偷生的事;死亡是我厌恶的,但厌恶的有超过死亡,所以就不会躲避有些祸患。假使人们想要的东西没有什么超过生命,那么只要可以求生,什么方法不能使用呢?假使人们厌恶的东西没有什么超过死亡,那么只要可以避患,什么手段不能利用呢?这样做就得生,然而却有人不做,这样做就避患,然而却有人不干,由此可见,人们想要的东西有超过生命的,厌恶的东西有超过死亡的。这种心不只是贤人才有,人人都有,只不过贤人能不丧失罢了。

"一箪饭,一盆汤,得到就活,得不到就死。呵斥着施舍给人,过路的人不会接受;用脚踩踏后施舍给人,乞丐也不屑一顾。然而万钟俸禄却不问是否合乎礼义就接受了,万钟俸禄对我有何益处呢？是为了住宅的华美、妻妾的侍奉，相识的穷人感激我吗？过去宁可身死也不愿接受，现在却为了住宅的华美而接受；过去宁可身死也不愿接受，现在却为了妻妾的侍奉而接受；以前宁可身死也不愿接受，现在却为了让相识的穷人感激我而接受，这难道不可以罢手的吗？这就叫丧失了本心。"

【解读】

本章强调道德信念高于自然生命，谴责不顾礼义廉耻而谋取富贵的可耻行径。孟子认为，人从终极意义上说，乃是精神的存在，而不是生物的存在，人有比生命更高的价值追求。当个体生命与道德原则发生冲突而不能两全时，应该道德优先，舍弃生命以维护理想中的道德原则。只有确立了这一点，才能凸显人的高贵与尊严。否则，人便会为贪生避祸而无所不为，那就与禽兽没有区别了。孔子曾主张"志士仁人，无求生以害仁，有杀身以成仁"（《论语·卫灵公》），可以说是孟子思想的源头。以后荀子提出"人之所欲生甚矣，人之所恶死甚矣，然而人有从生成死者，非不欲生而欲死，不可以生而可以死也"（《荀子·正名》），对此做了进一步的发挥，成为儒家所一致认同的价值观念。这观念为培养中华民族的浩然正气和高尚情操起到了非常积极的作用，曾鼓舞中国历史上无数志士仁人为理想而献身，如民族英雄文天祥在其临刑前自书"衣带诗"："孔曰成仁，孟曰取义，唯其义尽，所以仁至。读圣贤书，所学何事？而今而后，庶几无愧。"正是对儒家这一道德理想的具体实践。

本章孟子提出了"本心"的概念,本心就是原本固有之心,实际也就是"良心""仁义之心"。孟子认为,本心是人人都有的,就是在乞丐也不例外。但本心又是可以丧失的,那些不顾礼义贪图富贵的人,就是丧失了本心。

11.11　求放心

孟子曰:"仁,人心也;义,人路也。舍其路而弗由,放①其心而不知求,哀哉!人有鸡犬放,则知求之;有放心而不知求。学问之道无他,求其放心而已矣。"

【注释】

①放:放任,失去。

【译文】

孟子说:"仁,是人的本心;义,是人的正路。舍弃了道路不去行走,丢失了本心不知寻求,可悲啊!人丢失了鸡狗,还知道去寻找;丢失了本心,却不知寻求。学问之道没有别的,只是将丢失的本心找回来罢了。"

【解读】

本章论"仁,人心",是孟子对孔子仁学的发展和贡献。孔子重视仁,以仁为思想的核心。但对于仁,孔子的解释宽泛且多变，每次讲解都不尽一致。这并不奇怪，因为在孔子那里，仁是主体的实践活动，重要的是内在的体验和自觉，而不是概念的界定和理论论证。故孔子言仁，主要指出如何实践仁、践履仁，因所言的对象不同，具体的情境不同，表述自然也不同。孟子在本章中把"仁"规定为是"人心"，即人的"本心"或"良心"，抓住了仁的根本，这一解释对后来儒家心性之学的发展具有重要意义。

孟子关于仁，有两个命题，一个是"恻隐之心，仁也"，这是狭义上的仁；另一个是"仁，人心也"，这是广义上的仁。狭义上的仁，只是恻隐之心；广义上的仁，则包括恻隐、羞恶、恭敬、是非之心全体。狭义上的仁，只是"仁民爱物"之仁；广义上的仁，则包括由恻隐、羞恶、是非、恭敬之心到仁、义、礼、智的全部发展过程。孟子在"仁，人心也"之后，又提出"义，人路也"，二者关系如何，也值得关注。孟子言义的一个重要特点是将义归于主体心，把义看作主体心的外在表现。因此，这里的仁、义不是并列关系而是从属关系。孟子的意思是，作为"人心"的仁具有高度的理性自觉，作为"人路"的义即来自于仁，掌握了仁也就掌握了义。正因为如此，孟子只言"求放心"，而不言寻失路。

本章最后提到"学问之道"在于"求放心"，似乎过于强调内省、反求诸己，对后天的学习则有所忽略。但孟子的"学问之道"不仅在于找回丢失的本心，还有对其"扩而充之"的过程，从这一点讲，并不完全排除后天的学习。

11.12　首重本心

孟子曰："今有无名之指屈而不信①,非疾痛害事也,如有能信之者,则不远秦楚之路,为指之不若人也。指不若人,则知恶之;心不若人,则不知恶,此之谓不知类②也。"

【注释】

①信:同"伸"。　②不知类:不懂得依类推理,引申为不知轻重。朱熹《集注》:"言不知轻重之等也。"

【译文】

孟子说:"现在有个人无名指弯曲不能伸直,既不疼痛也不妨碍做事,但只要有人能使它伸直,即使到秦国、楚国也不会嫌路远,为的是手指不如别人。手指不如人,知道厌恶;心不如人,却不知道厌恶,这叫作不知轻重。"

【解读】

本章及下面三章论"大体"与"小体"之别,强调为人首先要重视本心的培养。孟子认为人有"大体""小体"的区别(见11.15),"大体"指心,"小体"指"耳目之官"。"大体"优于"小体","从其大体为大人,从其小体为小人",故人首先当重视心的培养。若一个人只关心手指,而不重视心,便是"不知类"。

11.13 不知养身

孟子曰:"拱把①之桐梓,人苟欲生之,皆知所以养之者。至于身②,而不知所以养之者,岂爱身不若桐梓哉?弗思甚也。"

【注释】

①拱把:指径围不粗,可两手合围。赵岐注:"拱,合两手也;把,以一手把之也。" ②身:自身,自己。

【译文】

孟子说:"一两把粗的桐树、梓树,人们如果想让它生长,都知道怎样去培养。对于自己,却不知道怎样去培养,难道爱自己还不如桐树、梓树吗?真是太不用脑子了。"

【解读】

本章论修身。人们对于树木都知道养护,对于自己反而不知培养。当然修身首先应重视大体而非小体。

11.14 无以小害大,无以贱害贵

孟子曰:"人之于身也,兼①所爱。兼所爱,则兼

所养也。无尺寸之肤不爱焉，则无尺寸之肤不养也。所以考其善不善者，岂有他哉？于己取之而已矣。体有贵贱，有小大②。无以小害大，无以贱害贵。养其小者为小人，养其大者为大人。（下略）"

【注释】

①兼：整体，全部。 ②体有贵贱，有小大：朱熹《集注》："贱而小者，口腹也；贵而大者，心志也。"

【译文】

孟子说："人对于自己，每一部分都爱护。都爱护，便都保养。没有一寸肌肤不爱护，没有一寸肌肤不保养。考察他保养得好不好，难道有别的方法吗？只要看他注重的是身体哪一部分就可以了。身体有重要的部分，有次要的部分；有小的部分，有大的部分。不要因为小的部分损害了大的部分，不要因为次要部分损害了重要的部分。保养小的部分成为普通百姓，保养大的部分成为德性完备的人。"

【解读】

本章论体有"贵贱""大小"，批评舍大体而养小体的行为。不过孟子虽然对身、心做了大体、小体的区分，但并不是不重视身，而是强调以心摄身，心身一如，故孟子又有"践形"之说（参见13.38）。

11.15 大体与小体

公都子问曰:"钧①是人也,或为大人,或为小人,何也?"

孟子曰:"从其大体为大人,从其小体为小人。"

曰:"钧是人也,或从其大体,或从其小体,何也?"

曰:"耳目之官不思,而蔽于物。物交物②,则引③之而已矣。心之官则思,思则得之,不思则不得也。此天之所与我者。先立乎其大者,则其小者不能夺也。此为大人而已矣。"

【注释】

①钧:同"均"。 ②物交物:前一个"物"指耳目之官,后一个"物"指外物。交:两者相接触。 ③引:引诱,吸引。

【译文】

公都子问道:"同样是人,有的成为君子,有的成为小人,这是为什么呢?"

孟子说:"顺从大体的成为德性完备的人,顺从小体的成为普通百姓。"

公都子又问:"同样是人,有的顺从大体,有的顺从小体,又为什么呢?"

孟子说:"耳朵、眼睛这类器官不会思考,所以被外物蒙蔽。一与外物接触,便容易被引诱过去。心这个器官会思考,一思考就能得到心中的仁义,不思考就得不到。这是天赋予我的能力。先确立了心这个大体,那么耳朵、眼睛之类的小体就不会被外物夺去。这样便可以成为君子。"

【解读】

本章中孟子认为,耳目之官不能"思",不具有自主性,只能被动地接受外物的作用,故当其与外物接触时,便会受到遮蔽与引诱。心之官则不同,它可以"思",此"思"为反思,为逆觉体证。故心之官一方面会受到外物的干扰、引诱,另一方面又可以通过"思",反求诸己,发现"天之所与我"的仁义礼智,具有自主性。因此,只有首先将本心确立起来,才不会被耳目之欲所扰乱,这样便可以成为有德的君子。

11.16 天爵与人爵

孟子曰:"有天爵①者,有人爵者。仁义忠信,乐善不倦,此天爵也;公卿大夫,此人爵也。古之人修其天爵,而人爵从之。今之人修其天爵,以要②人爵;既得人爵,而弃其天爵,则惑之甚者也,终亦必亡而已矣。"

【注释】

①天爵:天赐的爵位,指天赋的德性。 ②要:通"邀",求取,追求。

【译文】

孟子说:"有天赐的爵位,有人授的爵位。仁义忠信,好善不倦,这是天赐的爵位;公卿大夫,这是人授的爵位。古代的人修养天授的爵位,自然就得到人授的爵位。今天的人修养天授的爵位,是为了获得人授的爵位;一旦得到人授的爵位,就抛弃了天授的爵位,实在是蠢得很,最终连人授的爵位也必定会失去的。"

【解读】

本章中孟子认为,人的价值、意义不在于权势、地位,而在于善性、德性。所谓"人爵"指"公卿大夫",即现实中的权势、地位;"天爵"指"仁义忠信,乐善不倦",即内在的善性和对此善性的喜好。天爵的"天"有二义,一是指尊贵;二是指"此天之所与我者"。故天爵具有超越的来源,高于现实的人爵。古代的人将天爵置于人爵之上,"修其天爵,而人爵从之",体现了天爵高于人爵的价值原则;而今天的人修其天爵,是为了获取人爵,获取了人爵,便抛弃天爵,完全违背了这一原则。人爵只有少数人可以得到,而天爵则是人人都具有的,是天对我们每一个人的赋予,这就保证了每个人都有与生俱来的价值与尊严,都有实现其价值与尊严的可能,从而确立起人生的信念与方向。

11.17 人有良贵

孟子曰:"欲贵者,人之同心也。人人有贵于己者,弗思耳矣。人之所贵者,非良贵也。赵孟①之所贵,赵孟能贱之。《诗》云②:'既醉以酒,既饱以德。'言饱乎仁义也,所以不愿③人之膏粱之味也;令闻广誉施于身,所以不愿人之文绣也。"

【注释】

①赵孟:春秋时晋国正卿赵盾,字孟,他的子孙后来也称赵孟,这里以赵孟代指有权势的人物。 ②《诗》云:以下两句出自《诗经·大雅·既醉》。 ③愿:羡慕。

【译文】

孟子说:"希望尊贵,这是人们的共同心愿。其实每个人都有可尊贵的东西,只是没有想到罢了。别人给予的尊贵,不是真正的尊贵。赵孟使他尊贵,赵孟也可以使他下贱。《诗经》中说:'既喝醉了酒,又饱享了德。'这是说饱享了仁义,所以就不羡慕别人的美味佳肴;美好的名声加在自己身上了,就不羡慕别人的锦绣衣裳。"

【解读】

本章中"良贵",也就是真正的尊贵。孟子认为,"良贵"在于仁义、善性，也就是"天爵"，而不在于权势、地位，不在于"人爵"。

11.18 仁胜不仁

孟子曰："仁之胜不仁也，犹水胜火。今之为仁者，犹以一杯水救一车薪之火也；不熄，则谓之水不胜火，此又与①于不仁之甚者也，亦终必亡而已矣。"

【注释】

①与：助。

【译文】

孟子说："仁胜过不仁，好比水能灭火。但现在奉行仁道的人，就好比用一杯水去救一车木柴的火；火不熄灭，就说水不能灭火。这又大大助长了那些不仁之人，最终一定会连那一点点仁也丧失了。"

【解读】

本章认为水能灭火，仁能战胜不仁，但还应注意力量对比。若不努力为仁，浅尝辄止，便怀疑、否定仁，这样只会助长不仁者的气焰，最终丢失掉仁。

11.19 仁在乎熟

孟子曰:"五谷者,种之美者也;苟为不熟,不如荑稗①。夫仁,亦在乎熟之而已矣。"

【注释】

①荑(tí)稗:即稊稗。荑、稗为二草名,似禾,实比谷小,亦可食。荑:通"稊"。

【译文】

孟子说:"五谷,是种子中的佼佼者,假如不成熟,还不如稊米、稗子。仁,也在于使它成熟罢了。"

【解读】

本章以五谷为喻,说明仁需"扩而充之"。孟子说:"恻隐之心,仁之端也。"(《公孙丑上》)"端"字本作"耑",《说文解字》:"耑,物初生之题(注:题犹额也,端也)也,上象生形,下象其根也。"换言之,"端"即事物的萌芽、开始。"端"表明恻隐之心不是一种既定、完成的存在,从恻隐之心到仁有一个生长、发展的过程,正如树苗到树木有一个生长、发展的过程一样。若不加扩充,仁还不及稊稗。

11.20　为学之道

孟子曰:"羿之教人射,必志于彀①;学者亦必志于彀。大匠诲人必以规矩,学者亦必以规矩。"

【注释】

①彀(gòu):张满弓弩。朱熹《集注》:"彀,弓满也。满而后发,射之法也。"

【译文】

孟子说:"羿教人射箭,一定要拉满弓;学习的人也一定要努力拉满弓。高明的工匠教人,一定根据规矩,学习的人也要依据规矩。"

【解读】

本章认为学习首先要有高标准,同时掌握为学的规则、方法。学艺如此,做人也如此。

告子下

12.1 礼与食孰重

任人有问屋庐子①曰:"礼与食孰重?"

曰:"礼重。"

"色与礼孰重?"

曰:"礼重。"

曰:"以礼食,则饥而死;不以礼食,则得食,必以礼乎?亲迎②,则不得妻;不亲迎,则得妻,必亲迎乎?"

屋庐子不能对,明日之邹以告孟子。

孟子曰:"于答是也,何有?不揣③其本,而齐其末,方寸④之木可使高于岑楼⑤。金重于羽者,岂谓一钩金⑥与一舆羽之谓哉?取食之重者与礼之轻者而比之,奚翅⑦食重?取色之重者与礼之轻者而比之,奚翅色重?往应之曰:紾⑧兄之臂而夺之食,则得食;不紾,则不得食,则将紾之乎?逾东家墙而搂其处子,则得妻;不搂,则不得妻,则将搂之乎?"

【注释】

①任:春秋时国名,在今山东省济宁市。屋庐子:姓屋庐,名连,孟

子弟子。　②亲迎：古代结婚"六礼"（纳采、问名、纳吉、纳征、请期、亲迎）之一，新郎亲自至女家，迎新娘入室。　③揣（chuǎi）：量度，衡量。　④方寸：方始一寸，只有一寸，极言矮小。　⑤岑（cén）楼：尖顶高楼。朱熹《集注》："楼之高锐似山者。"　⑥一钩金：做成一个衣带钩所需的金，喻数量很小。钩：衣带钩。　⑦奚翅：何止。翅：同"啻"，止。　⑧紾（zhěn）：扭。

【译文】

有个任国人问屋庐子说："礼仪与食物哪一个重要？"

屋庐子说："礼仪重要。"

那人又问："娶妻与礼仪哪一个重要？"

屋庐子回答："礼仪重要。"

那人又问："按照礼仪去谋食，就得饿死；不遵守礼仪去谋食，就能得到食物，那么一定要遵守礼仪吗？行亲迎礼，就娶不到妻子；不行亲迎礼，就能娶到妻子，那么一定要行亲迎礼吗？"

屋庐子不能回答，第二天就去邹国，把这件事告诉了孟子。

孟子说："回答这个问题，有什么困难呢？不衡量基础的高低，只比较双方的顶端，那么一寸厚的木块也可以高过尖顶高楼。金子比羽毛重，难道是说一丁点金子比一车羽毛还重吗？拿饮食重要的方面和礼仪细微的方面相比较，何止是饮食重要？拿色欲重要的方面和礼仪细微的方面相比较，何止是色欲重要？你去这样回答他：扭住哥哥的胳膊，抢夺他的食物，就可以得到吃的；不扭，便得不到吃的，那么你去扭吗？翻过东邻的墙头，搂抱人家的姑娘，就能得到妻子；不去搂抱，就得不到妻子，那么你去搂抱吗？"

【解读】

本章论礼与食色孰重。孟子认为必须把二者放在同等条件下进行比较，如果拿食色之重者与礼之轻者相比，必然会得出错误的结论。

12.2 人皆可以为尧舜

曹交①问曰："人皆可以为尧舜，有诸？"

孟子曰："然。"

"交闻文王十尺，汤九尺，今交九尺四寸以长，食粟而已，如何则可？"

曰："奚有于是？亦为之而已矣。有人于此，力不能胜一匹雏，则为无力人矣；今曰举百钧②，则为有力人矣。然则举乌获③之任，是亦为乌获而已矣。夫人岂以不胜为患哉？弗为耳。徐行后长者谓之弟，疾行先长者谓之不弟。夫徐行者，岂人所不能哉？所不为也。尧舜之道，孝弟而已矣。子服尧之服，诵尧之言，行尧之行，是尧而已矣。子服桀之服，诵桀之言，行桀之行，是桀而已矣。"

曰："交得见于邹君，可以假馆，愿留而受业于门。"

曰:"夫道若大路然,岂难知哉?人病不求耳。子归而求之,有余师。"

【注释】

①曹交:赵岐注为"曹君之弟",但孟子时曹国已亡,后人多有怀疑,详可参见焦循《正义》。 ②钧:古代重量单位。《尚书·五子之歌》孔颖达疏:"《律历志》云:……三十斤为钧,四钧为石。" ③乌获:人名,古代传说的大力士。

【译文】

曹交问道:"每个人都可以成为尧舜,是这样吗?"

孟子说:"是的。"

曹交又问:"我听说文王身高十尺,汤身高九尺,现在我有九尺四寸多高,却只知道吃饭而已,怎样才能成为尧舜呢?"

孟子说:"这有什么呢?只要去做就行了。有个人在这里,力气提不起一只小鸡,那他就是一个没有力气的人;如果说能举起三千斤,那就是个有力气的人了。同样的道理,如果举得起乌获举起的重量,那就成为乌获了。一个人要担心的,难道是不能胜任吗?只是不去做罢了。比如说,慢慢地走在长者之后叫作悌,快步抢在长者之前叫作不悌。慢慢走,难道是一个人不能做到的吗?不去做罢了。尧舜之道,只是孝悌而已。你穿尧的衣服,说尧的话,做尧的事,就成为了尧。你穿桀的衣服,说桀的话,做桀的事,就变成了桀。"

曹交说:"我想去拜见邹君,向他借个住处,希望能留在您门下学习。"

孟子说:"道就像大路一样,难道难于知晓吗?就怕人们不去寻找。你回去自己寻找,老师多着呢。"

【解读】

孟子有"尧舜与人同耳"(见8.32)、"圣人与我同类"(见11.7)之说,认为人皆有"不忍人之心",皆有善性,只要扩充善性,每个人都有可能成为圣人。本章则提出"尧舜之道,孝弟而已矣",强调要"服尧之服,诵尧之言,行尧之行",与孟子别处的论述有所不同。这可能是孟子思想前后变化的反映,也可能是施教的需要。从"交得见于邹君,可以假馆"一句看,本章应是孟子在邹国时的言论。

12.3　(略)

12.4　义利之辨

宋牼①将之楚,孟子遇于石丘②,曰:"先生将何之?"

曰:"吾闻秦楚构兵③,我将见楚王说而罢之。楚王不悦,我将见秦王说而罢之。二王我将有所遇④焉。"

曰:"轲也请无问其详,愿闻其指⑤。说之将何如⑥？"

曰："我将言其不利也。"

曰："先生之志则大矣，先生之号⑦则不可。先生以利说秦楚之王，秦楚之王悦于利，以罢三军之师，是三军之士乐罢而悦于利也。为人臣者怀利以事其君，为人子者怀利以事其父，为人弟者怀利以事其兄，是君臣、父子、兄弟终去仁义，怀利以相接，然而不亡者，未之有也。先生以仁义说秦楚之王，秦楚之王悦于仁义，而罢三军之师，是三军之士乐罢而悦于仁义也。为人臣者怀仁义以事其君，为人子者怀仁义以事其父，为人弟者怀仁义以事其兄，是君臣、父子、兄弟去利，怀仁义以相接也，然而不王者，未之有也。何必曰利？"

【注释】

①宋牼（kēng）：宋国人，也作宋钘、宋荣，战国时著名学者。提出"见侮不辱"和"使人不斗"，试图以此消除争斗，止息用兵。 ②石丘：地名，或说属于宋国。 ③构兵：交战。 ④遇：投合。朱熹《集注》："合。" ⑤指：同"旨"。 ⑥说之将何如：即"将如何说之"。说（shuì）：劝说。 ⑦号：主张。

【译文】

宋牼准备到楚国去，孟子在石丘这个地方遇见了他，问道："先生准备到哪里去？"

宋牼说："我听说秦楚两国交战，我准备去拜见楚王，劝说他罢兵。如果楚王不接受，我再去拜见秦王，劝说他罢兵。两位君王中，总会有一位投合的。"

孟子说："我不想问得太详细，只想知道你的主要观点。你准备怎样去劝说他们呢？"

宋牼说："我将告诉他们交战的不利之处。"

孟子说："先生的志向很大，先生的说法却行不通。先生用利去劝说秦、楚的君王，秦、楚的君王因为喜欢利而让三军停战，这样三军将士就是因为喜欢利才乐于罢兵。做臣子的怀着利来侍奉自己的国君，做儿子的怀着利来侍奉自己的父亲，做弟弟的怀着利来侍奉自己的兄长，这样君臣、父子、兄弟之间都会抛去仁义，怀着利来相互对待，如此而不灭亡，是从来没有的。先生用仁义去劝说秦、楚的君王，秦、楚的君王因为喜爱仁义而让三军罢兵，这样三军将士就是因为喜爱仁义才乐于停战。做臣子的怀着仁义来侍奉自己的国君，做儿子的怀着仁义来侍奉自己的父亲，做弟弟的怀着仁义来侍奉自己的兄长，这样君臣、父子、兄弟之间都会抛去了利，怀着仁义来相互对待，如此还不能称王天下，是从来没有的。何必要说利呢？"

【解读】

本章与《梁惠王上》第一章可相呼应。在1.1章，孟子着眼于对无道社会的批判，故强调先义后利，"何必曰利"的"利"主要指君主的"大欲"和"私利"。本章的语境与此相同。在孟子看来，当人们不顾及义而一味追求利的时候，如果有人挺身而出，劝诸侯罢兵，说这样追逐利对你们自己是不利的，那么，这个人一定是很了不起的，宋牼就是这样的人。不过孟子虽肯定宋牼志向很好，但对其劝说秦、楚国君停战的理由却提出质疑。因为宋牼要求停战的理由，是交战对双方都是不利的。那么这样一来，秦、楚的国君觉得对自己没有利而暂时停战，而一旦发现对自己有利，又要去作战。推而广之，社会上的每个人都怀着利益的考虑相互对待，结果只能使社会陷入更大的混乱。正确的方法应该是用仁义劝说秦、楚国君停战，让秦、楚之君出于相互的尊敬与爱，出于对法则、秩序的尊重而停止作战。推而广之，社会上的每个人怀着仁义之心相互对待。这样才能称王天下，才能消除社会的无序与混乱，建立起社会的秩序与道义。

12.5　（略）

12.6　（略）

12.7　王霸之辨

孟子曰："五霸①者，三王②之罪人也；今之诸侯，五霸之罪人也；今之大夫，今之诸侯之罪人也。天子适诸侯曰巡狩，诸侯朝于天子曰述职。春省耕而补不足，秋省敛而助不给。入其疆，土地辟，田野治，养老尊贤，俊杰在位，则有庆③，庆以地。入其疆，土地荒芜，遗老失贤，掊克④在位，则有让⑤。一不朝，则贬其爵；再不朝，则削其地；三不朝，则六师移⑥之。是故天子讨而不伐，诸侯伐而不讨。五霸者，搂⑦诸侯以伐诸侯者也，故曰，五霸者，三王之罪人也。五霸，桓公为盛。葵丘之会⑧，诸侯束牲载书⑨而不歃血⑩。初命曰，诛不孝，无易树子⑪，无以妾为妻。再命曰，尊贤育才，以彰有德。三命曰，敬老慈幼，无忘宾旅。四命曰，士无世官，官事无摄，取士必得，无专⑫杀大夫。五命曰，无曲防⑬，无遏籴⑭，无有封而不告⑮。曰，凡我同盟之人，既盟之后，言归于好。今之诸侯皆犯此五禁，故曰，今之诸侯，五霸之罪人也。长君之恶其罪小，逢⑯君之恶其罪大。今之大夫皆逢君之恶，故曰，今之大夫，今之诸侯之罪人也。"

【注释】

①五霸：指春秋时代先后称霸的五个诸侯，一说指春秋齐桓公、晋文公、宋襄公、楚庄公、秦缪公。《吕氏春秋·当务》高诱注："五伯，齐桓、晋文、宋襄、楚庄、秦缪也。"一说指春秋齐桓公、晋文公、楚庄王、吴王阖闾、越王勾践。《荀子·王霸》："虽在僻陋之国，威动天下，五伯是也……故齐桓、晋文、楚庄、吴阖闾、越勾践，是皆僻陋之国也，威动天下，强殆中国。"一说指春秋齐桓公、宋襄公、晋文公、秦穆公、吴王夫差。《汉书·诸侯王表》颜师古注："此五霸谓齐桓、宋襄、晋文、秦穆、吴夫差也。" ②三王：赵岐注："夏禹、商汤、周文王是也。" ③庆：赏赐。赵岐注："赏也。" ④掊克：聚敛，搜括，

亦指搜括民财之人。朱熹《诗集传》："掊克,聚敛之臣也。"一说,自大而好胜人。《诗·大雅·荡》："曾是强御,曾是掊克。"毛传:"掊克,自伐而好胜人也。" ⑤让:责罚。 ⑥六师:军队。移:调动,指征伐。 ⑦搂:挟持,拉。 ⑧葵丘之会:公元前651年,齐桓公在阻止戎狄、荆楚对中原侵犯和安定王室之后,邀请宋、卫、郑、许、曹等诸侯于宋之葵丘(今河南省商丘市民权县境内)会盟,周襄王命卿士宰孔莅会,赐齐桓公祭肉。盟约规定会盟之国互不攻伐,不阻塞水源,不阻碍粮食流通,不改换嫡子,尊贤育才,选拔贤士等。会盟确立了齐桓公的霸主地位。 ⑨束牲:会盟时仅束缚牺牲而不杀。载书:加盟书于牲上。《榖梁传》僖公九年:"葵丘之盟,陈牲而不杀,读书,加于牲上。" ⑩歃(shà)血:结盟时的一种仪式。立盟时杀牲取血,盟誓者口含其血,或涂于口旁,表示诚信。当时齐桓公威信高,故不歃血进行盟誓。 ⑪树子:古代诸侯立为世子的嫡子。 ⑫专:专断,擅自行事。 ⑬曲防:遍设堤防。朱熹《集注》:"不得曲为堤防,壅泉激水,以专小利,病邻国也。" ⑭遏籴:阻止邻国来购买谷米。朱熹《集注》:"邻国凶荒,不得闭籴也。"籴,买进谷物。 ⑮封:封赏。告:报告盟主。 ⑯逢:逢迎。

【译文】

孟子说:"五霸,是三王的罪人;现在的诸侯,是五霸的罪人;现在的大夫,是现在诸侯的罪人。天子到诸侯国叫作巡狩,诸侯朝见天子叫作述职。春天视察耕种,补助穷困的人;秋天视察收获,救济缺粮的人。进入诸侯的疆界,如果土地开垦,田野整治,老人得到赡养,贤人受到尊敬,杰出之人在位，那么就有奖赏，奖赏给土地。进入诸侯的疆界，如果土地荒芜，老人被遗弃，贤人被排斥，贪官污吏在位，那么就有责罚。诸侯一次不来朝见，就降他的爵位；两次不来朝见，就削减他的封地；三次不来朝见，就派六军讨伐。所以，天子声讨而不征伐，诸侯征伐而不声讨。五霸，是强拉着诸侯去讨伐别的诸侯，所以说，五霸是三王的罪人。五霸中，齐桓公声威最大。在葵丘会盟上，诸侯捆绑了牺牲，把盟书放在它身上，却不歃血。第一条盟约说，诛罚不孝者，不改立太子，不立妾为妻。第二条盟约说，尊重贤人，培育人才，以此表彰有德者。第三条盟约说，敬老爱幼，不怠慢来宾和旅客。第四条盟约说，士人不世袭官职，公务不能兼任，选用士人要得当，不擅自杀戮大夫。第五条盟约说，不得遍筑堤防，不得拒绝邻国购买粮食，不能封赏而不通告。并约定，凡是参加同盟者，盟会之后，言归于好。现在的诸侯都违背了这五条誓约，所以说，现在的诸侯是五霸的罪人。助长君主的过错，这罪行还算小；迎合君主的过错，这罪行就大了。现在的大夫都逢迎国君的过错，所以说，现在的大夫，是现在诸侯的罪人。"

【解读】

本章反映孟子尊王黜霸的历史观。孟子认为，三王行王道，以德服人，五霸行霸道，以力服人，故从三王到五霸是历史的退步，五霸成为三王的罪人。五霸虽然不及三王，但仍有可取之处。如五霸中的齐桓公，在葵丘大会诸侯，订立会盟，用和平的方式解决诸侯争端，盟约中规定的五条公约，如责罚不孝敬父母之人，尊重培养贤才，不得拒绝邻国购买粮食等等，体现了某些仁道的精神，而现在的诸侯却都违背了这些公约，故从五霸到今天又是历史的退步，今天的诸侯成为五霸的罪人。今天的大夫都在逢迎君主的过错，他们又是今之诸侯的罪人。

12.8 引君志仁

鲁欲使慎子①为将军。孟子曰："不教民而用之②，谓之殃民。殃民者，不容于尧舜之世。一战胜齐，遂有南阳③，然且不可。"

慎子勃然不悦曰："此则滑厘所不识也。"

曰："吾明告子。天子之地方千里，不千里，不足以待诸侯。诸侯之地方百里，不百里，不足以守宗庙之典籍④。周公之封于鲁，为方百里也，地非不足，而俭于⑤百里。太公之封于齐也，亦为方百里也，地非不足也，而俭于百里。今鲁方百里者五，子以为有王者作，则鲁在所损乎，在所益乎？徒取诸彼以与此，然且仁者不为，况于杀人以求之乎？君子之事君也，务引其君以当道，志于仁而已。"

【注释】

①慎子：鲁国将军，名滑厘。赵岐注："善用兵者。" ②用之：朱熹《集注》："使之战也。" ③南阳：地名，在泰山西南面，本属于

鲁,后被齐侵夺。　④典籍:指法典图籍等重要文献。赵岐注:"典籍,谓先祖常籍法度之文也。"　⑤俭于:限于。俭:约束,引申为限制、节制。朱熹《集注》:"俭,止而不过之意也。"

【译文】

鲁国有意任命慎子为将军。孟子说:"不教导百姓就让他们去打仗,这叫作坑害百姓。坑害百姓的人,在尧舜的时代是不被容纳的。即使一仗打败了齐国,收回了南阳,仍然是不可接受。"

慎子脸色一变,不高兴地说:"这我就不明白了。"

孟子说:"我明白地告诉你。天子的土地方圆千里,不到千里,便不足以接待诸侯。诸侯的土地方圆百里,不到百里,便不足以奉守宗庙的典章制度。周公分封到鲁国,为方圆百里,土地不是不够,却仅限于百里。太公分封到齐国,也是方圆百里,土地不是不够,却仅限于百里。如今鲁国的土地有五个方圆百里,你认为如果有圣王兴起,那么鲁国的土地在削减之列,还是在增加之列?不费力就能把那里的土地取来并入这里,仁者尚且不干,何况杀人来求取呢?君子侍奉君主,只是努力引导君主合乎道,立志于仁罢了。"

【解读】

本章批评慎子"不教民而用之"。认为国家的根本不在土地的大小,而在于民众的生命财产、福祉利益,所谓"民为贵,社稷次之,君为轻"(见14.14)。故君子侍奉君主,不应为其兼并土地,而应引导其追求仁义。

12.9 今之良臣,古之民贼

孟子曰:"今之事君者皆曰:'我能为君辟土地,充府库。'今之所谓良臣,古之所谓民贼也。君不乡①道,不志于仁,而求富之,是富桀也。'我能为君约与国②,战必克。'今之所谓良臣,古之所谓民贼也。君不乡道,不志于仁,而求为之强战,是辅桀也。由今之道,无变今之俗,虽与之天下,不能一朝居也。"

【注释】

①乡:同"向"。 ②与国:盟国。朱熹《集注》:"和好相与之国也。"

【译文】

孟子说:"如今侍奉君主的人都说:'我能为君主开拓疆土,充实国库。'今天所谓的良臣,正是古代所谓民贼。君主不向往道,不立志行仁,却设法让他富有,这等于是让夏桀富有。又说:'我能为国君邀结盟国,每战必胜。'今天所谓的良臣,正是古代所谓民贼。君主不向往道,不立志行仁,却设法替他拼命打仗,这等于是帮助夏桀。沿着目前这条道路,不改变今天的风气,即使把天下都给了他,也是一天都坐不稳的。"

【解读】

本章批评当时所谓"良臣",与上一章意旨相近。认为治理国家的关键在于引导国君向于道,志于仁,若做不到这一点,反而要为其"辟土地,充府库",那等于是辅佐桀纣,实际就是"民贼"。

12.10 国家税制

白圭①曰:"吾欲二十而取一,何如?"

孟子曰:"子之道,貉道②也。万室之国,一人陶,则可乎?"

曰:"不可,器不足用也。"

曰:"夫貉,五谷不生,惟黍生之;无城郭、宫室、宗庙、祭祀之礼,无诸侯币帛饔飧③,无百官有司,故二十取一而足也。今居中国,去人伦,无君子,如之何其可也?陶以寡,且不可以为国,况无君子乎?欲轻之于尧舜之道者,大貉小貉也;欲重之于尧舜之道者,大桀小桀也。"

【注释】

①白圭:姓白,名丹,字圭,善治水、经商,魏惠王时曾在魏国做官。事迹散见于《战国策》《韩非子》《吕氏春秋》《史记·货殖列传》等。 ②貉(mò):同"貊"。朱熹《集注》:"北方夷狄之国名

也。" ③饔飧：指馈食及宴饮之礼。朱熹《集注》："以饮食馈客之礼也。"

【译文】

白圭说："我想采用二十抽一的税率，怎么样？"

孟子说："你的做法是貉国的做法。一万户的国家，只有一个人制作陶器，可以吗？"

白圭说："不行，陶器会不够用。"

孟子说："貉这个国家，五谷不生，只有黍能成活；没有城墙、宫室、宗庙和祭祀的礼仪，没有诸侯之间的互送礼物和宴饮，没有衙门和官吏，所以二十抽一也就够了。现在你住在中原，废弃人伦，不要君子，那怎么行呢？制作陶器的人少了，尚且不能把国家搞好，何况没有君子呢？想使税率比尧舜轻的，那就是大貉、小貉；想使税率比尧舜重的，那就是大桀、小桀。"

【解读】

孟子主张"什一而税"（见5.3、6.8），反对税收过高损害百姓的利益，但也反对一味降低赋税。本章中白圭主张"二十而取一"，完全无法维持国家正常的开支，过犹不及，走向另一个极端，同样不可取。

12.11 以邻为壑

白圭曰:"丹之治水也愈于禹。"

孟子曰:"子过矣。禹之治水,水之道也,是故禹以四海为壑①,今吾子以邻国为壑②。水逆行谓之洚水——洚水者,洪水也——仁人之所恶也。吾子过矣。"

【注释】

①壑(hè):水坑,水沟,这里指纳水之处。 ②以邻国为壑:据《韩非子·喻老》,白圭治水不是疏通河道,导入江海,而是构筑堤防,让水流入邻国。

【译文】

白圭说:"我治理洪水,胜过大禹。"

孟子说:"你错啦。大禹治水,是顺着水性疏导,所以大禹把四海当作纳水处,现在你却是把邻国当作纳水处。水逆流倒行叫作洚水——洚水,就是洪水——这是仁者最憎恶的。你错啦!"

【解读】

本章批评白圭治水"以邻为壑",不符合仁道。

12.12 （略）

12.13 好善优于天下

鲁欲使乐正子①为政。孟子曰："吾闻之，喜而不寐。"

公孙丑曰："乐正子强乎？"

曰："否。"

"有知虑乎？"

曰："否。"

"多闻识乎？"

曰："否。"

"然则奚为喜而不寐？"

曰："其为人也好善。"

"好善足乎？""

曰："好善优于天下②，而况鲁国乎？夫苟好善，则四海之内皆将轻③千里而来告之以善；夫苟不好善，则人将曰：'訑訑④，予既已知之矣。'訑訑之声音颜色距人于千里之外。士止于千里之外，则谗谄面谀之人至矣。与谗谄面谀之人居，国欲治，可得乎？"

【注释】

①乐正子：孟子弟子乐正克。 ②优于天下："优于治天下"之意。朱熹《集注》："言虽治天下，尚有余力也。" 优：宽绰，有余力。

③轻:容易,不以为难。 ④訑訑(yí):听别人意见时不耐烦的声音。

【译文】

鲁国有意让乐正子治理国政。孟子说:"我听到这个消息,高兴得睡不着觉。"

公孙丑问:"乐正子很有能力吗?"

孟子说:"不。"

公孙丑问:"有智慧谋略吗?"

孟子说:"不。"

公孙丑问:"见多识广吗?"

孟子说:"不。"

公孙丑又问:"既然这样,那您为什么高兴得睡不着觉呢?"

孟子说:"他这个人喜好善。"

公孙丑问:"喜好善就足够了吗?"

孟子说:"喜好善足以治理天下,何况一个鲁国?如果喜好善,那么四方之人就会不远千里赶来把善告诉他;如果不喜好善,他会说:'嗯,嗯!我早已知道了!'这种嗯嗯的腔调、脸色拒人于千里之外。士人止步于千里之外,那些进谗言、拍马屁的人就来了。与进谗言、拍马屁的人在一起,国家想要得到治理,可能吗?"

【解读】

本章论乐正克好善。孟子认为,善是为政的根本,一个执政者好善，天下的善士都可为其所用，治理好国家便是容易的事。如果执政者不好善，阿谀奉承之徒便会蜂拥而至，想治理好国家是根本不可能的。一个人好善，便会吸收别人的优点，改正自己的缺点，不断完善自己（见3.8），这也是他重视善的一个原因。孟子曾提出，"徒善不足以为政，徒法不能以自行"（见7.1）。但从其思想看，他更重视的还是善。这与他主张性善，重视本心、良心的思想是一致的。

12.14　（略）

12.15　生于忧患，死于安乐

孟子曰："舜发于畎亩①之中，傅说举于版筑之间②，胶鬲③举于鱼盐之中，管夷吾举于士④，孙叔敖⑤举于海，百里奚⑥举于市。故天将降大任于是人也，必先苦其心志，劳其筋骨，饿其体肤，空乏其身行⑦，拂乱其所为，所以动心忍性⑧，曾益⑨其所不能。人恒过，然后能改；困于心，衡⑩于虑，而后作；征⑪于色，发于声，而后喻。入则无法家拂士⑫，出则无敌国外患者，国恒亡。然后知生于忧患，而死于安乐也。"

【注释】

①发：提拔，举荐。畎亩：田地，田野。传说舜曾耕于历山。　②傅说（yuè）：殷高宗武丁时的相。因罪服刑，在傅险（即傅岩，今山西省

运城市平陆县以东)筑墙,后被商王武丁访求到而提拔为相。版筑:古代筑墙的方法,在夹板中填土,再用杵筑以成墙。 ③胶鬲(gé):殷末贤者,据说遇纣之乱,隐于民间贩鱼盐,周武王发现并提拔了他。 ④管夷吾:即管仲。原是齐国公子纠的家臣,因帮助公子纠与公子小白(即后来的齐桓公)争夺君位,失败后被禁押回齐国。后由鲍叔牙推荐,被桓公提拔为相。士:掌管刑狱的官员。 ⑤孙叔敖:楚国令尹,楚庄王起用他于海滨。 ⑥百里奚:原为虞国大夫,虞亡后辗转而成秦国大夫,辅助秦穆公建立霸业。 ⑦身行:身体行为,这里主要指身体。《荀子·王霸》:"诚义乎志意,加义乎身行。"《贾子·辅佐》:"正身行,广教化。"或将"行"属下读。 ⑧动心忍性:耸动他的心,坚韧他的性。 ⑨曾益:增加。曾:同"增"。 ⑩衡:通"横",横塞。 ⑪征:表征,表现。 ⑫法家拂士:朱熹《集注》:"法家,法度之世臣也。拂士,辅弼之贤士也。"拂(bì):通"弼",辅佐。

【译文】

孟子说:"舜兴起于田野之中,傅说被提拔于夯土筑墙者之中,胶鬲被提拔于贩鱼售盐者之中,管夷吾被提拔于狱官的手中,孙叔敖被提拔于海滨,百里奚被提拔于集市。所以上天要把重任降临在某人身上,一定要先磨砺他的心志,劳累他的筋骨,饥饿他的肌体,困乏他的身子,扰乱他的行为,以此来震动他的心、坚韧他的性,增加他所缺少的才能。一个人常有过失,才能改正;内心困苦,思虑不通,然后才能奋发有为;表露在脸色,抒发在言语,才能被人了解。一个国家,内没有知晓法度的大臣和辅佐君主的贤人,外没有抗衡的国家和外在的忧患，国家常常会灭亡。由此可知，忧患使人生存，而安乐使人灭亡。"

【解读】

本章论"天将降大任于是人"，是《孟子》中的著名篇章。孟子列举了历史上许多著名人物的经历，说明只有经过艰苦环境的磨炼，才能成为大有作为的人。勉励人们奋发有为，在逆境中磨炼自己的意志，增加自己的才能。其中"生于忧患，死于安乐"，更是成为传诵千古的名言名句。

12.16　教诲之术

孟子曰："教亦多术矣，予不屑之教诲也者，是亦教诲之而已矣。"

【译文】

孟子说："教育也有多种方式，我不屑去教诲，这也是在教诲啊。"

【解读】

本章论教诲，认为不屑于教诲也是一种教诲。但不屑于教诲的前提是受教者必须有自觉反省的能力，若没有就达不到教诲的效果。故它只是教诲的方式之一，需要根据受教者的情况进行。

尽心上

13.1 知天·事天·立命

孟子曰:"尽其心者,知其性也;知其性,则知天矣。存其心,养其性,所以事天也。殀寿不贰①,修身以俟之②,所以立命也。"

【注释】

①殀寿:短命和长寿。殀(yāo):短命而死。不贰:不二心。贰:同"二"。　②之:指天命。

【译文】

孟子说:"扩充自己的心,就知道了自己的性;知道了自己的性,就知道了天。保存自己的心,养护自己的性,这就是在侍奉天。长寿短命都不会改变,修身以等待天命,这就是对待命运的态度。"

【解读】

本章论心、性、天,涉及"性与天道"的问题,历来受到后世学者尤其是宋明理学家的重视。本章共提出三个概念:"知天""事天""立命"。孟子认为,我们每个人都生而具有恻隐、羞恶、辞让、是非之心，它们是天的赋予。只要我们"尽其心"，充分扩充、实现我们的四端之心，便可以了解我们的性，这是即心言性，以心来理解性。而了解了我们的性也就认识、了解了天，这是以心、性来理解天。而一旦认识、了解到我"固有之"的恻隐、羞恶、辞让、是非之心实际是来自于天，是天的赋予，就应该保存我们的心，养护我们的性，这就是在侍奉天，是奉行天之使命。所以"知天"与"事天"是联系在一起的，"知天"侧重于伦理，而"事天"侧重于宗教。"存其心""养其性"是个人的道德修养，是我们可以决定的，而穷达祸福、寿命长短属于命，是我们不能控制的，正确的态度应该是积极地培养我们的德，"尽人事以待天命"，这就是"立命"，也就是确立对于命运的态度。

13.2 知命·尽道·正命

孟子曰："莫非命也，顺受其正，是故知命者，不立乎岩墙①之下。尽其道而死者，正命也；桎梏②死者，非正命也。"

【注释】

①岩墙：危墙，将要倾塌的墙。岩：通"险"。《墨子·尚贤中》"庸筑乎傅岩"，孙诒让《间诂》："《史记·殷本纪》傅岩作傅险，音近字通。" ②桎梏：拘禁犯人的刑具。

【译文】

孟子说:"没有一样遭遇不是命,但要接受正当的命,因此,懂得命的人不站立在危墙之下。尽力行道而死的,是正当的命;犯罪受刑而死的,不是正当的命。"

【解读】

本章紧承上一章,继续谈知命、立命。孟子认为,人的穷达祸福寿夭等无不受制于命,但命有正当和不正当之分,人应该接受正当的命,而避免不正当的命。那么,什么是正当的命,什么又是不正当的命呢?孟子认为,穷达祸福寿夭等虽然从根本上讲属于命,是我们无法控制的,但在人力的范围内,还是应该争取好的结果,如避开危险的环境,不做违法的事情,这样获得的命就是正命。相反,如果因为有命的存在,便对自己的行为采取无所谓的态度,故意立于危墙之下,甚至铤而走险,以身试法,这些都不能算是"知命",所获得的也都不是"正命"。但孟子又强调,当道义与个人利益发生冲突的时候,一个人为了道义"杀身以成仁""舍生以取义",这才是真正的"知命",获得的依然是"正命"。所以孟子的"知命"与"立命"一样,都是要确立对待命运的正确态度,它不仅要求对于寿夭祸福这些根本上属于命的内容,在人力可及的范围内争取最佳的结果,不可听天由命,无所作为;更为重要的是,它要求超出穷达祸福之外,不以现实际遇,而是以是否"尽道"、尽人的职分看待人的命运。一个人为了道义、理想而牺牲了现实的富贵显达乃至生命,仍可以说他获得了"正命"。因此，命运虽然是人不能控制的，但如何面对命运却是可以选择的，孟子的"知命""立命"表达的正是对命运的选择、评价、判断，在人与命运的对立中确立起人之为人的价值和尊严。

13.3　求在我与求在外

孟子曰："求则得之，舍则失之，是求有益于得也，求在我者也。求之有道，得之有命，是求无益于得也，求在外者也。"

【译文】

孟子说："追求就能得到，舍弃就会失掉，这种追求有益于得到，是追求我自身固有的东西。追求有道的限制，得到有命运的安排，这种追求无益于得到，是追求我自身以外的东西。"

【解读】

本章论"求在我者"与"求在外者"。孟子认为，人生有两种追求。其中，仁义礼智存在于我之中，只要去追求就能获得，是"求在我者"；富贵权势存在于我之外，虽然也可以追求，但要受到道的限制，能否得到也须听从命运的安排，是"求在外者"。根据孟子的思想，前者是真正值得追求的，可看作是"性"；后者是不应刻意追求的，可看作是"命"。本章可与14.24、14.25合看。

13.4　万物皆备于我

孟子曰："万物皆备于我矣。反身而诚，乐莫大焉。强恕而行，求仁莫近焉。"

【译文】

孟子说："万物与我为一体。反省自己做到了真诚，就没有比这更快乐的了。努力实践推己及人的恕道，就没有比这更容易达到仁的了。"

【解读】

本章中"万物皆备于我"是孟子著名的观点，对后世影响很大。但含义较难理解，学者有不同解释。从本章的内容来看，"万物皆备于我"应是指一种与物同体或万物一体的精神境界和体验，而达到这一境界的关键是"反诚"和"求仁"，如程颢所说："孟子言'万物皆备于我'，须'反身而诚'乃为大乐；若反身未诚，则犹是二物有对，以己合彼，终未有之，又安得乐？"（《遗书》卷二上，见〔宋〕程颢、程颐著，王孝鱼点校：《二程集》第一册，中华书局1982年版，第17页）故以诚心、仁心观物，"我"与"物"便不是二分、"有对"的关系，"我"不再以对象、客体的眼光打量"物"，而是以满腔关切与爱意投向"物"，润泽"物"。"物"在"我"的关照下，不再只是一种物质结构，而开启了其自在的意义、价值的向度，作为一种生命存在进入了"我"的生命存在，与"我"共同构成了一个统一的意义共同体。在这种"浑然与物同体"的境界与体验中，"我"才能获得终极的人生之乐。

13.5 众人之行

孟子曰："行之而不著①焉，习矣而不察焉，终身由之而不知其道者，众②也。"

【注释】

①著：显著，显明。朱熹释为"知之明"。也有学者将此句译为：实行了却不明所以。 ②众：赵岐释为"众庶之人也"。朱熹则释为"多"。有学者翻译为：人数很多。

【译文】

孟子说："实行了却不能发扬光大，习以为常却不问个所以然，一生遵循却不知它的道理，这就是一般的人。"

【解读】

本章论百姓终身行"道"而不知"道"，与《易传·系辞》"百姓日用不知"意近。

13.6 论耻

孟子曰:"人不可以无耻。无耻之①耻,无耻②矣。"

【注释】

①之:而。 ②无耻:赵岐注:"终身无复有耻辱之累也。"

【译文】

孟子说:"人不可以没有羞耻。对无耻而感到羞耻,那就不会有耻辱了。"

【解读】

本章中耻的含义可有不同理解,有学者译为:"人不可以没有羞耻,不知羞耻的那种羞耻,真是不知羞耻!"(杨伯峻:《孟子译注》,中华书局2005年版,第302—303页)也可通。

13.7 (略)

13.8 善与势

孟子曰:"古之贤王,好善而忘势,古之贤士何独不然?乐其道而忘人之势,故王公不致敬尽礼,则不得亟①见之。见且由②不得亟,而况得而臣之乎?"

【注释】

①亟(qì):多次,一再。 ②由:同"犹"。

【译文】

孟子说:"古代的贤君喜好善而忘记了自己的权势,古代的贤士何尝不是如此?喜好自己的道而忘记了别人的权势,所以,王公大人如果不恭敬尽礼,就不能多次见到他。多次相见尚且不能,更何况要他做臣下呢?"

【解读】

本章中主张君主应该尊重贤士,不以权势自恃;士人应该乐于大道,不为权势所屈。与孟子"以德抗位"的思想是一致的。

13.9 尊德乐义

孟子谓宋勾践①曰:"子好游②乎?吾语子游。人知之,亦嚣嚣③;人不知,亦嚣嚣。"

曰:"何如斯④可以嚣嚣矣?"

曰:"尊德乐义,则可以嚣嚣矣。故士穷不失义,达⑤不离道。穷不失义,故士得己焉;达不离道,故民不失望焉。古之人,得志,泽加于民;不得志,修身见于世。穷则独善其身,达则兼善天下。"

【注释】

①宋勾践：宋人，与越王勾践重名。 ②游：游说。 ③嚣嚣：赵岐注："自得无欲之貌。" ④斯：连词，则。 ⑤达：显达。

【译文】

孟子对宋国的勾践说："你喜欢游说吗？我告诉你游说应该遵循的原则。别人理解我，我安然自得；别人不理解我，我依然安然自得。"

宋勾践问："怎样就能安然自得呢？"

孟子说："尊崇德、爱好义，就能安然自得了。因此，士人穷困时不失去义，显达时不背离道。穷困时不失去义，所以士人能保持住自己的操守；得志时不背离道，所以百姓不会失望。古时候的人，得志时，恩泽广施百姓；不得志时，修身立于世。穷困时，独善自身；显达时，兼善天下。"

【解读】

战国时代，游说之风盛行，许多士人都将游说当作进身的阶梯。孟子一生虽然也游说诸侯，但他认为，游说诸侯不应是为了个人的利禄，而应是宣传思想主张，所以一定要有更高的人生志向。这就是，"穷不失义，达不离道"。也就是以道义为原则，以行道为目的，这样才能达观地对待个人的际遇和游说的结果。至于文中"穷则独善其身，达则兼善天下"，更是成为中国古代读书人立身处世的原则。

13.10 豪杰之士

孟子曰:"待文王而后兴者,凡民也。若夫豪杰之士,虽无文王犹兴。"

【译文】

孟子说:"等待文王出现才奋起的,是普通百姓。至于杰出之士,即使没有文王出现也会奋起。"

【解读】

本章讲豪杰之士与普通百姓的不同。普通百姓须在他人的影响下才会奋起,豪杰之士自己就能奋起。这里的"兴"是奋发有为、立定志向,是择善固执、扩充善性。

13.11 (略)

13.12 佚道与生道

孟子曰:"以佚道①使民,虽劳不怨。以生道②杀民,虽死不怨杀者。"

【注释】

①佚道:安乐之道。佚:通"逸"。 ②生道:生存之道。

【译文】

孟子说:"用使其获得安逸的方式役使百姓,百姓即使劳累也不怨恨。用使其获得生存的方式牺牲百姓,百姓即使丧生也不怨恨让其做出牺牲的人。"

【解读】

本章告诫统治者,役使甚至让百姓做出牺牲,都必须是为了百姓的利益。如果做到了这一点,百姓即使劳累甚至丧生,也不会怨恨。

13.13 所过者化,所存者神

孟子曰:"霸者之民,骥虞①如也;王者之民,皞皞②如也。杀之而不怨,利之而不庸③,民日迁善而不知为之者。夫君子所过者化,所存者神,上下与天地同流,岂曰小补之哉?"

【注释】

①骥虞:同"欢娱"。 ②皞皞(hào):广大自得貌,心情舒畅貌。 ③庸:酬谢。

【译文】

孟子说:"称霸诸侯者的百姓欢喜雀跃,称王天下者的百姓怡然自得。百姓牺牲而不怨恨,得到好处也不知感谢,一天天趋向善，却不知道谁使他们这样。真正的君子，所过之处人们受到感化，心中存留神妙莫测，他的精神上下与天地一起流动，难道说仅仅是小有补益吗？"

【解读】

本章论"王霸之辨"。"霸道"政治"以力服人"，百姓为霸主的一点功业欢喜雀跃，感恩戴德；"王道"政治"以德服人"，百姓身受恩泽而不自觉，因而怡然自得，也不必去酬谢谁。"王道"政治的实现要靠一批君子，他们"所过者化，所存者神"，用他们的德性感化、影响着广大民众。

13.14 善政与善教

孟子曰："仁言不如仁声①之入人深也，善政不如善教之得民也。善政，民畏之；善教，民爱之。善政得民财，善教得民心。"

【注释】

①仁声：仁爱的声望。朱熹引程氏注："仁声，谓仁闻，谓有仁之实而为众所称道者也。"赵岐注："乐声《雅》《颂》也。"认为指音乐，不取。

【译文】

孟子说："仁爱的言语不如仁爱的声望那样深入人心，好的政令不如好的教育那样赢得民众。好的政令，百姓畏服；好的教育，百姓喜爱。好的政令赢得百姓的财力，好的教育赢得民心。"

【解读】

本章论仁言、仁声与善政、善教。前者是说身教胜于言教，后者则强调在善政的基础上进一步重视善教。孟子重仁政，主要是为了满足百姓的基本物质生活，但在解决物质生活之后，孟子也强调对民众的教育、引导。从次序看，应先善政（仁政）后善教；从效果和结果看，善教又优于善政。本章与8.16章"以善服人者，未有能服人者也；以善养人，然后能服天下"的立论稍有不同，可参看。

13.15 良能、良知

孟子曰："人之所不学而能者，其①良能②也；所不虑而知者，其良知也。孩提之童，无不知爱其亲者③，及其长也，无不知敬其兄也。亲亲，仁也；敬长，义也；无他，达之天下也④。"

【注释】

①其：副词，表示论断，相当于"乃"。 ②良：先天的，天然的。良能、良知已成为专用名词，故不译。 ③孩提：幼小，幼年。孩：通"咳"，小儿笑貌。提：提抱，指幼儿始知发笑尚在襁褓中，需人提抱。赵岐注："孩提，二三岁之间，在襁褓知孩笑，可提抱者也。"亲：父

母。孙奭疏："襁褓之童子无有不知爱其父母。" ④达之天下也：赵岐注："达，通也，但通此亲亲敬长之心，施之天下人也。"朱熹《集注》："言亲亲敬长，虽一人之私，然达之天下无不同者，所以为仁义也。"

【译文】

孟子说："人无须学习就会的，是良能；无须思考就知道的，是良知。两三岁的小孩没有不知道亲爱父母的，长大后，没有不知道敬重兄长的。亲爱父母就是仁，敬重兄长就是义；做人没有别的，只是把仁义推行天下。"

【解读】

本章是孟子性善论的重要内容。孟子认为，人生而具有不必通过学习、思考的"良知""良能"，具体表现为"亲亲""敬长"。"良知""良能"还只是善的萌芽、开端，需要将其进一步扩充到天下。

13.16 若决江河，莫之能御

孟子曰："舜之居深山之中，与木石居，与鹿豕游，其所以异于深山之野人者几希。及其闻一善言，见一善行，若决江河，沛然莫之能御也。"

【译文】

孟子说："舜住在深山之中时，与树木、石头相处，与麋鹿、野猪往来，他不同于深山野人的地方很少。可等到他听到一句善言，见到一种善行，他的善性就像决了口的江河，浩浩荡荡没有什么力量可以阻挡。"

【解读】

本章论善性，与前一章内容相近。舜居住在深山时，他的善性与深山的野人差别很小，但一旦将其扩充开来，便如江河之水浩浩荡荡，没有什么力量可以阻挡。本章"闻一善言""见一善行"的"善言""善行"，乃是外在、客观化的善。孟子认为，内在善性需要外在善言、善行的启发、诱导，所以善性的实现并不排除后天的培养。

13.17　（略）

13.18　德慧术知

孟子曰："人之有德慧术知①者，恒存乎疢疾②。独孤臣孽子③，其操心也危④，其虑患也深，故达⑤。"

【注释】

①德慧术知：赵岐注："德行、智慧、道术、才智。"　②疢（chèn）疾：忧患。　③孤臣：遭疏远的臣。朱熹《集注》："远臣。"孽子：非嫡妻所生之子。朱熹《集注》："庶子。"　④危：忧惧，不安。　⑤达：通晓，明白。

【译文】

孟子说:"人之所以有德行、智慧、谋略、见识,往往是因为生活在忧患之中。那些被疏远的大臣、贱妾所生的儿子,他们内心总是忧惧不安,考虑祸患非常深远,所以能通达事理。"

【解读】

本章论"生于忧患",可与12.15章参看。

13.19 品评人物

孟子曰:"有事君人者①,事是君则为容悦②者也;有安社稷臣者,以安社稷为悦者也;有天民者,达③可行于天下而后行之者也;有大人者,正己而物正者也。"

【注释】

①事君人者:即事君之人。者:语气词,用在句末表示语气完毕。下"安社稷臣者",即安社稷之臣。 ②容悦:谓曲意逢迎,以取悦于上。赵岐注:"为苟容以悦君者也。"朱熹《集注》:"阿殉以为容,逢迎以为悦。" ③达:知道,明白。

【译文】

孟子说:"有侍奉君主的人,那是以服侍某个君主就要讨得君主欢喜的人；有安邦定国的臣子，那是以安邦定国为欢乐的人；有奉了上天使命的人，那是看到他的理想能够推行天下然后就来推行的人；有有德有位的人，那是端正了自己从而使别人也能端正的人。"

【解读】

此章记述"事君人者""安社稷者""天民""大人"四种人。其中，"容悦佞臣不足言。安社稷则忠矣，然犹一国之士也。"（朱熹：《集注》）从语气上看，孟子赞赏的是后两者。"天民"是"先知""先觉"者，也就是"知道者"，"大人"则是有德有位者。天民在于弘扬道、传播道，而"大人为能格君心之非"（见7.20），已在实践着道。

13.20 人生三乐

孟子曰："君子有三乐，而王①天下不与存②焉。父母俱存，兄弟无故，一乐也；仰不愧于天，俯不怍③于人，二乐也；得天下英才而教育之，三乐也。君子有三乐，而王天下不与存焉。"

【注释】

①王（wàng）：统治，称王。　②与存：参与其间，包括其间。③怍（zuò）：羞愧。

【译文】

孟子说:"君子有三种快乐,而统治天下不包括其中。父母健在,兄弟平安,这是第一种快乐;上不愧于天,下不怍于人,这是第二种快乐;得到天下优秀的人才而教育他们,这是第三种快乐。君子有三种快乐,而统治天下不包括在其中。"

【解读】

本章论人生"三乐"。其中,第一种属于天伦之乐。第二种是修养之乐,因为关涉人生的终极关怀,最为根本。第三种是传道、育人之乐。三种乐都是发自内心,都是容易得到的,而统治天下涉及外在事功,它属于君子的"欲",而不属于君子的"乐"(详见下章)。

13.21 君子所性

孟子曰:"广土众民,君子欲之,所乐不存焉;中天下而立,定四海之民,君子乐之,所性不存焉。君子所性,虽大行①不加焉,虽穷居不损焉,分②定故也。君子所性:仁义礼智根于心,其生色③也睟然④,见⑤于面,盎⑥于背,施⑦于四体,四体不言而喻⑧。"

【注释】

①大行:广为推行。赵岐注:"行政于天下。" ②分:职分,此指性分。 ③生色:表现出的气色。朱熹《集注》:"生,发见也。"

④睟（suì）然：润泽貌。朱熹《集注》："清和润泽之貌。" ⑤见：同"现"，显现，显露。 ⑥盎：充溢。朱熹《集注》："丰厚盈溢之意。" ⑦施：延及。 ⑧四体不言而喻：赵岐注："四体有匡国之纲，虽口不言，人自晓喻而知也。"有学者将该句译为：四肢的动作不用言语别人也能理解。朱熹《集注》："喻，晓也。四体不言而喻，言四体不待吾言，而自能晓吾意也。"译文从朱注。

【译文】

孟子说："广阔的土地、众多的民众，是君子想要的，但乐趣不在这里；居天下的中央，安定四方的百姓，是君子有乐趣的，但本性不表现在这里。君子本性的表现，即使抱负实现也不会增加，即使穷困隐居也不会减少，这是因为他的性分已经确定。君子本性的表现：仁义礼智源自心中，表现出的气色温润和顺，呈现于脸面，流溢于肩背，延伸到四肢。四肢不必等待吩咐，便知道该怎样做。"

【解读】

本章论君子所欲求的（"所欲"）、感到乐趣的（"所乐"）和发自本性的（"所性"），强调以发自本性为根本。孟子突出发自本性，是因为所欲求的、感到乐趣的往往都是"求在外者"，追求的是外在的事物，不是我们可以控制的；而发自本性则是"求在内者"，是内在善性的显现，是我们可以控制的（见13.3），故君子应以"所性"也就是发自本性为自己的职分所在。本章后半部分"君子所性"一段，反映了孟子的"践形"的思想,可与13.38章合看。

13.22 (略)

13.23 圣人治天下

孟子曰:"易①其田畴,薄其税敛,民可使富也。食之以时,用之以礼,财不可胜用也。民非水火不生活,昏暮叩人之门户求水火,无弗与者,至足矣。圣人治天下,使有菽粟如水火。菽粟如水火,而民焉有不仁者乎?"

【注释】

①易:整治。赵岐注:"治也。"

【译文】

孟子说:"整治耕地,减轻税收,可以使百姓富足。按时饮食,依礼消费,财物便用不完。百姓没有水和火便无法生活,晚上敲人门窗讨要水火,没有人会不给,因为家家都有很多。圣人治理天下,就要使百姓家的粮食像水火一样多。粮食像水火一样多,百姓哪有不仁爱的呢?"

【解读】

本章论仁政。强调要发展生产,减轻税收,使百姓富足。

百姓富足，自然也就归于仁。孟子讲性善，主要是一种价值选择，但如果要使民众都表现出善，则必须有富足的经济做保证。

13.24 借物喻志

孟子曰："孔子登东山①而小鲁，登太山②而小天下，故观于海者难为水，游于圣人之门者难为言。观水有术，必观其澜③。日月有明，容光④必照焉。流水之为物也，不盈科⑤不行；君子之志于道也，不成章⑥不达。"

【注释】

①东山：鲁国东部的高山，即蒙山，在山东省临沂市西北，古称"东蒙""东山"。　②太山：泰山。太：通"泰"。　③澜：赵岐注："水中大波也。"　④容光：指幽微的空隙，别物不可入，而仅可容纳光线。焦循《正义》："苟有丝发之际可以容纳，则光必入而照焉。"　⑤盈科：水充满坑坎。赵岐注："盈，满；科，坎。"　⑥成章：乐终为一章。引申之，凡积渐生变，自成格局，皆可称成章。《易·说卦》："故易六位而成章。"

【译文】

孟子说："孔子登上东山，便觉得鲁国变小了；登上泰山，便觉得天下都变小了。所以，看过大海的人，就很难被别的水所吸引；在圣人门下学习过的人，就很难被别的言论所吸引。观赏水有方法，一定要看它的波澜。日月有光，凡能容纳光线的地方就一定能照到。流水这东西，不充满洼坑就不再向前；君子有志于道，不到一定的程度就不会通达。"

【解读】

本章中首先是讲境界，只有站得高，才能看得远，勉励学者当志向高远，应以学习圣人为目标。其次是讲方法，为学当持之以恒，循序渐进，不能浅尝辄止，更不能半途而废。

13.25 利与善

孟子曰："鸡鸣而起，孳孳①为善者，舜之徒也；鸡鸣而起，孳孳为利者，跖②之徒也。欲知舜与跖之分，无他，利与善之间③也。"

【注释】

①孳孳：勤勉，努力不懈。 ②跖：春秋时有名的大盗。 ③间：差别。

【译文】

孟子说："鸡鸣便起，孳孳行善的，是舜一类的人；鸡鸣便起，孳孳求利的，是跖一类的人。想知道舜和跖的区别，没有别的，只是利和善的不同。"

【解读】

本章论义利之辨。盗跖追求的"利",不是一般的利,而是损人利己之"利";舜追求的善,实际就是仁义。

13.26 执中行权

孟子曰:"杨子取为我①,拔一毛而利天下,不为也。墨子兼爱②,摩顶放踵③利天下,为之。子莫④执中。执中为近之。执中无权,犹执一也。所恶执一者,为其贼道也,举一而废百也。"

【注释】

①杨子:即杨朱。参见《滕文公下》6.9注⑰。取:主张。为我:杨朱的思想主张。《吕氏春秋·审分览第五·不二》:"杨生(《困学纪闻》引作杨朱)贵己。" ②墨子:即墨翟。参见《滕文公下》6.9注⑱。兼爱:墨子的政治主张。《墨子·兼爱上》:"天下兼相爱则治,交相恶则乱。" ③摩顶:摩秃头顶。放踵:赵岐、朱熹均训"放"为"至",认为是"摩秃其顶,下至于踵"。 ④子莫:赵岐注:"鲁之贤人也。"生平不可详考。近人罗根泽、钱穆等以为即《说苑·修文》中的颛孙子莫。

【译文】

孟子说:"杨子主张为我,拔去一根毫毛可以对天下有利,他都不愿做。墨子提倡兼爱,摩秃头顶、磨破脚跟,只要是对天下有利，他都去做。子莫主张折中，折中就接近正确。但折中没有权变，就好像固执在一点上。人们之所以厌恶固执一点，是因为它损害了正道，抓住了一点而废弃了其余。"

【解读】

本章中批评杨朱、墨子各执一偏。关于杨朱和墨子的思想，孟子前面已有评论（见6.9）。本章孟子提出，杨朱是极端地利己，墨翟是极端地利他，他们都各执一偏，是"执一"。重要的是"执中"，子莫做到了这一点，接近正确。但"执中"而不懂"权变"的话，又变成了"执一"，所以既要懂"执中"，又要会"行权"。

13.27　无为心害

孟子曰："饥者甘食，渴者甘饮，是未得饮食之正也，饥渴害之也。岂惟口腹有饥渴之害？人心亦皆有害。人能无以饥渴之害为心害，则不及人不为忧[①]矣。"

【注释】

① 不及人不为忧：即"不为忧不及人"。

【译文】

孟子说："饥饿的人觉得什么食物都好吃，口渴的人觉得什么水都好喝,这是因为没有尝到饮食的正味,是饥渴损害了口腹的感觉。难道只有口腹会受到饥渴的损害?心同样也会受到损害。一个人能使心不受到饥渴那样的损害,那就不必为生活上不如别人忧愁了。"

【解读】

本章认为口味会受到饥渴的损害,心也会受到类似的损害,故"求放心",注重自身的修养十分重要。

13.28 (略)

13.29 善始善终

孟子曰:"有为者辟①若掘井,掘井九轫②而不及泉,犹为弃井也。"

【注释】

①辟:同"譬"。 ②轫(rèn):通"仞"。赵岐注:"轫,八尺也。"或说"七尺曰轫"。

【译文】

孟子说:"有作为的人譬如打井,井挖到很深还没有挖到泉水,也还是一口废井。"

【解读】

本章论做事当善始善终,不可半途而废。

13.30 性之·身之·假之

孟子曰:"尧舜,性之①也;汤武,身之也;五霸,假之也。久假而不归②,恶知其非有也③?"

【注释】

①性之:赵岐注:"性好仁,自然也。"性:用作动词。之:指仁义。 ②归:返回,指返回到仁义。 ③恶知其非有:赵岐注:"安知其不真有也。"有学者将此句译为:"哪里知道他们不是真有呢?"朱熹《集注》:"言窃其名以终身,而不自知其非真有。"译文从朱注。

【译文】

孟子说:"尧、舜是本性自然表现为仁义,商汤、武王是身体力行仁义,五霸是假借利用仁义。假借久了仍不回归仁义,哪里知道自己不是真有仁义呢?"

【解读】

本章论述了实行仁义的三种方式:"性之""身之""假之"。"性之"相当于"由仁义行","身之"类似于"行仁义"。"性之"境界最高,但一般人不容易达到,所以最好还是从"身之"入手。"假之"是假借利用仁义,而不是真的喜好仁义。假借而不回归仁义,即使打着仁义的旗号,也不能真正拥有仁义。

13.31 (略)

13.32 士不素餐

公孙丑曰:"《诗》曰①:'不素餐②兮。'君子之不耕而食,何也?"

孟子曰:"君子居是国也,其君用之,则安富尊荣;其子弟从之,则孝悌忠信。'不素餐兮',孰大于是?"

【注释】

①《诗》曰:此句出自《诗经·魏风·伐檀》。 ②素餐:白吃饭。

【译文】

公孙丑说:"《诗经》中说:'不白吃饭啊。'可是君子不耕种也吃饭,为什么呢?"

孟子说:"君子居住在一个国家,国君任用他,就能带来安定富足,尊贵荣耀;学生们跟随他,就会变得孝悌友爱,忠诚守信。'不白吃饭啊',还有比这功劳更大的吗?"

【解读】

本章论士人的贡献和作用,肯定社会分工的合理性,驳斥

"君子不耕而食"的观点。

13.33　士之职责

王子垫①问曰："士何事？"

孟子曰："尚志②。"

曰："何谓尚志？"

曰："仁义而已矣。杀一无罪非仁也，非其有而取之非义也。居恶在？仁是也；路恶在？义是也。居仁由义，大人之事备矣。"

【注释】

①王子垫：齐王之子，名垫。　②尚志：朱熹《集注》："尚，高尚也。志者，心之所之也。"

【译文】

王子垫问道："士平时做什么事呢？"

孟子说："使心志高尚。"

王子垫问："什么叫使心志高尚？"

孟子说："不过是做到仁义罢了。杀一个无罪的人，就是不仁；不是自己的东西却占有，就是不义。居处在哪里？就在于仁；道路在哪里？就在于义。居处在仁而行走在义，君子的事情便完备了。"

【解读】

士是一个特殊阶层，与农、工、商相比，他们脱离了具体劳作，特别是当没有出仕时，往往显得无所事事，所以引起人们的疑问。在孟子看来，"无恒产而有恒心者，惟士为能"（见1.7），士人的特点就是能够超越个人的私利去关注天下的普遍利益，是社会基本价值的维护者和实践者。他们"居仁由义"，使自己心志高尚，不仅美化着社会风气，也为以后的出仕做好准备。

13.34 （略）

13.35 窃负而逃

桃应①问曰："舜为天子，皋陶为士，瞽瞍杀人，则如之何？"

孟子曰："执之而已矣。"

"然则舜不禁与？"

曰："夫舜恶得而禁之？夫有所受之也②。"

"然则舜如之何？"

曰："舜视弃天下犹弃敝蹝③也。窃负而逃，遵海滨而处，终身䜣然④，乐而忘天下。"

【注释】

①桃应：赵岐注："孟子弟子。" ②有所受之也：赵岐注："夫

天下乃（舜）受之于尧,当为天理民,王法不曲,岂得禁之也。"朱熹《集注》:"言皋陶之法,有所传受,非所敢私,虽天子之命亦不得而废之也。"译文从朱注。 ③敝蹝:破烂的鞋子。赵岐注:"蹝,草履也。" ④䜣(xīn)然:高兴的样子。

【译文】

桃应问道:"舜做天子,皋陶做法官,舜的父亲瞽瞍杀了人,该怎么办呢?"

孟子说:"逮捕他就是了。"

桃应问:"那么,舜不阻止吗?"

孟子说:"舜怎么能阻止呢?皋陶是于法有据的。"

桃应问:"那么,舜该怎么办呢?"

孟子说:"舜把抛弃天下看得像是丢掉破草鞋一样。偷偷地背着父亲逃走,沿海边住下,终身逍遥,快乐得忘了天下。"

【解读】

本章论"窃负而逃",提出了一个情与法的两难问题:舜做天子,父亲瞽瞍杀了人怎么办?值得注意的是,舜面对瞽瞍杀人,前后做出两种不同的选择:一方面命令司法官皋陶逮捕了杀人的父亲,另一方面又毅然放弃天子之位,背起父亲跑到一个王法管不到的海滨之处,"终身䜣然,乐而忘天下"。这种差别,关键就在于舜身份、角色的变化。郭店竹简《六德》说:"仁,内也;义,外也……门内之治恩掩义,门外之治义斩恩。"可见在儒家看来,处理家族内部事物与家族之外事物的原则是不一样的。处理家族内部事物时,要"恩掩义",亲情重于道义;处理家族之外事物时,则要"义斩恩",为道义牺牲亲情。当舜作为天子时,其面对的是"门外之治",故自然应该"义斩恩",为道义牺牲亲情;可是当舜回到家庭,作为一个儿子时,其面对的又是"门内之治",则应该"恩掩义",视亲情重于道义。故面对身陷囹圄的父亲,自然不能无动于衷,而必须有所作为了。舜在两难处境中的选择,反映了孟子在情与法问题上的折中态度。

需要说明的是,此章乃特殊情境下的答问,盖有桃应之问,故有孟子之答,它是文学的、想象的,是以一种极端、夸张的形式,将情理无法兼顾、忠孝不能两全的内在紧张和冲突展现出来,给人心灵以冲击和震荡。它具有审美的价值,但不具有实际的可操作性,故只可以"虚看",而不可以"实看"。现实中不可能要求"其父杀人"的天子"窃负而逃",也不可能有这样的事例。有学者斥责舜的"窃负而逃"乃是腐败的根源,予以激烈抨击;另有学者又极力想将其合理化,给予种种辩护,恐怕都不恰当。是误将审美性的当作现实性的,以一种"实"的而非"虚"的眼光去看待《孟子》文学性、传奇性的文字和记载,因而引出无谓的争论。

13.36 居移气,养移体

孟子自范①之齐,望见齐王之子,喟然叹曰:"居②移气,养移体,大哉居乎!夫非尽人之子与?"

孟子曰："王子宫室、车马、衣服多与人同，而王子若彼者，其居使之然也。况居天下之广居③者乎？（下略）"

【注释】

①范：齐国地名，其地在今河南省濮阳市范县东南。　②居：朱熹《集注》："谓所处之位。"　③广居：广大的居处，人人都可以得到的居处，指仁。朱熹《集注》："广居，仁也。"

【译文】

孟子从范邑到齐都，远远地望见齐王的儿子，感慨地说："居处改变人的气质，奉养改变人的体貌，居处真是太重要了！他不也是人的儿子吗？"

孟子说："王子的宫室、车马、衣服多半与别人相同，然而王子却那样与众不同，是居处环境使他这样的。（王子尚且如此，）何况那些住在天下最广大的居处——仁——上的人呢？（下略）"

【解读】

本章论环境的重要。认为居处改变人的气质，以仁为广居，则能培养出大丈夫精神。

13.37　（略）

13.38 圣人践形

孟子曰:"形色,天性也;惟圣人然后可以践形①。"

【注释】

①践形:孟子哲学术语,指通过扩充内在善性,影响、改变外在的形体、容色。践:实践,践履。

【译文】

孟子说:"形体、容色是天性,只有圣人才能充分实现他的形体、容色。"

【解读】

本章是孟子思想的一个重要内容。孟子曾提出,"志者,气之帅也;气者,体之充也"(见3.2),故在孟子看来,人的身体是由形(体)—气—志(心)三者组成的结构。虽然心与形分别属于大体、小体,但二者并不是隔绝的,心的活动或由心产生的志气、德气可以在形体、容色上反映出来,改变形体、容色的特征,使其充分精神化。孟子下面的一段话,有助于我们了解他的"践形"思想:"君子所性:仁义礼智根于心,其生色也睟然,见于面,盎于背,施于四体,四体不言而喻。"(见13.21)内在仁义礼智的活动,可以在形体、容色上显露出来,发出一种独特的道德光辉,传达某种特殊的讯息。故圣人的身体与常人的不同之处，在于它是一种精神化的身体，具有道德的光辉（参见杨儒宾：《儒家身体观》，台北"中央研究院"中国文哲研究所筹备处1996年版）。

本章"天性"一词，学者感到不好理解，往往将"性"改为"生"，解释为"天生的"，是不正确的。古人有以形为性的例子，如《吕氏春秋·壅塞》："夫登山而视牛若羊，视羊若豚。牛之性不若羊，羊之性不若豚，所自视之势过也。"高诱注："性犹体也。""牛之性""羊之性"即"牛之体""羊之体"，这是以"性"为"形体"的例子。古人以形为性与古代即生言性的传统有关，是后者的一个内容。故这里的"天性"指形体、容貌，它是人的自然属性，而不是道德属性，不是善性，但内在善性的扩充、培养又可以在"天性"中体现、表现出来。

13.39　（略）

13.40　施教五法

孟子曰："君子之所以教者五：有如时雨化之者，有成德者，有达财①者，有答问者，有私淑艾②者。此五者，君子之所以教也。"

【注释】

①达财：亦作"达材""达才"，使之通达、成才。财：通

"材"。　②私淑艾（yì）：谓取人之善以自治其身。淑：通"叔"，拾取，获益。朱熹《集注》："艾，治也。人或不能及门受业，但闻君子之道于人，而窃以善治其身。"

【译文】

孟子说："君子有五种教育方法：有像及时雨般滋润感化的，有成全品德的，有培养才干的，有解答疑问的，有靠学问品德使人私下受益的。这五种，就是君子教育人的方法。"

【解读】

本章论君子因材施教，有不同的教育方式。

13.41　（略）

13.42　行道之法

孟子曰："天下有道，以道殉身①；天下无道，以身殉道②；未闻以道殉乎人③者也。"

【注释】

①以道殉身：道从身得以实行。赵岐注："殉，从也。天下有道，得行王道，道从身施功实也。"　②以身殉道：用身去遵从道。赵岐注："天下无道，道不得行，以身从道，守道而隐。"　③以道殉乎人：赵岐注："不闻以正道从俗人也。"

【译文】

孟子说:"天下有道,用生命实践道;天下无道,用生命捍卫道。没有听说用道来屈从人的。"

【解读】

本章认为士应志于道,或实践道,或捍卫道,不能屈从他人而牺牲道。

13.43 在礼不答

公都子曰:"滕更①之在门也,若在所礼,而不答,何也?"

孟子曰:"挟②贵而问,挟贤而问,挟长而问,挟有勋劳而问,挟故而问,皆所不答也。滕更有二焉。"

【注释】

①滕更:赵岐注:"滕君之弟,来学于孟子也。" ②挟(xié):依恃,倚仗。

【译文】

公都子说:"滕更在先生门下,应该是属于以礼相待的人,然而您却不回答他的问题,为什么呢?"

孟子说:"倚仗着地位来问,倚仗着才能来问,倚仗着年长来问,倚仗着有功劳来问,倚仗着交情来问,都是我不愿回答的。滕更占了其中的两条。"

【解读】

本章记孟子与滕文公弟弟滕更事,应是孟子在滕国时的言论。滕更依仗自己的特殊身份和一点小聪明来向孟子请教,是"挟贵""挟贤"来问,所以孟子不愿回答。

13.44　（略）

13.45　亲亲·仁民·爱物

孟子曰:"君子之于物也,爱之而弗仁;于民也,仁之而弗亲。亲亲而仁民,仁民而爱物。"

【译文】

孟子说:"君子对于万物,爱惜它,但谈不上仁爱;对于百姓,仁爱,但谈不上亲爱。亲爱亲人而仁爱百姓,仁爱百姓而爱惜万物。"

【解读】

本章中亲是对亲人而言,仁是对百姓而言,爱是对万物而言,从亲亲到仁民,再到爱物,就是仁(广义)的实现过程,包括了仁的基本内容。

13.46　（略）

尽心下

14.1 不仁者梁惠王

孟子曰:"不仁哉梁惠王也!仁者以其所爱及其所不爱,不仁者以其所不爱及其所爱。"

公孙丑问曰:"何谓也?"

"梁惠王以土地之故,糜烂①其民而战之,大败,将复之,恐不能胜,故驱其所爱子弟以殉②之,是之谓以其所不爱,及其所爱也。"

【注释】

①糜烂:毁伤,摧残。 ②殉:赵岐注:"从也。"

【译文】

孟子说:"梁惠王真是不仁啊!仁者把他所喜爱的推及他所不喜爱的,不仁者把他所不喜爱的推及他所喜爱的。"

公孙丑问道:"这话是什么意思呢?"

孟子说:"梁惠王因为土地的缘故,摧残百姓让他们去打仗,大败之后,又想报复,担心不能取胜,就驱使他喜爱的子弟去送死,这就叫把他不喜爱的推及他所喜爱的。"

【解读】

本章批评梁惠王穷兵黩武、残害百姓进而害及自己亲属、子弟的不仁行为。

14.2 春秋无义战

孟子曰:"春秋无义战。彼善于此,则有之矣。征者,上伐下也,敌国①不相征也。"

【注释】

①敌国:对等的国家。敌:匹敌,对等。

【译文】

孟子说:"春秋时代没有正义的战争。那一方比这一方好一些,是有的。所谓征讨,是在上者讨伐在下者,对等的国家不相互征讨。"

【解读】

本章中"春秋"也可理解为《春秋》一书。《春秋》记载了各诸侯国之间的战争,并用春秋笔法加以批判。孟子继承了《春秋》的历史观,认为诸侯有罪,只能由天子征讨,诸侯之间不能相互讨伐,所以春秋时代没有正义的战争。孟子反对战争,是鉴于战争给人民的生命、财产造成极大伤害,是从人道主义出发的。但孟子生活于战国之世,意识到为了天下的统

一、安定,有时战争也是不可避免的,但当时周天子已名存实亡,无法承担起维护天下秩序的责任,故孟子希望有仁者出,"以至仁伐至不仁",对于仁者讨伐不仁者的战争孟子是持肯定态度的。

14.3 尽信《书》,不如无《书》

孟子曰:"尽信《书》①,则不如无《书》。吾于《武成》②,取二三策③而已矣。仁人无敌于天下,以至仁伐至不仁,而何其血之流杵④也?"

【注释】

①《书》:《尚书》。 ②《武成》:《尚书》篇名,已亡。今本《尚书·武成》为伪古文。东汉王充《论衡·艺增》:"夫《武成》之篇,言武王伐纣,血流浮杵,助战者多,故至血流如此。" ③策:古代用以记事的单片竹、木片。有时编在一起的竹书也叫"策"。 ④杵:舂米的木棒。

【译文】

孟子说:"完全相信《尚书》,还不如没有《尚书》。我对于《尚书·武成》篇,只相信其中的两三简罢了。仁者无敌于天下,以周武王这样的至仁者,去讨伐商纣这样的至不仁者,何至于血流成河,连舂米的木棒都漂起来呢?"

【解读】

本章论读《书》法,其中"尽信《书》,则不如无《书》"一语被广为征引,已成为学者强调独立思考的名言。《尚书》是六艺之一,被儒家尊为经典。孟子认为,即使对于经典,也不能盲目崇信。他从"仁者无敌"的理念出发,对《武成》篇的内容提出质疑,这与他治《诗》时强调"以意逆志"的方法是一致的。当然,孟子对《武成》的点评,是否符合历史事实,则是另一个问题了。

14.4　(略)

14.5　规矩与巧

孟子曰:"梓匠轮舆①能与人规矩,不能使人巧。"

【注释】

①梓匠轮舆:梓人、匠人、轮人与舆人。参见《滕文公下》6.4注⑤。

【译文】

孟子说:"木工、车工能教人规矩法度,却不能使人做到巧妙。"

【解读】

本章指出师傅只能教给人们规矩法则,而不能教会人们对规矩法则的运用。德国哲学家康德关于诗歌艺术的分析，可以借来发挥孟子的这一思想。康德说："尽管对于诗艺有许多详尽的诗法著作和优秀的典范"，"但人不能巧妙地学会作好诗"。以大诗人荷马为例，他可以教给人作诗的方法、韵律等，但绝不可能教会第二个人也写出他的那些伟大诗篇。因为他自己也并不能"指示出他们的幻想丰富而同时思想富饶的观念是怎样从他们的头脑里产生出来并且集合到一起的"（参见〔德〕康德：《判断力批判》，宗白华、韦卓民译，商务印书馆1993年版，第154—155页）。所以想真正做到"巧"，还要靠个人的实践、探索，所谓"心有灵犀一点通"，所谓"熟能生巧"，都离不开个人的钻研、研究和体悟，正是"师傅领进门，修行在个人"。

14.6　（略）

14.7　杀人之亲，祸莫大焉

孟子曰："吾今而后知杀人亲之重也。杀人之父，人亦杀其父；杀人之兄，人亦杀其兄。然则非自杀之也，一间①耳。"

【注释】

①一间：一点间隔，指距离很近。间：间隔。

【译文】

孟子说:"我从今以后知道杀害别人亲人的严重了。杀了别人的父亲,别人也会杀自己的父亲;杀了别人的兄长,别人也会杀自己的兄长。这样,虽然不是自己杀了父亲、兄长,但也相差不远。"

【解读】

本章论杀人之亲的后果,可能是针对当时的血亲复仇之风而发。告诫人们当爱敬他人之亲,这样他人也会爱敬自己的亲人了。

14.8 御暴与为暴

孟子曰:"古之为关也,将以御暴;今之为关也,将以为暴。"

【译文】

孟子说:"古时候设立关卡,是为了防御暴行;现在设立关卡,是为了制造暴行。"

【解读】

本章抨击当时诸侯设关立卡,施暴祸民。

14.9 以身作则

孟子曰:"身不行道,不行于妻子;使人不以道,不能行于妻子。"

【译文】

孟子说:"自己不身体力行道,就无法使妻子儿女也遵行道;不按照道去使唤人,连妻子儿女也使唤不了。"

【解读】

本章勉励人们要以身作则,身体力行道。

14.10 利者与德者

孟子曰:"周①于利者,凶年不能杀;周于德者,邪世不能乱。"

【注释】

①周:完备,充足。朱熹《集注》:"足也,言积之厚则用有余。"

【译文】

孟子说:"财产富足的人,荒年饿不死;道德富足的人,乱世不会迷惑。"

【解读】

本章论富于财、德，才能有备无患。

14.11　（略）

14.12　仁贤·礼义·政事

孟子曰："不信仁贤，则国空虚；无礼义，则上下乱；无政事，则财用不足。"

【译文】

孟子说："不信任仁人、贤者，国家的人才就会不足；没有礼义，上下关系就会混乱；没有好的政治措施，财用就会不足。"

【解读】

本章论治国当以"仁贤""礼义""政事"三事为务。

14.13　仁得天下

孟子曰："不仁而得国者，有之矣；不仁而得天下者，未之有也。"

【译文】

孟子说："没有仁德而得到一个国家，是有的；没有仁德而得到天下,从未有过。"

【解读】

不仁者侥幸可以得到一个国,但不可能得到天下,唯有仁者才可能得到整个天下。

14.14 民贵君轻

孟子曰:"民为贵,社稷①次之,君为轻。是故得乎丘民②而为天子,得乎天子为诸侯,得乎诸侯为大夫。诸侯危社稷,则变置。牺牲既成,粢盛既絜③,祭祀以时,然而旱干水溢,则变置社稷。"

【注释】

①社稷:土神和谷神,亦用为国家的代称。 ②丘民:众民。 ③絜:干净,清洁,后作"洁"。

【译文】

孟子说:"民众是最重要的,土神、谷神次之,国君分量最轻。因此,得到百姓的拥护就能做天子,得到天子的信任就能做诸侯,得到诸侯的信任就能做大夫。国君危及土神、谷神,就改立他人。牺牲肥壮,祭品洁净,祭祀又按照时令,但仍有干旱水涝,就改立土神、谷神。"

【解读】

本章论"民为贵",是孟子"民本"思想的精华。"民为贵"的"贵"是贵重、尊贵之意,相当于今天所说"最为重要""最有价值"。孟子从长期的历史经验中认识到"得乎丘民而为天子",民心的向背往往决定着政权的兴衰得失,故民是国家的根基、基础,与社稷和君主相比,是最重要、最有价值的。这既是从国家治理的重要程度来讲的,也包含了对政权合法性的思考,认为人民的利益构成君主权力的基础,人民的生命、财产是最为珍贵的,是设立国家、君主的唯一理由与根据,君主应尽职保障人民的生命与财产,否则便不具有合法性。国家、君主的设立既然是为了民,是为了民众的需要,那么,"民贵君轻"便是自然合理的了。

14.15　(略)

14.16　仁·人·道

孟子曰:"仁也者,人也。合而言之,道也。"

【译文】

孟子说:"仁的意思,就是成为人。合起来讲,就是道。"

【解读】

仁是关于人之为人的概念,人追求、实现仁的过程就是道。

14.17　（略）

14.18　（略）

14.19　（略）

14.20　昭昭与昏昏

孟子曰："贤者以其昭昭①使人昭昭，今以其昏昏使人昭昭。"

【注释】

①昭昭：明白。

【译文】

孟子说："贤者以自己的清楚明白，去使别人清楚明白；如今有人自己糊里糊涂，却想使别人清楚明白。"

【解读】

要教导别人，首先自己必须清楚明白。

14.21（略）

14.22（略）

14.23（略）

14.24　性命之分

孟子曰："口之于味也，目之于色也，耳之于声也，鼻之于臭①也，四肢之于安佚也，性也，有命焉，君子不谓性也。仁之于父子也，义之于君臣也，礼之于宾主也，知之于贤者也，圣人②之于天道也，命也，有性焉，君子不谓命也。"

【注释】

①臭（xiù）：同"嗅"，气味，特指香味。以上各句中"味""色""声"都为中性词，不含美恶之意，但这里都用来指美味、美色、乐声。　②圣人：或说当作"圣"，"人"为衍字。

【译文】

孟子说："口对于美味，眼对于美色，耳对于音乐，鼻对于香味，四肢对于安逸，属于性，但能否得到有命的限定，所以君子不把它们看作是性。仁对于父子，义对于君臣，礼对于宾主，智对于贤者，圣对于天道，能否实现也有命的限定，但属于性,所以君子不把它们看作是命。"

【解读】

本章是孟子思想的重要内容。孟子认为,嘴巴想吃好吃的,眼睛想看好看的,耳朵想听好听的,鼻子想闻好闻的,四肢贪图安逸,这都是人的本性,然而能否实现,往往由命运决定,所以君子不应将其看作是性,而只看作是命。仁对于父子、义对于君臣,礼对于宾主,知对于贤者,圣对于天道,虽然能否实现,一定程度上也受个人时遇的影响,但由于仁义礼智本身就根植于人性,由于人有意志自由,"求则得之,舍则失之",能否得到取决于自己,与命运无关,故君子不将其看作是命,而应看作是性。孟子的"性命之分"实际来自郭店竹简的"天人之分",是对后者的进一步发展。参见2.16章解读。

14.25　人之六品

浩生不害①问曰:"乐正子②何人也?"

孟子曰:"善人也,信人也。"

"何谓善?何谓信?"

曰:"可欲之谓善,有诸己之谓信,充实之谓美,充实而有光辉之谓大,大而化之之谓圣,圣而不可知之之谓神。乐正子,二之中、四之下也。"

【注释】

①浩生不害：姓浩生，名不害，赵岐说是齐国人。　②乐正子：孟子弟子乐正克。

【译文】

浩生不害问："乐正子是什么样的人？"

孟子说："是个善人，是个信人。"

浩生不害问："什么叫'善'？什么叫'信'？"

孟子说："可以欲求的叫作'善'，善存于自身叫作'信'，使之充盈真实叫作'美'，充盈真实又有光辉叫作'大'，发扬光大而能化育天下叫作'圣'，圣达到高深莫测之境叫作'神'。乐正子是处在'善''信'二者之中，'美''大''圣''神'四者之下。"

【解读】

本章孟子把个体的人格品质和精神境界划分为六个品级：善、信、美、大、圣、神。其中，"善"是"可欲"，所谓"可欲"也就是"可求"。根据孟子的规定，只有存在于我之内的仁义礼智才是可求的，而存在于我之外的富贵权势是不可求的。故在孟子看来，只有不受外在条件的限制，完全可以由我控制、掌握的仁义礼智等善性才是善（参见13.3）。"信"是"有诸己"的意思，也就是说个体将"我固有之"的仁义礼智等善性保持住，落实在自己的行为中，使其成为自己的指导原则，而不会流失、放弃、丢失掉。"美"是"充实"的意思,是指个体通过自觉的努力,把他所固有的仁义礼智等善性"扩而充之",使之灌注满盈于人的形体之中(参见13.21、13.38)。而"充实"之所以能成为美,又在于它能使人的形体"生色",使自然的形体具有高尚的道德精神的意义,从而成为可以直观到的存在。中华民族历来把人的精神风度的美,看得高于人的自然形体的美,这一优良的传统与孟子"充实之谓美"的思想显然是分不开的。"大"是"充实而有光辉"的意思,也就是比一般的美在程度和范围上更为鲜明、强烈、广大,是一种辉煌壮观的美,包含有一般所谓"壮美"的意味。"圣"是"大而化之"的意思,它不但是一种辉煌壮观的美,而且具有极大的感染、教化、化育的力量,成为百代的楷模。"神"是"圣而不可知之",达到了"圣"的境界,却看不出是如何达到的。"圣"是要赖人力才能成功的,"神"却似乎非人力所做成。孟子对美、大、圣、神的区分,虽然有神秘意味,但并不是纯粹主观的臆测,而是建立在对人格品质、精神境界的观察和区分之上,实际是对人格修养、成人成物、济世救民不同精神层次的概括,而所谓"圣"与"神",实际已进入与自然、宇宙天人合一的境界,因而也就跨进目的论的领域了(参见李泽厚、刘纲纪:《中国美学史》第一卷,中国社会科学出版社1984年版,第182—186页)。

14.26 距杨墨

孟子曰:"逃墨必归于杨,逃杨必归于儒。归,斯受之而已矣。今之与杨、墨辩者，如追放豚，既入其苙①，又从而招②之。"

【注释】

①苙（lì）：畜圈。 ②招：通"羂"（juàn），用绳索束缚、缠绕。朱熹《集注》："招，羂也，羁其足也。"

【译文】

孟子说："脱离墨家必定会归向杨朱一派，脱离杨朱一派必定会归向儒家。归向儒家，接纳他们就是了。如今与杨朱、墨家辩论的人，好像在追赶走失的猪一样，已经关进猪圈了，还要把它们的脚捆上。"

【解读】

本章中孟子虽对杨朱、墨家进行了严厉的批判，但对脱离杨、墨学派之人却采取既往不咎的态度，他反对某些儒家学者狭隘、偏激的做法，认为有失中道。

14.27　（略）

14.28　诸侯之宝

孟子曰："诸侯之宝三：土地、人民、政事。宝珠玉者，殃必及身。"

【译文】

孟子说:"诸侯有三样宝:土地、人民和政事。把珍珠、美玉当作宝物的,灾祸必定会降到他身上。"

【解读】

本章论诸侯不应以珍珠、美玉为宝,而应以土地、人民、政事为宝。

14.29　(略)

14.30　(略)

14.31　扩充仁义

孟子曰:"人皆有所不忍,达之于其所忍,仁也;人皆有所不为,达之于其所为,义也。人能充无欲害人之心,而仁不可胜用也;人能充无穿窬①之心,而义不可胜用也;人能充无受尔汝②之实,无所往而不为义也。士未可以言而言,是以言餂③之也;可以言而不言,是以不言餂之也,是皆穿窬之类也。"

【注释】

①穿窬(yù):犹言"穿穴逾墙"。窬:同"逾",越过。　②尔汝:尔、汝都是第二人称代词,古代尊长称呼卑幼时用,如果平辈之间用

来称呼，则是对对方的轻视。 ③餂（tiǎn）：取，诱取。

【译文】

孟子说："人都有他所不忍心的事情，将其推广到他所忍心的，就是仁；人都有他不耻做的事，将其推广到他耻于做的事，就是义。人能够扩充不愿害人之心，仁就用不尽了；人能扩充不愿挖洞翻墙之心，义就用不尽了；人能扩充不受人轻蔑的言行，不管到哪里都不会不合乎义了。对于士人不可以言谈的却与之言谈，这是用言谈套取别人的想法；可以言谈的却不与之言谈，这是用沉默套取别人的想法，这些都属于挖洞翻墙一类的行为。"

【解读】

本章中"不忍"即恻隐之心，"不为"即羞恶之心，孟子认为，这两种心是人人都有的，但还需要"扩而充之"。将"不忍"扩到"所忍"就是仁，将"不为"扩充到"所为"就是义。孟子还提出，对于士人应以正道交往，不可以用言谈、沉默套取他们的想法，认为这些都属于"穿窬"之类的不义行为。

14.32 善言与善道

孟子曰："言近而指远者，善言也；守约而施博者，善道也。君子之言也，不下带①而道存焉；君子之守,修其身而天下平。人病舍其田而芸人之田——所求于人者重,而所以自任者轻。"

【注释】

①不下带:比喻注意眼前常见之事。带:腰带。朱熹《集注》:"古人视不下于带,则带之上,乃目前常见至近之处也。"此处比喻注意眼前常见之事。

【译文】

孟子说:"言语浅近而旨意深远,这是善言;操持简约而恩施广博,这是善道。君子的言谈,内容平常却蕴含着深刻的道理;君子的操守,修养自己而使天下太平。人们的毛病往往在于放着自己的田不耕,却去耕别人的田——要求别人的很多,自己承担的却很少。"

【解读】

本章认为好的言论浅近而内涵深刻,好的道理简约而影响深远,要求别人先要做好自己。

14.33 遵德俟命

孟子曰:"尧舜,性者也;汤武,反之也。动容周旋中礼者,盛德之至也。哭死而哀,非为生者也。经德不回①,非以干禄也。言语必信,非以正行也。君子行法，以俟命而已矣。"

【注释】

①经德不回：遵从德而不违背。经：遵行。回：违背。《诗·大雅·常武》："徐方不回，王曰还归。"郑玄笺："回犹违也。"

【译文】

孟子说："尧、舜，是本性如此；汤王、武王，是努力的结果。举动、仪容与应对进退都符合礼，那是德性的最高表现。为死者悲哀哭泣，不是为了做给活人看的。遵行道德而不违背，不是为了谋取官位。说话必守信用，不是为了让人知道自己的行为端正。君子依法度行事，以等待天命。"

【解读】

本章论为德。尧舜是本性的流露，汤武是后天的努力，二者虽有不同，但都可达到"动容周旋中礼"的"盛德"。道德实践应发自内心，而不是为了外在的目的。做到这一点，就要有"尽人事以待天命"的态度。

14.34 说大人，则藐之

孟子曰："说①大人，则藐之，勿视其巍巍然。堂高数仞，榱题②数尺，我得志，弗为也。食前方丈③，侍妾数百人，我得志，弗为也。般乐④饮酒，驱骋田猎，后车千乘，我得志，弗为也。在彼者，皆我所不为也；在我者，皆古之制也，吾何畏彼哉？"

【注释】

①说（shuì）：劝说别人听从自己的意见。 ②榱（cuī）题：屋檐下的椽子头，这里借指屋檐。 ③方丈：赵岐注："极五味之馔食，列于前，方一丈。" ④般（pán）乐：大肆作乐。赵岐注："般，大也。"

【译文】

孟子说："向达官显贵进言，要藐视他，不要把他高高在上的样子放在眼里。殿堂几丈高，屋檐几尺宽，如果我得志，不追求这些。面前的食物摆得有一丈见方，侍奉的姬妾有好几百，如果我得志，不追求这些。饮酒作乐，驰骋打猎，跟随的车子有上千辆，如果我得志，不追求这些。他们所拥有的，都不是我追求的；我所追求的，都符合古代的制度，我为什么要惧怕他们呢？"

【解读】

孟子有"天爵""人爵"之说，并将"天爵"置于"人爵"之上（见11.16），这是他蔑视权贵、保持人格独立的内在根据。在孟子看来，蔑视权贵不只是一介寒士的傲骨，同时还具有充分的历史根据，符合"古之制也"，有无数古代圣贤为之前导，因而更加充满坚定的信念和不可战胜的勇气。

14.35　养心莫善于寡欲

孟子曰:"养心莫善于寡欲①。其为人也寡欲,虽有不存焉者,寡矣;其为人也多欲,虽有存焉者,寡矣。"

【注释】

①寡欲:使欲望减少。寡:使减少。

【译文】

孟子说:"养心的方法没有比减少欲望更好了。一个人减少了欲望,即使本心有所丧失,也不会太多;一个人增多了欲望,即使本心有所保留,也会很少。"

【解读】

本章论养心。孟子认为,人虽然具有本心良心,但又是会流失的,所以需要保养;保养心最好的方法就是"寡欲","寡欲"不是否定欲望,而是节制欲望,不使其影响了本心良心的成长。寡欲针对的是士人的修养,而不是大众的生活。

14.36　(略)

14.37　崇中道，恶乡愿

万章问曰:"孔子在陈曰①:'盍归乎来!吾党②之小子狂简③,进取,不忘其初。'孔子在陈,何思鲁之狂士?"

孟子曰:"孔子'不得中道而与之,必也狂、狷④乎!狂者进取,狷者有所不为也'。孔子岂不欲中道哉?不可必得,故思其次也。"

"敢问,何如斯可谓狂矣?"

曰:"如琴张⑤、曾晳、牧皮⑥者,孔子之所谓狂矣。"

"何以谓之狂也?"

曰:"其志嘐嘐⑦然,曰,'古之人,古之人。'夷⑧考其行,而不掩⑨焉⑩者也。狂者又不可得,欲得不屑不絜之士而与之,是獧⑪也,是又其次也。孔子曰:'过我门而不入我室,我不憾焉者,其惟乡原⑫乎!乡原,德之贼也。'"

曰:"何如斯可谓之乡原矣?"

曰:"'何以是嘐嘐也?言不顾行,行不顾言,则曰"古之人,古之人"。行何为踽踽凉凉⑬?生斯世也,为斯世也,善斯可矣。'阉然⑭媚于世也者,是乡原也。"

万子曰:"一乡皆称原人焉,无所往而不为原人,孔子以为德之贼，何哉？"

曰："非之无举也，刺之无刺也，同乎流俗，合乎污世，居之似忠信，行之似廉絜，众皆悦之，自以为是，而不可与入尧舜之道，故曰'德之贼'也。孔子曰：'恶似而非者：恶莠⑮，恐其乱苗也；恶佞，恐其乱义也；恶利口，恐其乱信也；恶郑声⑯，恐其乱乐也；恶紫⑰，恐其乱朱也；恶乡原，恐其乱德也。'君子反经⑱而已矣。经正，则庶民兴；庶民兴，斯无邪慝⑲矣。"

【注释】

①孔子在陈曰：以下见《论语·公冶长》，文字略有异。 ②党：犹言"乡"。古代五家为邻，五邻为里，五百家为党。 ③狂简：志向高远而处事疏阔。朱熹《论语·集注》："狂简，志大而略于事也。" ④狂狷：即狂与狷，指志向高远的人与拘谨自守的人。 ⑤琴张：一说孔子弟子子张，或说另有其人。 ⑥牧皮：身世不详；或说是孔子弟子。 ⑦嘐嘐（xiāo xiāo）：形容志大而言夸。赵岐注："志大、言大者也。" ⑧夷：发语词。 ⑨掩：朱熹《集注》："覆也。"引申为相符。 ⑩焉：代词，指"夷考其行"的"行"。 ⑪獧：同"狷"。 ⑫乡原：指乡里貌似谨厚，而实与流俗合污的伪善者。原：同"愿"，谨厚貌。 ⑬踽踽（jǔ jǔ）凉凉：孤单冷清的样子。踽踽：独行不进貌。凉凉：薄，不被人亲厚。 ⑭阉然：曲意逢迎貌。 ⑮莠：田间常见杂草，俗称"狗尾草"。赵岐注："莠之茎叶似苗。" ⑯郑声：春秋战国时郑国的音乐，与孔子等提倡的雅乐相背。《论语·卫灵公》："放郑声，远佞人。郑声

淫,佞人殆。"刘宝楠《正义》:"《五经异义·鲁论》说郑国之俗,有溱、洧之水,男女聚会,讴歌相感,故云郑声淫。" ⑰紫:古人认为朱是"正色"即纯色,而紫属于"间色"即杂色。《论语·阳货》:"恶紫之夺朱也。"何晏《集解》:"朱,正色;紫,间色之好者。" ⑱反经:恢复常道。反:返。经:常,不变的常道。 ⑲斯:则。邪慝(tè):犹"邪恶"。慝:恶。

【译文】

万章问道:"孔子在陈国时说:'为什么不回去呢!我家乡的弟子志向远大而处事简单,但都发愤进取而不忘原有的志向。'孔子在陈国时,为什么思念鲁国的狂放之士呢?"

孟子说:"孔子说过,'找不到中道之人来交往,那就只能找狂者和狷者了。狂者勇于进取,狷者有所不为'。孔子难道不想结交中道之人吗?只是不一定找得到,所以就想到次一等的人。"

万章问:"请问什么样的人可以称为狂者呢?"

孟子说:"像琴张、曾晳、牧皮,就是孔子所说的狂者。"

万章问:"为什么说他们是狂者呢?"

孟子说:"他们志向大,口气也大,开口就说,'古时候的人,古时候的人'。可是一考察他们的行为,却不能与言语吻合。如果连狂者也结交不到,那就找不屑于同流合污的人为友,这就是狷者,是再次一等的人了。孔子说:'经过我的门却不进我的屋,我不感到遗憾的,大概只有乡原吧!乡原是德之贼。'"

万章问:"什么样的人可以称为乡原呢?"

孟子说:"这种人认为,'为什么要那样志向大,口气也大呢?言语与行为不符,行为与言语不合,却说什么"古时候的人,古时候的人"。处事为什么落落寡合呢?生在这个社会,为这个社会做点事,只要过得去就可以了。'卑贱地献媚于世人,这就是乡原。"

万章问:"全乡的人都称赞他是老好人,他也到处都表现得像个老好人,孔子却认为他是德之贼,为什么呢?"

孟子说:"这种人,要说他不对,却举不出例证;要责骂他,却找不到理由。混同于流俗,迎合于浊世,为人好像忠诚老实,行为好像清正廉洁,大家都喜欢他,自己也认为不错,但实际上,却不能与他一起实践尧舜之道,所以说他是'德之贼'。孔子说:'憎恶那些似是而非的东西:厌恶莠草,是怕它混淆了禾苗;厌恶花言巧语,是怕它扰乱了正义;厌恶夸夸其谈,是怕它混淆了事实;厌恶郑国的音乐,是怕它搞乱了雅乐;憎恶紫色,是怕它混淆了红色;厌恶乡原,是怕他扰乱了德行。'君子不过使一切回到正道罢了。回到正道,百姓就会振作起来;百姓振作起来,也就没有邪恶了。"

【解读】

本章评论中道、狂、狷和乡愿四种人格,肯定"中道"之士,批评乡愿的圆滑媚俗,没有原则。

14.38 道统之传

孟子曰:"由尧舜至于汤,五百有余岁,若禹、皋陶,则见而知之;若汤,则闻而知之。由汤至于文王,五百有余岁,若伊尹、莱朱①,则见而知之;若文王,则闻而知之。由文王至于孔子,五百有余岁,若太公望②、散宜生③,则见而知之;若孔子,则闻而知之。由孔子而来至于今,百有余岁,去圣人之世,若此其未远也;近圣人之居,若此其甚也。然而无有乎尔,则亦无有乎尔④!"

【注释】

①莱朱:一名仲虺(huǐ),商汤的贤臣,任左相。 ②太公望:即吕尚,见《离娄上》7.13注⑤。 ③散宜生:姓散宜,名生,周文王的贤臣。 ④然而无有乎尔,则亦无有乎尔:朱熹《集注》引林氏曰:"孟子言孔子至今时未远,邹鲁相去又近,然而已无有见而知之者矣;则五百余岁之后,又岂复有闻而知之者乎?"乎尔:语气助词。赵岐注:"叹而不怨之辞也。"

【译文】

孟子说:"从尧舜到商汤,经历了五百多年,像禹、皋陶,是亲眼见到而了解尧舜的;至于商汤,则是听说而了解尧舜的。从商汤到文王,经历了五百多年,像伊尹、莱朱,是亲眼见到而了解商汤的；至于文王，则是听说而了解商汤的。从文王到孔子，又经历了五百多年，像太公望、散宜生，是亲眼见到而了解文王的；至于孔子，则是听说而了解文王的。从孔子到现在，不过一百多年，离开圣人的时代如此地不远，距离圣人的家乡如此地接近。但是已经没有继承的人了，已经没有继承的人了！"

【解读】

本章是《孟子》的最后一章，也是对全书的总结。《孟子》的编者以本章为全书作结，可以说是大有深意。在本章中，孟子不仅表白了"承三圣"的心胸怀抱，而且揭示了中国历史文化传统中一脉相承的尧、舜、禹、汤、文、武、周公、孔子的圣王之道，并以承继、发扬这一圣王之道为自己的历史使命。如学者指出的，"儒家的理想人格在圣，圣之所以为圣，在完成其平治天下教化人间的外王事业，故圣人之道，与外王事业不可分，统称圣王，也就是《庄子·天下篇》所谓的内圣外王之道。这一圣王合一的传统，到了孔子遂告分离，孔子所以梦见周公，正表达了这一有周公之德、无周公之位的遗憾。当时，王道失坠，大一统崩解，'圣'人之道的传统已不能由周'王'朝一家开，孔子作《春秋》，而《春秋》以褒贬为征伐，正是天子的事，此隐然接下了圣王合一的道统，孟子力辟杨墨，驳斥许行，正是孔子作《春秋》更上一层的推扩，孔子作《春秋》是天子之事，孟子贯穿圣王道统，又何尝不是天子之事？司马迁列孔子于世家，而以素王称之的真用心,就有见于此,而孟子是最能由此肯定孔子伟大的人。"(王邦雄等:《孟子义理疏解》,台北鹅湖出版社2010年版,第363—364页)孟子坚信"五百年必有王者兴,其间必有名世者"(见4.13),"由尧、舜到商汤,其间五百多年,由商汤到文王,其间又五百多年,由文王到孔子,其间又有五百多年。尧、舜至于汤,是经由禹、皋陶的见而知之,才往下流传而有商汤的闻而知之;汤至于文王,是经由伊尹、莱朱的见而知之,才往下流传而有文王的闻而知之;文王至于孔子,是经由太公望、散宜生的见而知之,才往下流传而有孔子的闻而知之。五百年而有王者兴,其间若无转接卫道的贤者,就可能断隔而不能传承统贯。孔子下来,到了孟子,已有一百多年,虽五百年而有王者兴,不会落在孟子身上,然而作为一个弘扬儒学的卫道人士,孟子自觉是责无旁贷的。他看看自己去圣人之世未远,又紧邻圣人而居,见而知之的大任,又舍我其谁呢?他自我惕励,设若他不能见而知之,则三百多年后闻而知之,可能就断绝难继了。这是文化传统的接棒,文化传统的代代相传。孟子真是中国历史上最有使命感的文化斗士,最有生命力的卫道圣雄。"(同上,第365页)

附录：孟子行年考

周烈王四年，己酉（公元前372）
○孟子约生于此时。

周显王十一年，癸亥（公元前358）
○孟子约十五岁，受业于子思门人。孟子年轻时曾跟子思的门人学习，子思为孔子的孙子，对孔子的仁学有很大发展。孟子固然与孔子不相及，但却通过这种学术的传承关系与孔子思想发生联系。

周显王十六年，齐威王四年，魏惠王十七年，韩昭侯十年，戊辰（公元前353）
○孟子约二十岁，欲休妻。据《韩诗外传》记载，孟子曾有过休妻的一段小插曲：孟子回家，进屋看到妻子衣冠不整，神情傲慢，于是想要休妻，却遭到孟母的反对。古代礼制规定，进门时，要问谁在家里；上堂时，要发出声音；进到屋里，目光要向下，这样是为了尊重别人的隐私。而孟子没有按照礼制的规定去做，结果看到妻子傲慢的神情，因此违礼的应该是孟子。

周显王三十七年，己丑（公元前332）

〇**孟子在邹，答邹穆公问**。邹国与鲁国发生争斗，邹国的官吏（有司）被打死三十多人，而邹国的百姓却在一旁无动于衷。是年孟子约四十岁，在邹国有了一定的声望和影响。邹穆公便向孟子请教，该如何处置这些人。孟子以为，邹国的百姓见死不救，是由于这些官吏平时缺乏仁爱之心，对百姓的死活不闻不问，因而得到报复，于是他劝邹穆公"行仁政"。贾谊《新书》中记载邹穆公行仁政，可能就是受到孟子的影响。孟子这里提出了仁政的思想，但对仁政的具体内容却没有说明，表明他的思想还在形成之中。

周显王三十八年，庚寅（公元前331）

〇**孟子居平陆**。孟子来到平陆，见大夫孔距心，继续宣扬他的仁政学说。孟子通过两个类比推理，指责孔距心不行仁政的过错。一个是用某个战士一天三次失职，类推孔距心不行仁政使百姓"转于沟壑""散而之四方"，同样是失职；当孔距心为自己辩解，孟子又以替人放牧为例，说明既然受人之命，就应该尽心尽职，否则就是自己的过错。孟子游历的早期，常用这种类推方式说明推行仁政的必要，这与他后来把仁政看作是不忍人之心、恻隐之心的外在表现是有所不同的，这种论证方式的差别可能反映了孟子思想的发展、变化。

周显王三十九年，辛卯（公元前330）

〇**孟子到任国，造访季任**。任国的季任和齐相储子都派人送来礼物和孟子结交，孟子收下礼物而不回赠。今年孟子来到任国，专门造访季任；后又到齐国，却不去造访储子，结果引起弟子屋庐子等人的疑问。孟子解释说，季任当时代理任国国政，无法亲身前往邹国；而储子能够亲身去邹国，却只派人送去礼物，所以自己只造访季任而不造访储子。孟子生活的时代，礼制已受到很大冲击。孟子不重视外在礼节，而夸大内在的"志"，即动机和情感，这无疑是时代精神的体现。

〇**孟子在邹，与屋庐子、曹交问答**。孟子到任国造访季任后，又回到邹国。《孟子》书中记录与屋庐子、曹交问答，可能就发生在此时。在这两章里，孟子分别讨论了"礼与食孰重""人皆可以为尧舜"的问题。孟子以为必须把礼与食放在同等条件下比较，假如拿食之重者与礼之轻者相比，自然就会得出错误的结论；在与曹交的问答中，孟子肯定人皆可以为尧舜，在他看来，尧舜之道不过是孝悌而已，只要每人"服尧之服，诵尧之行"，照尧舜的榜样去做，就能和尧舜一样。

周显王四十年，齐威王二十八年，壬辰（公元前329）

〇**孟子约四十三岁，首次至齐**。孟子在邹鲁活动了一段时间，没有什么成果，于是带领学生来到了齐国。当时齐国正由齐威王执政。齐威王任用邹忌为相，进行政治改革，使齐国成为东方最有实力的国家。齐威王还很重视人才，把人才视为镇国之宝，但他所看重的人才或是能冲锋陷阵、克敌制胜的猛将，或是能以法治国使政治清明的贤者，而对孟子这样倡导仁义、主张施行仁政的人并不感兴趣。因此，孟子在齐逗留期间，一直没有得到齐威王的关注。他也没有发表什么重要的言论，所以《孟子》七篇中没有记载他与齐威王的对话。

○**齐相储子来见孟子**。孟子来到齐国后，齐相储子来见孟子，说王派人暗中观察先生，您果真有与人不同之处吗？孟子则说有什么与人不同之处呢？尧舜与人也是一样的呢！

周显王四十一年，齐威王二十九年，宋君偃后元元年，癸巳（公元前328）

○**孟子与告子辩论**。孟子在齐国时，与告子（战国时人，墨子弟子，一说道家学者，主张人性本无善恶）就"人性善恶""生之谓性""仁内义外"等问题展开讨论。由于此时孟子思想还不成熟，在辩论中多有错误。"然而可能正是与告子的辩论，使孟子意识到早期儒学理论中的内在矛盾，意识到必须突破宗法血亲的狭小藩篱，为儒学理论寻找新的理论基石。而正是在这一背景下，孟子提出他著名的'四端'说，把仁的基点由血亲孝悌转换到'恻隐''羞恶''辞让''是非'等更为普遍的道德情感中去。"（梁涛：《孟子"四端"说的形成及其理论意义》，载《中国社会科学院历史所学刊》，2001年创刊号）

○**孟子劝蚳鼃向齐王进谏**。蚳鼃做了四个月的治狱官，却没有向齐王进谏，孟子劝他尽自己的职守。蚳鼃于是向齐王进谏，齐王不听便辞官而去。齐国人议论说，孟子劝蚳鼃尽职守，为什么自己却不进谏呢？孟子认为，有固定职务的，如不尽其职责，自然应该离官而去；而自己在齐国没有固定职务，故没有进言的职责。

○**孟子与匡章交游**。匡章是齐国著名的将领，他的父亲与母亲争吵，一气之下将其杀死，埋在马厩下。匡章不愿违背父愿，便没有改葬。齐国人骂其不孝。孟子认为，世俗所谓的不孝有五种：四肢懒惰，不管父母的生活，一不孝；好下棋饮酒，不管父母的生活，二不孝；好钱财，偏爱妻室儿女，不管父母的生活，三不孝；放纵声色欲望，使父母因此受耻辱，四不孝；逞勇敢好斗殴，危及父母，五不孝。匡章不属于其中的任何一种，于是继续和匡章往来。孟子重视个人意志，轻视世俗观念，体现了独立特行的精神面貌。

○**孟子离开齐国，前往宋国**。孟子在齐国得不到重用，听说宋偃王欲行仁政，感到十分兴奋，于是便决定到宋国去。孟子离开齐国时，与齐威王的矛盾已经十分尖锐，甚至连齐威王馈赠的"兼金"都没有接受，以为是想收买他，而君子是不能被收买的。

周显王四十二年，宋君偃后元二年，甲午（公元前327）

○**孟子至宋**。孟子来到宋国，积极帮助宋王推行仁政。他指出要想实行仁政，就必须在宋王周围安排大量的善士，只有获得多数人的支持，仁政才能实现。今《史记·宋世家》所记载的宋君偃与《孟子》所言大相径庭，《孟子》中的宋君偃是一个有行仁政愿望的仁义之君，而《史记》中的宋君偃则是一个荒淫无耻、杀戮暴虐，类似于桀纣的昏君。大概宋君偃行仁政只是出于沽誉钓名，或是大臣戴不胜、薛居州的撺掇，并非真的出于仁爱之心。后来身边的坏人越来越多，他凶残暴虐的本性便暴露出来。

周显王四十三年，宋君偃后元三年，乙未（公元前326）

○**孟子在宋，与滕国世子相会**。孟子在宋国时，与还是世子的滕文公相会，孟子"道性善，言必称尧、舜"，使滕文公深受启发。后来滕文公即位，专门派人来向孟子请教。

○**孟子与宋人勾践论游说之道**。孟子在宋国时，与宋人勾践谈论游说君主之道。孟子认为，别人理解我，我自得其乐；别人不理解我，我也自得其乐。这是游说君主的正确态度。至于如何做到自得其乐，那就要崇尚德、喜爱义，像古代的士人，"穷则独善其身，达则兼善天下"。

周显王四十四年，宋君偃后元四年，秦惠文王十三年，丙申（公元前325）

○**孟子离开宋国，回到邹**。由于宋王对仁政缺乏诚意，孟子的很多主张并没有得到执行，特别是对孟子提出的实行什一税和废除关卡、市场征税，千方百计找借口推延。孟子生气至极，以偷鸡贼相喻。于是离开宋国，途经薛，回到邹国。在离开薛时，因为预感到可能会发生意外，接受了薛君给他买武器的钱。但在由薛归邹的途中，还是碰到危险，因为绝粮，差点饿死途中。

周显王四十五年，梁惠王后元十一年，丁酉（公元前324）

○**孟子在邹，滕文公派然友问丧礼**。是年孟子在邹，滕定公去世，滕文公即位。因滕文公曾与孟子在宋国交谈过两次，深受影响，所以即位以后派人到邹国，征求滕定公丧礼的意见。孟子建议滕文公实行三年之丧，并以为能否实行的关键，取决于滕文公本人。后滕文公果真实行了三年之丧，据说效果还不错，受到文武百官的拥护。

○**孟子由邹之滕，推行仁政**。孟子从邹国来到滕国，帮助推行仁政。他特别强调治民之产的重要。具体说，就是要推行彻法，征收什一税，同时设立学校，以明人伦。后滕文公派毕战问井田，孟子借机把这种古代制度大大美化一番，指出"仁政必自经界始"，认为施行仁政必须要有一定的物质基础。孟子的仁政思想得到进一步发展。

周显王四十六年，魏惠王后元十二年，齐威王三十四年，戊戌（公元前323）

○**孟子与农家陈相辩论**。滕文公在孟子的协助下实行仁政，一时在社会上产生很大反响，不少人闻风而至。农家学派的许行从楚国来到滕国后，属于儒家学派的陈相也从宋国来到这里。陈相见到许行后，被许行学说所吸引，于是放弃了以前的观点，成为许行的徒弟。陈相站在农家的态度与孟子进行了一场辩论。陈相认为，贤明的君主应当同人民共同耕作，而滕文公却占有粱仓财库，这就是损害人民来奉养自己，所以不能称为贤明。孟子以为，人的社会分工各有不同，农民用粮食换取陶器、铁器，不能算损害陶工和铁匠的利益；陶工和铁匠用陶器和铁器换取粮食，也不能算是损害农民的利益。同样，用治理国家换取粮食、器用也不能算是损害农民、工匠的利益。孟子从社会分工的角度驳斥了许行的观点，是有合理的一面的。但是，他把统治与被统治的关系与社会分工混为一谈，用后者论证前者的合理性，则是不全面的。

周显王四十七年,齐威王三十五年,魏惠王后元十三年,己亥(公元前322)

〇**齐人城薛,滕文公问于孟子**。孟子在滕国通过滕文公实行了一些仁政,但今年齐人在滕国四周的薛(为周初任姓小国,滕国附近)筑城,直接威胁到滕国。滕文公问孟子该怎么办?孟子回答只能勉强为善。在这种情况下,孟子意识到要推行仁政于天下,仅靠滕国的力量是远远不够的,于是不久离开滕国。

周慎靓王元年,魏后元十五年,齐威王三十七年,辛丑(公元前320)

〇**孟子见梁惠王,时约五十二岁**。孟子在滕国推行仁政失败后,听到魏惠王在招贤纳士,于是便率领自己的徒弟"后车数十乘,从者数百人",浩浩荡荡地来到魏国。梁惠王见到孟子,劈头就问:"叟!不远千里而来,亦将有以利吾国乎?"而孟子则说王应该多谈仁义,何必一定要谈利?随后又讲了言利的危害性,两人一见面谈话就不投机。以后孟子与梁惠王又进行了几次谈话,涉及仁义道德、民本思想、仁政的具体措施等一系列内容,孟子的思想得到进一步的发展。

〇**孟子与周霄论出仕**。孟子在魏国时,与周霄讨论出仕。孟子认为,士人出仕做官,好比农民耕田,是他们自己的职业。但古代士人出仕,却有礼节规定,以不符合礼节的方式做官,只能像男女钻门洞扒门缝一样。

周慎靓王二年，魏惠王后元十六年，齐宣王元年，壬寅（公元前319）

○**孟子与公孙丑论短丧**。今年齐宣王即位，想要缩短为齐威王守丧的时间。消息传到魏国，引起孟子和弟子的争论。孟子认为，守丧关键在于行孝之心，如没有条件为父母守三年之丧，守几个月也是可以的；如有条件守丧三年，却只守一年，同样可以看作是不孝；而对于那些没有人禁止他守孝自己却不去守孝的人，即使多守孝一天也比不守孝好。

周慎靓王三年，魏襄王元年，齐宣王二年，癸卯（公元前318）

○**孟子约五十四岁，见梁襄王**。今年梁襄王正式即位，孟子与他会面。梁襄王问，天下如何才能安定？孟子回答，天下归于一统，就会安定，并说明只有"不嗜杀人者"才能统一天下。不过通过观察，孟子发现襄王不像个国君的样子，也没有威严，是个碌碌无为的君主，孟子很失望，于是离开魏国，重返齐国。

○**孟子在范遇齐王子**。孟子由魏返齐，途经范这个地方时，遇见从此经过的齐王子。感叹道：环境对人太重要了。同样是儿子，齐王的儿子就显得与众不同。

○**孟子至齐，答齐宣王问**。孟子见齐宣王，向他宣传仁政。孟子以前向君主游说仁政时，多用类比的方法，并对君主多有指责。这次孟子汲取了以往的经验，不再对宣王简单地批评、指责，而是用心理分析的方法，从对牛的不忍人之心论证宣王完全能够推行仁政。针对宣王提出自己好货、好色，孟子认为这并不妨碍推行仁政，关键是要推己及人，与民同乐。

○**孟子论"我四十不动心"**。孟子到齐国后，对仁政充满信心，但认为自己已做到不动心。自己的不动心与告子不同，告子是用外在的义来培养心，自己则是"集义而生"，由内心的义生出浩然之气，充塞天地之间，这样便真正做到了不动心。

周慎靓王五年，燕王哙五年，乙巳（公元前316）
○**孟子出吊滕文公**。孟子在齐国时，滕文公去世。由于孟子曾为滕文公师，帮助其推行仁政，故齐国派他作为使者前往吊唁。由于同行的副使大夫王驩独断专行，在往返的路上，孟子竟没有与其商讨过一句公事。

周慎靓王六年，楚怀王十四年，鲁平公八年，齐宣王五年，丙午（公元前315）
○**鲁平公欲见孟子**。孟子回鲁国为母亲守丧，鲁平公想来造访，因嬖臣臧仓作梗没能成行。孟子认为：自己不得见平公，是由于天，并非臧仓所能左右的。孟子承认生活中有一种支配性力量——天，这种天并非是神学的意志天，而是命运天。孟子提出命运天，并不是要人碌碌无为，而是要通过"定性命之分"，明确哪些是天控制的，哪些是人自己能决定的，以更好地发挥人的作用。

○**孟子返回齐国，与充虞论葬母**。孟子为母亲做棺椁时，用了较好的木料，超过了以前去世的父亲。充虞负责棺椁的制造，回到齐国后，询问孟子这样做是否合适。孟子认为重要的是尽孝子之心，而不在于棺椁木料本身。只要礼制允许，财力也达得到，人们都愿意为父母用上等的木料，这没有什么不对的。孟子生活的时代，传统礼制受到冲击，孟子的言论正反映了这一现实。

○**齐宣王问孟子伐燕**。燕王哙禅让于相子之，齐国出兵讨伐，获得胜利。宣王询问孟子，是否应该攻取燕国。孟子回答：假如燕国百姓欢迎，便攻取；假如燕国百姓反对，便不要攻取。后各国出兵救燕，孟子向宣王建议，征求燕国人的意见，择立一位燕王，然后从燕国撤兵，这样便可以阻止各国出兵了。

周赧王三年，齐宣王八年，楚怀王十七年，己酉
（公元前312）

○**燕人叛齐，齐宣王说"吾甚惭于孟子"**。齐宣王没有服从孟子的建议，及时从燕国撤兵，结果遭到燕人的反抗，加之其他诸侯国出兵，齐军被打败，宣王感到有愧于孟子。大夫陈贾却以周公也犯有过错为借口，给齐宣王辩护。孟子回答，古代的君子，有了过错随即改正，他的过错如日食一般，百姓都看得清楚；今天的君子，有了过错，却将错就错，并且还编造一番道理来为错误辩护。

○**孟子论"臣视君如寇仇"**。在齐国的后期，孟子与宣王的关系已较为紧张。经常对其进行批评，致使"王顾左右而言他"。孟子论"君之视臣如土芥，则臣视君如寇仇"、"闻诛一夫纣矣，未闻弑君也"、"君有大过则谏；反复之而不听，则易位"等，可能都是在这一时期。

○**孟子与淳于髡辩论**。孟子预备离开齐国，淳于髡质问孟

子,身居三卿,没有建立功业、获得声誉却要离去,是否符合仁?孟子认为,仁并没有固定的形式,伯夷、伊尹、柳下惠三人的作为并不相同,但都是出自仁。孟子还与淳于髡就"男女授受不亲"展开辩论。"这段辩难之辞,通常被以为是淳于髡对儒家之礼的责难,实在并非如此。淳于髡并没有否认'男女授受不亲'为'礼',他所反对、批评的是把'礼'变成脱离社会实际,而加以拘守不变的死规定。对比孟子讲到'权',回答得很好;髡不加反驳,说明他是同意的。在他看来,礼之大者,莫过于援天下之溺;孟子既然知礼,何不援天下溺呢?孟子又回答得好:'天下溺,援之以道。'他正是以道援天下的。这场辩论双方都得到启示。"(刘蔚华、苗润田:《稷下学史》,中国广播电视出版社1992年版,第70页)

〇孟子约六十岁,辞官离开齐国。孟子今年辞官,离开齐国。"孟子在齐国虽身居卿位,但实际不受重用,这是他离开齐国的根本原因;孟子对齐进攻燕国一事起了促进作用,事后遭到非议,他也不满足齐国在这次战争中的掠夺行为,这是他离开齐国的直接原因。"(张秉楠:《稷下钩沉》,上海古籍出版社1991年版,第264页)

〇孟子遇宋轻于石丘。秦楚二国交战,宋轻准备前去劝说二国罢兵。孟子遇之于石丘,问其如何劝说二国罢兵,宋轻答曰,以交战对双方是不利的。孟子认为,用利来劝说罢兵,必然会使人们因喜欢利而忘记了仁义,最终造成国家的灭亡;而假如用仁义劝说罢兵,人们便会因罢兵而喜欢仁义,最终才能真正以王道统一天下。

周赧王二十五年，辛未（公元前290）

〇《孟子》约编撰于此时。《孟子》，孟子及其弟子万章等著，儒家经典之一。《史记·孟子荀卿列传》记为七篇，《汉书·艺文志》著录为十一篇，包括"外书"四篇（已佚）。东汉赵岐《孟子题辞》说："又有外书四篇：《性善》《辨文》《说孝经》《为政》。其文不能宏深，不与内篇相似，似非孟子本真，后代依放而托之者也。"今本《外书》更系明人姚士粦伪作。今存七篇为：《梁惠王》《公孙丑》《滕文公》《离娄》《万章》《告子》《尽心》，共十四卷，记载孟子的政治活动，并论述孟子的"仁政"说、"性善"论、"存心"、"养性"、"知天"等学说。作为辩论对象，还保存了杨朱、许行、告子的一些思想材料。朱熹著有《孟子集注》，与其所注《论语》《大学》《中庸》合为《四书章句集注》。注本有东汉赵岐《孟子注》、南宋赵顺孙《孟子集注纂疏》、清焦循《孟子正义》等。

周赧王二十六年，壬申（公元前289）

〇孟子约卒于此时。孟子，名轲，战国邹国人，鲁桓公子仲庆父（亦称孟氏）之后，受业于子思之门人。发挥子思学说，形成思孟学派。历游齐、宋、滕、魏等国。一度为齐宣王客卿，因主张不见用，退而与弟子万章等著书立说。以孔子继承者自居，评击扬朱、墨翟和农家思想。提出"仁政""王道"学说，主张"保民"而"王天下"，反对武力兼并战争。认为君主以爱人之心对待人民，"省刑罚，薄税敛"（《孟子·梁惠王上》），给人民固定产业，使其免于饥寒痛苦，再用礼义教化，就可统一天下。

设计了制民之产的具体方案"井田制"。留意"民心"向背,认为"桀纣之失天下也,失其民也;失其民者,失其心也"(《孟子·离娄上》)。提出"民为贵,社稷次之,君为轻"(《孟子·尽心下》),认为暴虐的君主可以被废除。主张任贤使能,但对卑逾尊、疏逾戚持谨慎态度。提出"劳心者治人,劳力者治于人;治于人者食人,治人者食于人"(《孟子·滕文公上》)的论点。肯定人性本善,提出著名的"四端"说,认为人人都有"不虑而知""不学而能"的"良知""良能"。故曰:"仁义礼智,非由外铄我,我固有之也"(《孟子·尽心上》)。同时重视环境、教育的影响,认为"逸居而无教,则近于禽兽"(《孟子·滕文公上》)。要人注重存心养性,深造自得,在逆境中磨炼。重视人的主观精神作用,提出"万物皆备于我"的命题以及"我善养吾浩然之气"的精神修养方法。其学说对宋儒影响很大,被认为是孔子学说的继承者,有"亚圣"之称。

延伸阅读

专著、文集、注释

1. 杨伯峻：《孟子译注》，中华书局2008年版。

2. 梁涛：《中华文化百部经典·孟子》，国家图书馆出版社2017年版。

3. 黄俊杰：《孟子思想史论》（卷一），台北东大图书公司1991年版。

4. 袁保新：《孟子三辨之学的历史省察与现代诠释》，台北文津出版社1992年版。

5. 杨泽波：《孟子性善论研究》（修订版），中国人民大学出版社2010年版。

6. 李明辉主编：《孟子思想的哲学探讨》，台北"中央研究院"中国文哲研究所筹备处1995年版。

7. 梁涛：《郭店竹简与思孟学派》，中国人民大学出版社2008年版。

8. Kwong-Loi Shun, *Mencius and Early Chinese Thought*, Standford, Calif.: Stanford University Press, 1997.

9. Alan K. L. Chan (ed.), *Mencius: Contexts and Interpretations*, Honolulu: University of Hawai'i Press, 2002.

10.〔南宋〕朱熹：《四书章句集注·孟子章句集注》，中华书局2019年版。

11.〔东汉〕赵岐注、〔清〕焦循疏：《孟子正义》，中华书局1987年版。

论文

12. 杜维明：《孟子：士的自觉》，见《人性与自我修养》，中国和平出版社1988年版。

13. 徐复观：《从心到性——孟子以心善言性善》，见《中国人性论史·先秦卷》，华东师范大学出版社2005年版，第六章。

14. 姜广辉：《孟子在中国经学发生史上的地位》，见姜广辉主编：《中国经学思想史》（第一卷），中国社会科学出版社2005年版。

15. 杨儒宾：《论孟子的践形观——以持志养气为中心展开的工夫论面相》，载《清华学报》（新竹），1990年新第20卷1期。

16. 庞朴：《马王堆帛书解开了思孟五行说之谜——帛书〈老子〉甲本卷后古佚书之一的初步研究》，载《文物》，1977年第10期。

17. 杨泽波：《孟子义利观的三重向度》，载《东岳论丛》，1993年第4期。

18. 夏勇：《民本和民权》，见《中国民权哲学》，生活·读书·新知三联书店2004年版。

19．胡平：《儒家人性论与民主宪政——与张灏教授商榷》，载《中国论坛》（台北），1992年第5期。

20．杨国荣：《儒家政治哲学的多重面向——以孟子为中心的思考》，载《浙江学刊》，2002年第5期。

21．黄俊杰：《孟子学研究的回顾与展望》，载《台大历史学报》，1994年第19期；又见《中国文哲研究通讯》，1994年第4卷第4期。

22．徐洪兴：《唐宋间的孟子升格运动》，载《中国社会科学》，1993年第5期；又见所著：《思想的转型——理学发生过程研究》，上海人民出版社1996年版。

23．梁涛：《孟子"道性善"的内在理路及其思想意义》，载《哲学研究》，2009年第7期。

24．Angus C. Gramham, "The Background of the Mencian Theory of Human Nature", in *Studies in Chinese Philosophy and Philosophical Literature*, Singapore: The Institute of East Asian Philosophies, 1986.

25．Kwong-loi Shun（信广来）, "Mencius on Jen-hsing", in *Philosophy East and West*, Vol.47, Issue 1, Jan. 1997, pp.1-20.